STEM精品课程资源丛书

高中 STEM
精品课程资源课例

丛书主编　王　素
丛书副主编　刘志刚　王　勇
主　　编　陈咏梅
参　　编　申大山　原牡丹　唐瑞鹤　刘海洋
　　　　　朱浩楠　和　渊　张　柳　张乃新

助你成为
跨学科教学
高手

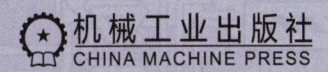

机械工业出版社
CHINA MACHINE PRESS

本书系"中国STEM教育2029行动计划"阶段性研究成果，以"STEM教师能力等级标准"为编写指导，致力于提升高中相关学科教师的STEM课程教学设计和实施能力。本书从STEM课程设计与实施的关键难点出发，设置了10章内容，每章设有导引和课例。导引对课例的设计与实施策略进行了提炼和归纳，帮助读者快速理解这些领域各不相同的课例内容；课例呈现得比较具体，通过课例中的"教学反思和点评"、课例后的"综评"，明确指出课例的亮点，方便读者理解课程设计思路，能够直接使用进行教学实践。课例中学生的多种高水平学习表现、高阶认知和多样化学习成果，作为鲜活的学习证据，可以佐证导引中的观点。

本书适合STEM相关学科的高中教师、高中科技教师和高中科技教学研究者使用。

图书在版编目（CIP）数据

高中STEM精品课程资源课例/陈咏梅主编. —北京：机械工业出版社，2023.11
（STEM精品课程资源丛书）
ISBN 978-7-111-74124-4

Ⅰ. ①高⋯　Ⅱ. ①陈⋯　Ⅲ. ①科学技术—活动课程—教学研究—高中　Ⅳ. ①G633.932

中国国家版本馆CIP数据核字（2023）第201644号

机械工业出版社（北京市百万庄大街22号　邮政编码100037）
策划编辑：熊　铭　　　　　　　　责任编辑：熊　铭
责任校对：潘　蕊　李　婷　　　　责任印制：张　博
北京联兴盛业印刷股份有限公司印刷
2024年1月第1版第1次印刷
184mm×260mm・13.75印张・296千字
标准书号：ISBN 978-7-111-74124-4
定价：59.00元

电话服务　　　　　　　　　　网络服务
客服电话：010-88361066　　　机　工　官　网：www.cmpbook.com
　　　　　010-88379833　　　机　工　官　博：weibo.com/cmp1952
　　　　　010-68326294　　　金　书　网：www.golden-book.com
封底无防伪标均为盗版　　　　机工教育服务网：www.cmpedu.com

丛书序

"STEM 精品课程资源丛书"就要与大家见面了。这套丛书是"中国 STEM 教育 2029 行动计划"系列丛书的第二套。我们在 2017 年发布的《中国 STEM 教育白皮书》中提出了"中国 STEM 教育 2029 行动计划",行动计划之一是为基础教育阶段学校培养万名 STEM 教师。为了实现这一目标,我们开展了系列行动。我们制定了《STEM 教师能力等级标准(试行)》,系统化地培训种子教师,建立了各地 STEM 协同创新中心,带领学校和教师开展 STEM 相关课题研究和实践探索。

这套"STEM 精品课程资源丛书"是为基础教育阶段教师量身打造的独特系列。本丛书包括幼儿、小学、初中、高中四个学段和校内、校外两种教学形态。丛书采用理论与实践相结合的方式,既提供了 STEM 课程资源开发的理论框架,又提供了针对不同学段的学生经过实践检验的可模仿、可操作的课程资源课例,为教师开展 STEM 教育提供了优质、全面的 STEM 课程资源,成为教师开展 STEM 教育的有效支架和工具。

这套丛书的出版具有独特的价值。如今,我们已经进入人工智能时代,教育必将发生根本性的变革。课程进入素养导向的时代,强调跨学科实践,在真实的情境中学习,培养学生的创新思维和科学问题解决能力。STEM 教育正是跨学科学习的载体,其情境化、任务式的项目学习方式正是课程标准所重视和强调的。

习近平总书记指出,"要在教育'双减'中做好科学教育加法"。教育部等十八部门联合印发了《关于加强新时代中小学科学教育工作的意见》,文件指出,把培养学生的科学精神和提升学生的科学素质作为工作原则。STEM 教育的核心目标就是培养创新思维和科学问题解决能力,通过实践性的学习和项目驱动的学习方式,让学生能够主动思考、探索和解决现实生活中的科学问题,培养学生的创新能力和独立思考能力。

STEM 教育还注重培养学生的综合素质和终身学习能力。在 STEM 教育中,学生需要具备团队合作、沟通交流和解决复杂问题的能力。这些能力不仅对学生的学习和职业发展有益,也对他们的个人成长和社会生活具有重要的意义。

学校开展 STEM 教育也面临很多挑战。

首先,师资不足。优秀的 STEM 教师是实施 STEM 教育的关键。然而,目前高等教育中基本都是按学科培养，基础教育阶段学校对 STEM 教师的培训也有限，教师开展 STEM 教育需要获得更多的资源和工具的支持。

其次，STEM 教育需要不断创新及更新课程内容和教学方法，以适应快速发展的科技和社会需求。然而，传统的教材和教学方法往往难以满足学生的实际需求，学生需要更加注重实践性项目驱动的学习。而基础教育阶段教师面临着如何设计和开发 STEM 课程以及如何有效实施 STEM 课程的挑战。

最后，STEM 教育强调不同学科之间的融合和跨学科的教学。当前基础教育阶段学校仍然是以学科教学为主，开发跨学科课程、打破学科之间的界限是学科融合和跨学科教学的关键。

为了帮助基础教育阶段教师解决这些难题，我们组建了一支由顶尖教育专家、教研员和一线优秀教师组成的团队，致力研发出最优质的 STEM 课程资源，为学校开展 STEM 教育提供可操作的示范课例和教学方法。这些课程资源课例包括了优秀的 STEM 课程应该具有的框架和基本要素，同时提供了丰富的实践活动课例。我们相信，这些资源课例的有效利用不仅可以成为基础教育阶段教师开展 STEM 教育的抓手，也可作为 STEM 课程资源开发时模仿的样例。

我们期待这套"STEM 精品课程资源丛书"能够成为基础教育阶段学校开展跨学科学习实践、做好科学教育加法的有效工具；成为基础教育阶段教师的贴心朋友和伙伴，也能让我们以丛书为平台，成为一个学习共同体。

中国教育科学研究院 STEM 教育研究中心

前　言

在数字经济飞速发展、科技日新月异的新时代，创新人才已成为提高社会生产力和综合国力的战略支撑，成为国家竞争力的关键。党的二十大提出新时代"科教兴国、人才强国、创新驱动发展"三大战略，教育如何为人才储备做支撑，人才如何作为科技的基础，科技如何为国家发展服务，成为紧迫性重大命题。提升创新人才自主培养能力是教育的重大使命和高质量教育体系的重要标志。从人才成长和贯通培养的连续性来看，基础教育担负着创新人才培养的重大责任，中小学是创新人才培养的基础阶段。

《义务教育课程方案和课程标准（2022年版）》中突出了学生的创新素养："乐学善学，勤于思考，保持好奇心与求知欲""乐于提问，敢于质疑，学会在真实情境中发现问题、解决问题，具有探究能力和创新精神""向善尚美，富于想象力"，并且对义务教育阶段的学生创新素养进行了具体描述，提出通过跨学科主题学习活动，以多种学习方式发展学生的创新素养。因此，新时代的高中课程育人，应该与义务教育阶段相通相连，尤其是创新人才的普及培养和创新素养进阶，将成为高中课程学习的重要目标之一。

STEM课程作为典型的跨学科课程，是培养创新人才的重要途径，围绕某一驱动性问题，针对挑战性任务，整合相关联的学科知识、信息、理论和方法等进行探究实践，整合相应的观点和思维，是能够促进深度学习的整合性课程组织形式。通常以工程任务或产品导向的任务为挑战性任务，以项目学习方式进行STEM课程的设计与实施，学生将在解决真实问题的过程中，与真实世界建立联系，深刻认识科学技术对社会发展的巨大作用，深切感受基于真实问题进行学习的高社会价值，充分认同创新人才对社会发展的重大贡献。

本书从STEM课程设计与实施的关键难点出发，设置了10个导引主题，分别是STEM课程设计中的跨学科概念建构、素养导向的学习目标、高质量的驱动性问题、清晰的项目规划、有意义的科学与工程实践、高水平的数据素养、有效的模型建构、适切的学习支架和指向目标的表现性评价，以及发展创新素养。希望通过这些导引，能够为读者提供一些STEM课程教学中比较实用的理论和实践操作建议。

本书为每个导引匹配了至少一个较为适切的STEM课例，导引对课例的设计与实施策略进行了提炼和归纳，能帮助读者快速理解这些领域各不相同的课例内容。每个课例内容呈现得比较具体，教师可以直接使用进行教学实践。在课例中通过"教学反思和点评"和课例后的"综评"，明确指出课例的亮点，方便教师理解课程设计思路，进行模仿教学。课例中学生的多种高水平学习表现、高阶认知和多样化学习成果，作为鲜活的学习证据，可以佐证导引中的观点。

本书每个课例的实施过程，都采用了《STEM与工程思维》著作中为中小学STEM课程开发的工程教育模式。读者在阅读中可以体会到，虽然各个课例的主题和情境任务各具特色，但是STEM项目学习过程是一致的，这种一致性可以帮助读者快速形成一类跨学科项目学习的流程、通用策略和典型模式，便于直接进行迁移应用。

目前国内小学和初中的STEM课例非常丰富，高中的STEM课例相对较少。本书收录了12个精彩的高中STEM课例，分别来自北京、莱阳、青岛、哈尔滨、牡丹江、吉林市、湖南省永顺县等地优秀的一线教师（团队），主题涵盖了火箭、地外星球基地、通信、新能源、智能家居、自动驾驶、桥梁结构、科学影像等多个领域，涉及的主要学科有数学、物理、生物、地理、艺术、信息技术、通用技术、工程等。读者既能看到全国各地同行们在STEM教育上的实践成果，尤其是高中相关学科教师在创新人才培养上所做的探索和研究，又能了解到跨学科整合式STEM项目学习的实施策略和模式，还能洞察学生在STEM项目学习中的高阶思维的发展、对STEM项目表现出的持久兴趣、深入探究实践的动力、主动合作学习的意愿和积极的自主学习能力。

在高质量STEM课程教学中，教学评一致性这一目标与学科教学是相同的，本书的每个STEM课例都精心设定了项目学习目标和阶段性学习结果，针对学习目标设计了完整的评价方案，设计了丰富的高质量表现性任务和活动，促进并评价学习目标的达成。读者扫描右侧二维码可以看到每个课例的评价方案、学生学习手册、核心环节的具体教学设计。

本书的创作由北京市海淀区教师进修学校（以下简称"海淀进校"）创新教育研究中心的陈咏梅、张柳、张乃新，北京PBL智库创始人刘海洋，以及海淀区多所学校的STEM种子教师和骨干教师共同完成，他们是清华大学附属中学申大山、北京市八一学校原牡丹、北京市建华实验亦庄学校唐瑞鹤、北京市十一学校朱浩楠、中国人民大学附属中学和渊。此外，本书收录课例的研究实践团队分别是（以课例顺序，仅以主创者为代表）清华大学附属中学申大山、北京市第五十七中学李德法、山东省青岛第六十七中学邢雪梅、黑龙江省实验中学郭庆春、黑龙江省牡丹江市第一高级中学单雯琦、山东省市莱阳第一中学张雄辉、山东省青岛第二中学张雨晴、湖南省永顺县第一中学王菊香、中国人民大学附属中学丰台学校金鑫、吉林省吉林市第五中学王粤敏、北京航空航天大学附属实验学校中学部潘芳、北京市八一学校李洪健。

本书对"中国STEM教育2029行动计划"种子教师们的实践研究、中国第四届STEM教育大会成果进行了再梳理、再加工，凝聚了"2029行动计划"团队、海淀进校及海淀区"2029行动计划"50所项目学校、种子教师、海淀区部分STEM骨干教师、STEM教育专家等多方人员的智慧和汗水，力求在最大程度上既以核心素养为本，又能体现STEM教育相关理念，为全面提升学生的创新能力、推进一线教师进行跨学科课程实践提供帮助。

在本书的创作过程中，中国教育科学研究院与比较教育研究所所长暨STEM教育研究中心主任王素女士对我们进行了深入指导，刘志刚主任助理提供了大力协助。本书的出版也得到了机械工业出版社的大力支持。同时，北京市海淀区海淀教师进修学校罗滨校长对创作团队进行了多次深度指导。衷心感谢他们的帮助。

在此，向所有关心和支持本书创作、出版的单位和同志们致以最诚挚的谢意！

由于研究水平和实践条件的限制，本书仍有许多有待进一步研究的问题。真诚地欢迎各位领导、专家、教师朋友在用书过程中不吝赐教，提出意见和建议。我们将虚心学习，不断改进，使其更加完善。

目 录

丛书序

前言

第 1 章　跨学科概念建构 1
1.1　导引 1：以 STEM 课程教学促进跨学科概念建构 1
1.2　课例 1：运载火箭 5

第 2 章　素养导向的学习目标 17
2.1　导引 2：素养导向的学习目标是 STEM 项目的"北斗" 17
2.2　课例 2：利用 LC 振荡电路制作不用电池的收音机 21

第 3 章　高质量的驱动性问题 34
3.1　导引 3：一个好的驱动性问题是 STEM 项目的起点 34
3.2　课例 3：让张北的风点亮北京的灯——"绿色冬奥"场馆模型设计与制作 39

第 4 章　清晰的项目规划 52
4.1　导引 4：清晰的项目规划是 STEM 项目高效实施的依据 52
4.2　课例 4：迷宫游戏设计——探究 DFS 和 BFS 两类搜索算法的应用 61

第 5 章　有意义的科学与工程实践 75
5.1　导引 5：有意义的科学与工程实践活动促进学习目标达成 75
5.2　课例 5：老桥改造 79

5.3　课例 6："听话"的开窗器 89

第 6 章　高水平的数据素养 102

6.1　导引 6：高水平数据素养是 STEM 项目学习深入探究实践的依据 102
6.2　课例 7：智慧书桌设计 109

第 7 章　有效的模型建构 122

7.1　导引 7：有效的模型建构促进高阶思维的发展 122
7.2　课例 8：旋转椭球体的奥秘 127
7.3　课例 9：给车安上一双眼睛 136

第 8 章　适切的学习支架 150

8.1　导引 8：适切的学习支架支持合作与自主学习 150
8.2　课例 10：创意微拍 1+1 154

第 9 章　指向目标的表现性评价 166

9.1　导引 9：表现性评价促进基于证据的 STEM 项目学习 166
9.2　课例 11：智能控制的火星基地食物供给单元的设计 172

第 10 章　发展创新素养 190

10.1　导引 10：发展创新素养是 STEM 教育的必然追求 190
10.2　课例 12：月球城堡磁防护 195

参考文献 210

第1章 跨学科概念建构

1.1 导引1：以STEM课程教学促进跨学科概念建构

以核心素养发展为目标的课程教学，倡导以真实问题解决为学习场景，提升学生的问题解决能力，让学生在解决真实任务的过程中，获得对事物的认识、形成和发展概念，主动重构学科概念和学科认识方式，建立不同学科知识之间的联系。

以真实工程任务设计STEM课程，就是在课堂上围绕真实的工程主题创建连续的教学场景，让学生在多个相关情境中不断地、递进式解决问题，在寻求证据的过程中学习核心概念，成为主动参与的知识创造者和建构者，发展高阶思维，这是素养导向课程育人的重要途径。

课例1"运载火箭"是基于航天领域真实工程项目设计出来的STEM课程，具有天然的跨学科属性。这个课程以"系统与模型""结构与功能""物质与能量"等跨学科概念为核心，关联了内能、机械能、运动定律等学科重要概念，在航天领域火箭发射工程这个大情境下，通过丰富、递进的科学与工程实践活动，逐渐建构起学科核心概念和跨学科概念。

1.1.1 跨学科概念的内涵

跨学科概念与其说是概念，不如说是一种观念，是经历一定学习历程后所形成的对自然与社会更加抽象的一般看法，是不同学科领域、不同学段学科核心概念的综合、连接与再抽象。跨学科概念能涵盖跨学科知识之间的横向联系和学科内部知识发展的纵向联系，具有较强概括性、包容性和解释力，跨越学科范畴的上位概念，其目的在于凝练跨越学科领域知识的关键能力和高阶思维，有助于学生形成对科学的整体性认识[1]。跨学科概念在STEM课程中的作用，能够使离散的事实或技能有意义地联系在一起，强化学生思维，使学生具备应用和迁移能力。

我国《义务教育科学课程标准（2022年版）》（下文简称《课标》）中提出科学课程设置13个学科核心概念，通过对学科核心概念的学习，理解物质与能量、结构与功能、系统与模型、稳定与变化4个跨学科概念，将科学观念、科学思维、探究实践、态度责任等核心素养的培养有机融入学科核心概念的学习和跨学科概念的建构过程中。《课标》明确指出了这4个跨学科概念的内涵，系统是由多个相互作用的部分组成的，具有明确的边界；系统模型表达了系统内部各部分间的相互作用关系以及与外部作用的关系；结构与功能可以相互解释，相互影响，系统关键部件的材料、形状以及部件间的关系，决定了系统的功能；稳定是变化的动态平衡，系统的稳定需要一定的条件，反馈是控制系统稳定与变化的机制；在系统内部及内外部之间，物质的流动与循环伴随着能量的转移与转化，能量的转移与转化驱动物质的流动与循环。

1.1.2 跨学科概念的作用

跨学科概念在STEM课程中起到整合多学科知识结构的作用，"整合"是指课程设计应通过少量的大概念来组织课程内容，避免知识的分离与碎片化。跨学科概念就是这样的大概念，在STEM课程中设计科学与工程实践活动，能够引导学生在实践中不断加深对知识的理解，做到知行合一。

STEM课程作为典型的跨学科课程，一般围绕一个核心主题，指向一个或者多个跨学科概念，打破学科界限，把不同学科、不同领域的理论和方法进行有机融合，这是有目的、有计划地设计、组织课程内容和教学活动，以提高学生的问题解决能力、促进高阶思维发展为最终目的的一种课程组织方式。

以跨学科概念整合的STEM课程，是学生在创造性解决真实问题中体验、理解专家思维特点的学习过程，帮助学生在问题解决中逐渐具备专家思维，而不仅仅是拥有专家结论。在真实问题解决中，学生将从事实现象逐级发展建构出具体概念、核心概念以及跨学科概念。在建构概念过程中学生能"看到"专家头脑中的知识结构有很强的关联性，是围绕大概念联系和组织起来的，当面临新问题时，能熟练调取、组合和应用与具体情境任务相关的知识，更能看见隐含的模式、关系或差异，在不明显的信息中抽取出一层意义，而更有洞察力[2]。

"运载火箭"课程的挑战性任务模拟航天工程设计，学生以工程师的角色，"组建火箭发射公司，制作一个模型火箭，完成火箭设计与制作，并进行路演发布"。学生将通过火箭的设计和制作实践过程，综合运用科学知识，选择合理技术手段和数学工具来解决火箭设计中的真实问题，认识工程问题解决过程，体验工程思维；应用跨学科知识建立对于火箭动力系统的认知，在探究动力来源和能量转化的过程中整合多学科原理；应用系统分析方法设计火箭结构，使用工程设计软件，建立受力分析、结构稳定性原理的科学概念，应用控制技术将实际火箭发射系统物化成型；组建火箭发射公司，团队合作完成火箭设计、制作、测试、路演发布的完整过程，全面提升合作、创新和职业能力。

跨学科概念"系统与模型"整合了这个课程的多学科知识、原理，学生对"火箭"这个复杂系统进行解构，分解为动力子系统、发射子系统、飞行子系统，进一步将每个子系统继续分解为更具体的组件，调用、组合知识和运用技术解决每个子系统的问题后，将这些子系统组合起来，形成"火箭"这一人工制造的"系统"，逐渐理解构成要素、要素之间关系、运行机制是"系统"这个跨学科概念的重要内涵。通过设计制作模型对这一复杂系统的构成和原理进行简化，便于进行解释说明、分析综合，充分理解"模型"是对"系统"中关键要素和之间关系的可视化表达，模型优化是调整、改进模型结构的过程，促使学生生成"结构与功能"这一跨学科概念。

可见，跨学科概念有利于学生将不同科学领域知识进行有效组织，并深入理解某领域问题解决思路方法，灵活迁移应用到其他领域，逐渐发展高阶思维。

1.1.3 跨学科概念的建构

1. 以真实工程任务设计 STEM 课程

适合于 STEM 课程的真实问题常常是工程问题，以真实的工程任务设计 STEM 课程，一般有两种方式。

一种是以学科课程标准为依据，选择或组合恰当的标准为学习目标，再去考虑有哪些工程挑战能够包容、紧密连接课程标准中提到的内容标准和学业标准。例如，"如何利用轴对称特点设计一座中心轴对称的城市"的挑战性任务，就是数学教师将一个城市设计的工程任务整合到初中几何学习中，用"系统与模型""结构与功能"等跨学科概念，让学生体验、认识 STEM 思维方式，并建立学科核心概念"研究图形变换中的不变性是认识图形的重要方式"与重要概念"线段垂直平分线""轴对称""图形变换与图形之间的位置关系与数量关系"之间的关系。

另一种是基于经验、专长或者对前沿研究的洞察力，把真实的工程项目设计为一个挑战任务，能梳理出完成真实任务时工程师做什么以及如何做，并明确指出大概念和跨学科概念，然后将多个学科课程标准的内容整合到挑战任务中。例如，如何在某地即将建设的一座 2 亿立方米水库大坝项目中利用水能进行高效且稳定的水力发电？这个工程项目是真实的、复杂的，可以通过"系统与模型""物质与能量"等跨学科概念，将动势能转换、机械能守恒、法拉第定律、机械效率等物理、数学、工程、技术的内容整合在一起，在多个学科课标中进行选择、组合，设计为 STEM 课程。

无论使用哪种方式设计 STEM 课程，一般会针对真实工程任务产出产品类成果，将"系统与模型""结构与功能""物质与能量""稳定与变化"等跨学科概念与学科核心概念、典型科学和工程实践活动这三个维度统整在一起。

2. 以探究实践促进跨学科概念建构

STEM 课程教学中，学生将经历典型的 8 种科学与工程实践活动：定义／界定问题；开发和使用模型；计划和开展研究；分析和解读数据；使用数学和计算思维；建构解释和设计解决方案；参与基于证据的论证；获取、评价和交流信息。高质量的科学和工程实践活动会引发大量的高阶思维，促进跨学科概念的建构，例如，比较与分类、概括规律、分析与综合、科学推理、评价与决策、批判性思维、创新思维等。

"运载火箭"课程中，学生在探究动力系统原理时，对比研究不同燃料的差异，用体积 20 mL 的针筒作为子系统模型，在常温常压下将针筒中的燃料进行气化，与其中的空气充分混合，作为针筒模型这个"动力系统"的"物质与能量"，将燃料的选择、能量转化的过程、燃烧效率的研究联系在一起，从物理和化学两个不同角度认识"能量"，认识到相同条件下不同燃料产生的能量不同，理解从内能转化为机械能的原理，通过测定和计算燃烧效率认识到能量转化中的耗散很大，体会到人类高效率利用能量的重要价值，有助于建立起普遍的"能量"观念；通过系统分析方法，形成"物质与能量""系统与模型"的跨学科概念。

设计与制作火箭发射系统的产品模型时，应用工程设计软件把火箭的"压心"与已有概念"重心"进行对比和联系，通过设计、调试形成可行的仿真模型后，制作实物模型。用挑战性任务"如何在教室中把这个火箭模型发射到最远处"，激励学生多次试射、调整获取大量数据，研究发射角与飞行距离、发射气压与飞行距离之间的关系，结合物理学原理进行数据分析和推理论证，寻找造成系统误差的结构问题和控制问题，对"模型"的"结构与功能"进行优化，发展了数据素养。在数据获取、拟合和分析过程与模型的结构与功能对应的学习过程中，学生逐步理解系统的组成、特征、结构与功能，以及系统模型的组成、形式与特征等。学生在搭建、解释、测试、分析、迭代模型的过程中，不断评估、反思自己对跨学科概念的理解。

"运载火箭"课程融合了多个相关学科的知识和技能，也在问题解决过程中促进学生调用、发展、深化了多个学科的核心概念，跨学科概念不是凭空建构，也不是靠教师直接给出的，而是基于事实和现象关联到学科具体概念，逐渐形成学科大概念，进而通过横向拓展发展为跨学科概念。我们可以将上述"运载火箭"课程不同子系统的研究中涉及的学科具体概念、关键概念、核心概念与跨学科概念的关系用图 1-1 表示，这也表明了跨学科概念与学科核心概念的建构路径。

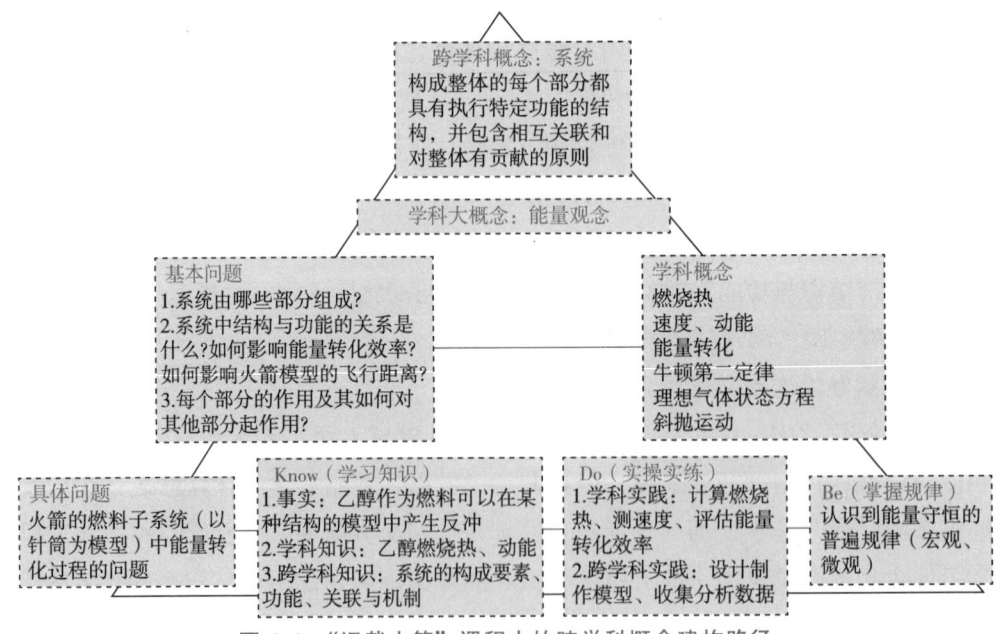

图 1-1 "运载火箭"课程中的跨学科概念建构路径

跨学科概念的建构，需要学生经历一个个高质量的 STEM 项目逐渐达成，更需要能够迁移应用跨学科概念，解决更富有挑战性的真实问题。

1.2 课例1：运载火箭

主要学科：物理，技术，数学，工程。
预计课时：16课时。
授课年段：高一，高二。
开发教师：清华大学附属中学申大山。
授课教师：清华大学附属中学申大山。
指导教师：北京市海淀区教师进修学校陈咏梅。

1.2.1 项目信息

1. 涉及领域/学科及核心内容

（1）**物理**：受力分析（火箭结构设计），动量与冲量（火箭动力来源），斜抛过程（火箭模型飞行轨迹），万有引力定律（真实火箭飞行轨迹）。

（2）**数学**：对于火箭发射及飞行轨迹的数据采集、误差分析和数学建模。

（3）**技术**：电子电路硬件及编程控制，计算机软件（仿真、建模及专业软件使用），物化成型方式（包括3D打印、激光切割、手动工具）。

（4）**工程**：系统与系统分析，工程实践流程，工程优化。

2. 项目实施的环境和硬件要求

（1）**专业教室的需求**：建议有计算机的教室。

（2）**教室空间分布**：有空间进行分组学习，部分测试活动适当利用室外空间。

（3）**工具及耗材**：各类手动工具，电子电路套件，快速气动元件套件，瓦楞纸板和吸管等简易材料包。

（4）**其他可选加工设备**：激光切割机，3D打印机。

1.2.2 项目情境及挑战性任务

1. 项目情境

从全球范围来看，火箭研制商业化、低成本化不断取得新突破。美国太空探索技术公司（SpaceX）引爆了世界对商业航天领域的关注，"猎鹰9"火箭的发射实现第一级海上回收，它是人类第一个可实现一级火箭回收的轨道飞行器；中国也有多个自主研发技术的民营火箭制造公司成立，获得了多项融资。

在宇宙探索的进程中，人类一定是要走出地球，走向更远的星球的。人类迄今为止唯一登上的星球仅仅是我们的卫星月球，但距离人类上一次踏足月球（1972年12月7日）

已经过去了半个世纪。太空探索一定需要更低成本、更高安全性的飞行器。

2020年11月24日，中国"嫦娥五号"月球探测器在"长征五号"遥五运载火箭的搭载下飞向月球，最终于2020年12月17日实现了月球土壤采样返回任务。"胖五"火箭也成为中国航天界的骄傲。

关于"长征五号"，航天人有这样一句话："长征五号"火箭完全有能力把探测器送到太阳系的任何一个角落。你能从这句话中找到两条关键含义吗？

2. 挑战性任务

（1）**理想目标任务**：设计出的运载火箭可以飞往指定的行星。

（2）**课堂实施任务**：气动火箭可以准确抵达教室内任意指定的位置。

1.2.3 项目整体分析

1. 知识图谱与问题解决路径

（1）知识图谱

"运载火箭"课程所涉及的知识，与驱动性问题相关联，分解为"动力问题""结构问题"和"轨道问题"三个部分，将核心知识以表格形式呈现出来，见表1-1。

表1-1 "运载火箭"课程的知识图谱表

工程目标	从地球飞往月球			
	动力问题 （怎么飞起来）		结构问题 （怎么飞得更高更快更稳）	轨道问题 （按什么轨迹飞）
核心概念	动量和冲量		受力分析	万有引力定律
相关概念	气动	牛顿运动定律、气态方程	空气阻力 重心 气压中心 力矩 平衡状态 结构稳定性 最优态 多级火箭	天体物理公式 转移轨道 大气层知识 地球自转
	化学能	化学反应方程式		
	电磁力	电磁感应		
	比冲和推重比	工程学		

（2）问题解决路径

问题解决路径如图1-2所示。

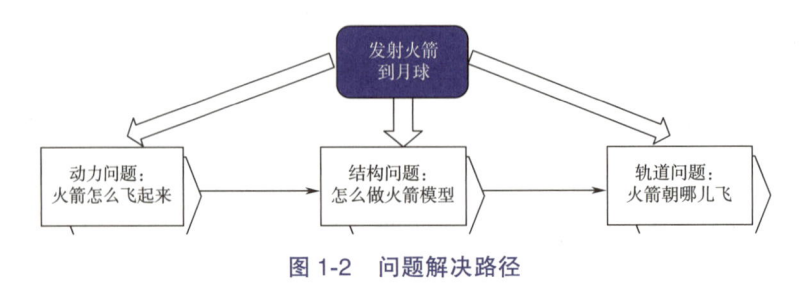

图1-2 问题解决路径

2. 学情分析

如果学生是在高一时进行课程学习，在知识储备上是不足的，课程设计和实施的进度需要考虑学生的学科学习进度，物理学科的受力分析和斜抛运动教学一般可以与该课程进度一致。

大多数学生缺乏 STEM 课程经历，团队合作进行项目式课程的能力不足，在交流合作完成任务的过程中可能会出现各种问题，导致课堂效率降低。教师应提前做好预案，做好课堂引导，明确任务要求。

学生的技术能力参差不齐，有部分学生对于电路编程、3D 建模、激光切割等技术很熟悉，可以快速上手，但多数学生从未接触过这些技术，在教学中需要加强学生间合作学习。

1.2.4 项目学习目标及阶段性学习成果设计

1. 学习目标

（1）通过火箭模型的设计和制作的实践过程，综合运用结构设计和系统分析等方法，选择计算机仿真建模技术解决火箭设计的真实问题，充分促进工程思维提升。

（2）在火箭设计、火箭发射系统制作和火箭发射数据采集和分析的过程中，应用受力分析、运动学、化学反应、数学建模等多学科的关键概念和系统与模型、结构与功能等跨学科概念，在动力发射系统分析中进行多学科概念的整合理解。

（3）设计火箭结构过程中应用工程技术软件，将受力分析原理应用于火箭稳定性设计；在火箭发射测试过程中进行数据采集和数学模型建立，与物理理论模型对比进行误差分析，综合应用多学科知识解决火箭飞抵指定目标的真实问题。

（4）依靠团队分工合作，完成气动火箭模型设计、制作、测试、优化和展示的全过程，全面提升认知、合作、创新和职业能力。

2. 阶段性学习成果

（1）具有飞行稳定性的模型火箭设计图纸和实物。

（2）编程或硬件电路控制的气动火箭发射装置。

（3）火箭飞行轨迹的数据采集和分析报告。

1.2.5 项目学习整体规划

项目学习整体规划见表 1-2。

表 1-2 项目学习整体规划

总挑战性任务	子任务/核心问题	问题链（串）	核心知识/关键概念/跨学科概念	核心素养（包含学科/课程核心素养）
气动火箭可以准确抵达教室内任意指定位置	火箭结构设计	火箭与飞机在结构原理上有什么区别 火箭为什么要有尾翼 什么是火箭飞行的稳定性 如何设计出具有稳定性的火箭	物理学科：受力分析 技术学科：三维建模、仿真 跨学科概念：结构与功能、稳定与变化	物理观念 科学思维 科学探究
	火箭动力系统	火箭与导弹在结构原理上有什么区别 火箭的历史与演变 有哪些方式可以为模型火箭室内飞行提供合适动力 如何设计气动发射系统为模型火箭提供动力	物理学科：动量与冲量、气压 技术学科：编程、电子电路 跨学科概念：物质与能量、系统与模型	物理观念 科学探究 科学态度与责任
	火箭飞行轨迹	如何设定初始气压和角度参数，使得火箭可以飞抵准确位置 如何进行数据采集和拟合 误差来源于哪些环节 扩展：火箭按什么路径飞往月球	物理学科：斜抛运动、万有引力定律 数学学科：数学建模 跨学科概念：系统与模型	物理观念 科学探究 数学运算和数据分析 数学建模
	竞赛活动（可选）	为了完成准确抵达目的地的发射任务，需要进行哪些前期准备 在团队合作完成任务的过程中，遇到了哪些问题		责任担当 实践创新

1.2.6 STEM 项目的实施过程

1. 明确问题

（1）项目情境一

对太空的探索是人类与生俱来的渴望。月球是距离地球最近的天体，古代传说中"嫦娥奔月"的故事表达了古人对于月球的美好憧憬。古人对太空的探索也付诸了行动，战国时期墨子发明木鸢，宋朝时期出现了火药驱动的火箭，明朝的万户利用 47 个自制火箭绑在椅子上想要飞天，虽然失败了，但他的精神也激励了后人对太空的探索。为了纪念他，在 1970 年，国际天文联合会将月球背面的一座环形山命名为"万户"。

如今，太空探索不再只是个人的兴趣，而是国家综合实力的体现，是国家科技发展最高水平的代表。2004 年，中国正式开展月球探测的

【点评1】这是一个以工程思维学习模式进行 STEM 项目实施的典范课例。

"嫦娥工程",分为"无人月球探测""载人登月"和"建立月球基地"三个阶段。目前已经顺利完成第一阶段任务,在稳步向第二阶段目标迈进。也许未来的你就会成为中国航天事业的主力!

(2)项目情境二

通过视频展示全世界各国不同火箭的对比,让学生见识到各种样式、各种功能的火箭。

(3)问答活动

说出你所知道的中国航天器名称、型号和用途。

(4)小组活动

成立一家私营火箭公司需要经历哪些过程?小组头脑风暴,提出很多想法,经过讨论,将重要的过程和运营原则进行排序,如图1-3所示。从左向右、从上到下的内容就是学生最终的规划。

【点评2】航天领域的工程任务是STEM课程挑战性任务的来源,值得高中生调用、重组学科知识进行探究与实践。

自己变成了一个特别优秀、被人认可的人	招聘到团队骨干员工,确定职位分工	扩大生产和研发规模
找到志同道合的合伙人	千辛万苦得到所需支持	巨额亏损
根据现有火箭问题产生新想法	第一代火箭研制	上市融资
找到商机	商业计划书募集融资	研发出更多优秀新产品
确立公司发展目标	优化改进出第n代火箭	扭亏为盈变为超级企业
制定公司发展规划	产品投入使用	时代改变或技术过时
有影响力的合伙人加盟	亏损	公司倒闭

图1-3 成立火箭公司的规划

2.统筹要素

(1)讨论工程任务的限制性条件

火箭使用吸管等简易材料制作,教室内空间有限,教室高度有限,气动火箭飞行速度、箭身质量、气动发射装置动力上限等。

(2)分析项目资源

可以支持这个工程任务解决的资源类型比较多,引导学生分析开展研究的过程可以获取信息的来源有哪些?遇到技术或专业问题可以咨询的资源有哪些?项目扩展可以利用哪些资源?例如制作户外飞行距离更

【点评3】STEM项目任务的分析中,项目目标、限制性条件和可用资源的梳理和统筹,最好有评价标准前置,作为探究与实践要始终有明确的方向。

远的可控火箭。

（3）明确物理定律的制约

真实火箭在太空中飞行无法在教室模拟，将吸管火箭室内飞行轨迹等效为有阻力的斜抛运动模型。

3. 设计方案

（1）吸管火箭结构设计

模型火箭稳定飞行，必须符合气动稳定性，也就是质量中心（重心）必须在气压中心（压心）之前。重心很容易找到，但是压心不太容易通过实验找到，需要通过面积计算或软件模拟。

图 1-4 中可以看出，当重心在压心之前时，火箭向前飞行过程中一旦产生箭体偏转，空气阻力产生的力矩可以使得箭体方向恢复，从而具有稳定性。而重心在压心之后时，火箭飞行一旦产生轻微偏转，空气阻力会造成这种偏转加剧，火箭飞行轨迹是混乱的，甚至会掉头坠毁。

> 【点评 4】STEM 项目任务中经常会遇到学科之外的领域知识，如果是关键必要内容，建议如同本项目一样，要舍得花一些时间引导学生进行深入学习。

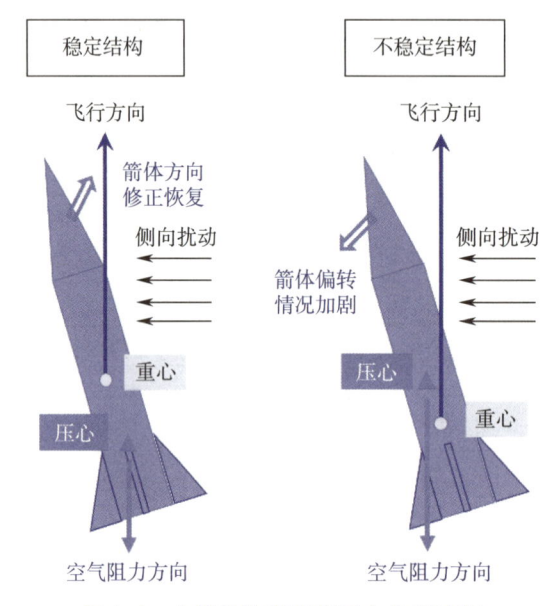

图 1-4　火箭结构稳定性受力分析过程

可以使用仿真软件来模拟重心和压心，如图 1-5 所示。

图 1-5　计算机软件仿真飞行器重心（黑圈）和压心（蓝圈）位置

在利用吸管设计火箭的过程中，什么样的尾翼和载重配合能够得到稳定的火箭呢？这里的箭身外观设计可以借助开源软件 Open Rocket，它可以根据我们选择的质量分布和尾翼形状自动计算重心和压心位置，评估稳定性。在这个过程中还可以研究尾翼形状、位置、大小对于压心的影响。

（2）发射支架设计

发射支架的最主要任务就是使火箭能够稳定立在桌面上，同时实现发射角度的调整和读取功能。学生可以通过手绘设计图，后续利用简易材料动手加工；也可以选择利用CAD绘图，后续使用激光切割机加工。火箭发射支架CAD设计图如图1-6所示。

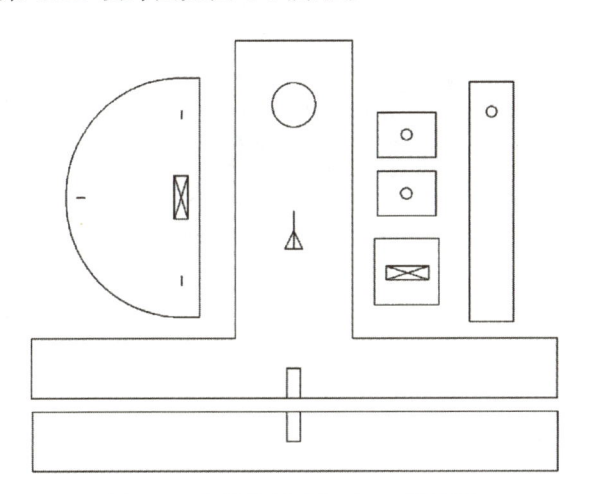

【点评5】发射支架的结构设计看似简单，实际需要构想立体结构，并能够分解为合理的组成部分，用手绘或者软件进行3D建模，这个环节需要教师以学生学情为基础，灵活设计教学策略、学习支架等要素。

图1-6 火箭发射支架CAD设计图

（3）气动发射系统

火箭的发射一定需要控制，为了减轻吸管火箭的重量，这里的控制系统位于发射支架部分，通过Arduino控制器控制继电器来间接控制电磁气阀的开关，从而实现发射的控制。改变气阀的通断时间即可控制一次发射提供的压缩气体用量。火箭发射控制系统如图1-7所示。

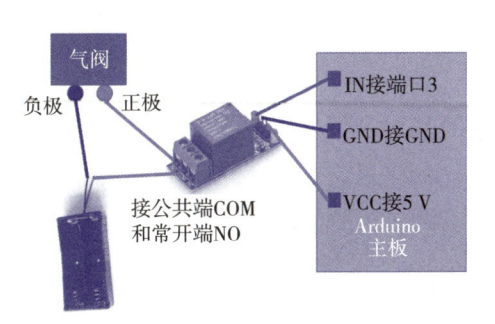

【点评6】至此，学生经历了将总系统拆解为子系统，并对每个子系统的具体问题进行研究实践、学习新知识和新技能，实现组件、连接方式、控制系统的设计，逐步建立"系统观"，认识结构与功能的关系。

图1-7 火箭发射控制系统

4. 搭建模型

（1）火箭箭身制作

在工程中都是先有设计再有制作，否则，火箭在空中的飞行轨迹是混乱的，无法进行后续实验。

所以设计火箭方案的部分十分重要，箭身的制作要根据设计图来进行还原。如果有条件可以利用激光切割机来制作，这样会更加精确。手工制作的吸管火箭尾翼如图1-8所示，使用3D打印机制作的火箭如图1-9所示。

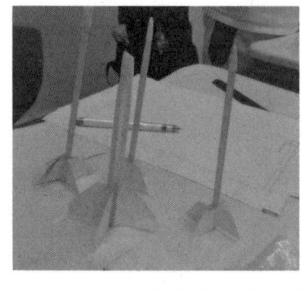

图1-8　手工制作的吸管火箭　　图1-9　3D打印机制作的火箭

【点评7】学生将三个子系统从设计图转化为真实结构的实物模型，三个子系统各有特点，也各有不同的关键点。这恰恰是系统与模型这一跨学科概念的具体化建构，充分认识到组件连接起来形成可工作的结构时，是需要审慎思考会对运行结果带来的可能影响。

（2）发射支架制作

发射支架的制作也需要考虑结构的强度和稳定性，实现角度可调是这个结构中的难点，也是对学生挑战最大的部分。如果提供充足的时间，相信各组学生都会用自己的方式完成。两款发射支架如图1-10所示。

图1-10　两款发射支架

（3）搭建气动发射系统

将发射支架、气动系统和控制系统连接，形成最简易的气动发射系统，如图1-11所示。

图1-11　气动发射系统

5. 分析数据

（1）数据采集

重点研究射程与气压和发射角度之间的关系，分组合作进行数据采集，如图 1-12 所示。

（2）数据分析

对于采集到的数据要进行初步分析，例如对于气压与射程的关系，可以通过手绘图进行可视化展示，也可以通过计算机软件进行拟合，如图 1-13 所示。

> **【点评 8】** STEM 项目学习中的产品模型类任务，数据获取与分析对于产品模型在子系统搭建、组合以及整合系统性能检验方面，是非常有效的学习活动。

图 1-12　数据采集

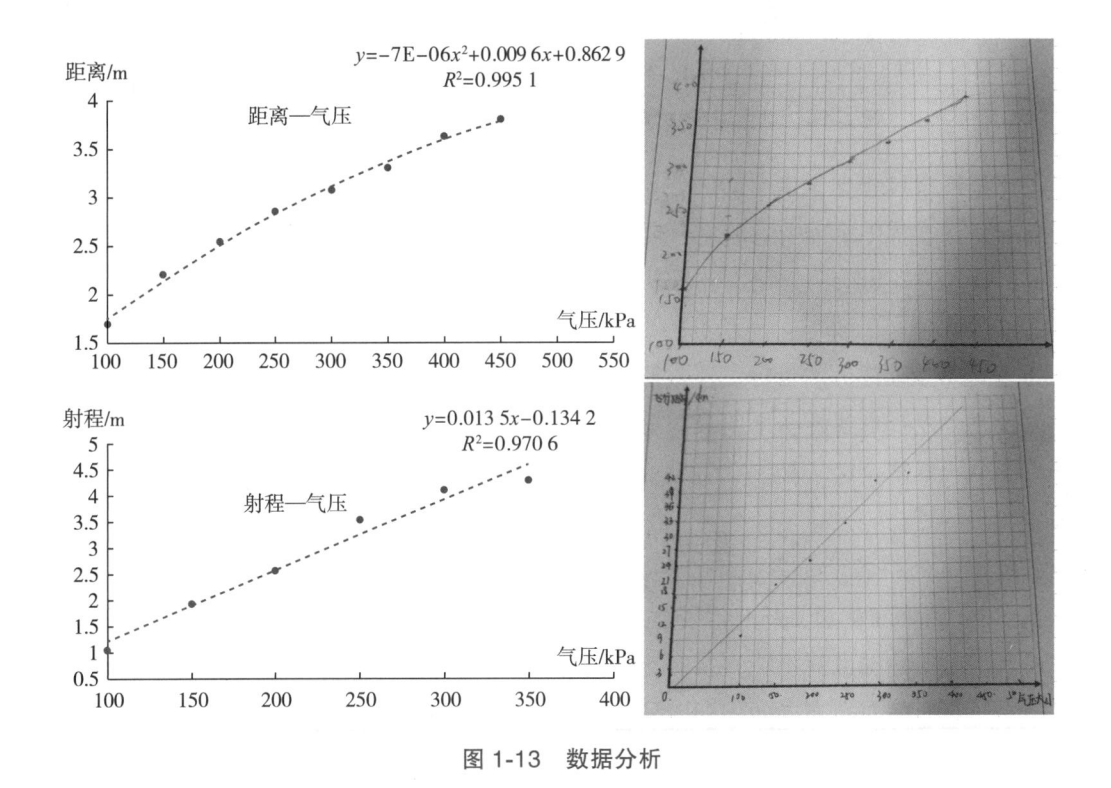

$y = -7\text{E}{-}06x^2 + 0.009\,6x + 0.862\,9$
$R^2 = 0.995\,1$

距离—气压

$y = 0.013\,5x - 0.134\,2$
$R^2 = 0.970\,6$

射程—气压

图 1-13　数据分析

多数学生对于采集的数据都会进行直线拟合。但某组学生认为本组的数据更适合利用二次函数进行拟合，也得到了较高的拟合优度。由此产生疑问，气压与射程到底应该是什么样的关系？

（3）数学模型建立

学生通过对斜抛运动过程和气动加速过程进行计算，得出气压与射程的关系，如图 1-14 所示。

3、模型建立

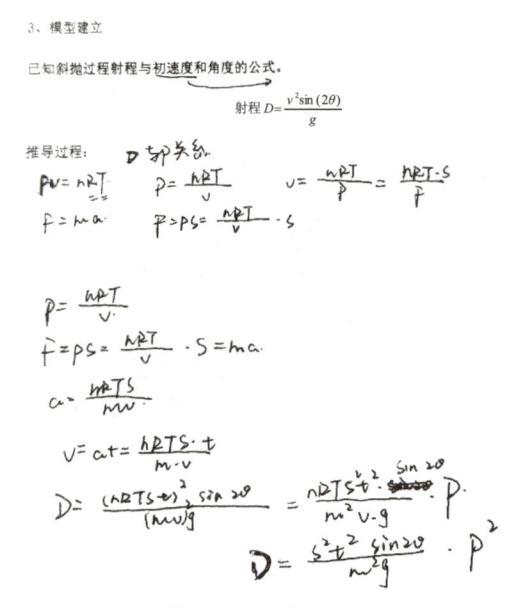

已知斜抛过程射程与初速度和角度的公式。

$$射程 D = \frac{v^2 \sin(2\theta)}{g}$$

推导过程：

$$pV = nRT \quad p = \frac{nRT}{V} \quad v = \frac{nRT}{p} = \frac{nRT \cdot S}{F}$$

$$F = ma \quad F = pS = \frac{nRT}{V} \cdot S$$

$$p = \frac{nRT}{V}$$

$$F = pS = \frac{nRT}{V} \cdot S = ma$$

$$a = \frac{nRTS}{mV}$$

$$v = at = \frac{nRTS \cdot t}{m \cdot v}$$

$$D = \frac{(nRTS \cdot t)^2 \sin 2\theta}{(mv)^2 g} = \frac{nRTS^2 t^2 \sin 2\theta}{m^2 V \cdot g} \cdot p$$

$$D = \frac{S^2 t^2 \sin 2\theta}{mVg} \cdot p^2$$

图 1-14 学生进行数学模型建立的草稿

【点评9】对于整合的火箭发射系统进行性能测试、数据记录和数据分析，都是学生先自主进行实践，在使用数据时会遇到数据类型不足以描述系统中的信息、数据量不足、物理量单位缺失或者不一致、无法复现实验等问题。反思性活动会促进学生深刻理解数据在 STEM 项目学习中的重要作用，这样的认识，甚至可迁移到其他学科学习中。

在模型建立过程中做出不同的假设可能得到不同的关系结果，而且在高中的计算过程中都需要忽略空气阻力，为模型带来一定误差。所以此处重在学生的知识应用，而不在于模型准确度。

6. 迭代优化

为了实现工程任务的目标，让火箭可以准确抵达指定位置，需要减小发射误差。要针对系统各个组成部分进行优化，我们将整个系统重新拆分成五个子系统：电子控制、气动引擎、发射支架、测量系统、火箭箭体。

各组学生列举各个子系统中产生误差的来源，并且分析可能的原因，表 1-3。例如在测量系统中，学生发现不同组选择的测量原点都不同，那么得出的数据也就不能直接对比。再如，细心的学生想到，火箭飞行出去还会产生左右方向的偏移，证明尾翼对称性没有那么好，所以每次发射都需要固定尾翼朝向。另外，还提出了很多对于结构和控制部分的想法和建议。

表 1-3 实验误差来源分析

子系统	现象/问题	产生原因	优化办法
如：火箭箭体	火箭会飞偏		

这些细节问题的累积，很可能对于最终工程目标的实现产生严重影响，根据这些优化想法，学生可进一步改进设备，优化测量手段，提升数据分析处理能力。

7. 方案评估

方案评估见表1-4。

表 1-4 方案评估表

工程任务挑战
方案 ● 各组学生准备好自己的发射设备和特定型号火箭，并且已有相关发射数据模型 ● 教师随机指定多个发射目标位置 ● 学生测量发射目标距离，根据数据模型计算发射参数 ● 完成火箭发射，观察是否命中目标 ● 根据成功抵达目标所需次数来进行终结性评价 ● 根据任务过程中团队的配合操作能力和知识应用能力进行过程性评价
进阶扩展
如果学生水平较高且课时充足，可以设置更高难度的挑战，如火箭飞向移动目标，模拟火箭飞出地球抵达行星的情况
成果发布
通过影像记录测试和发射过程，通过网络视频平台进行线上发表

8. 运营管理

本课程中火箭模型距离真实运营有些遥远，我国还没有一家真正成熟的商业火箭运营公司。但是这并不妨碍我们从真实运营的角度来进一步地进行方案设计，这时需要考虑的就不仅仅是技术问题，而需要综合考虑用途、造价、安全稳定性、社会影响等诸多因素。

运营部分的重点看似停留在了方案阶段，但其实要求更高，学生必须非常清晰地掌握前面的火箭基础知识，才能够提出合理的方案，而且必须查阅很多的资料，分析现有的火箭型号甚至是公司商业模型。这样最终形成的方案进行路演答辩，会进一步深化学生的工程思维。

在本次课程中让学生写出成立一家商业化火箭运营公司需要哪些步骤，从个人成长到团队组建到融资等一系列问题，可以看到每个小组讨论的想法都是不同的。未来他们之中也许就有真正的科技创业者，就把这份讨论当作他们人生中第一次深度思考如何创办和运营一家公司吧。

1.2.7 综评

课例"运载火箭"情境来源于航天工程，主题对于高中生而言，既有趣又有挑战。挑战性任务完成的过程，需要学生经历科学与工程实践的完整过程，通过乙醇动力火箭、设计与制作吸管火箭、搭建气动发射系统、测算飞行轨迹4个子任务，将火箭结构分解为3

个主要子系统进行研究。在问题解决过程中，学生提出很多有深度的问题，经讨论确定3个子系统的重要问题，充分调用力与运动、化学能、智能控制系统的软硬件等相关概念，在搭建模型、设计控制程序、测试数据分析和科学推理与论证中，重新建构了这些概念之间的联系，深化理解各学科重要概念的内涵和意义，发展建构"系统与模型""结构与功能"跨学科概念。

教师在设计课程时对课程结构和内容的构思，来自于大量信息的整合与提取，并且亲自做出了几种不同材料和结构的火箭模型，在过程中发现各个子系统搭建中的具体问题，将其转化为学习任务和活动，与学习目标保持一致性。这个课程核心内容设计的原则是学生能够通过自主实践认识到重要的学科知识是如何应用来解决真实问题的，而不是在STEM项目学习中再将学科知识讲一遍，因此在课程教学设计时，需要想清楚哪些是本项目所需要的学科概念，如何组合这些概念，如何排列讲解的先后顺序，如何选择合理的问题去引出这些概念，如何进行引人瞩目的实验来应用这些概念，哪些跨学科概念值得被运用和建构等问题。

在STEM项目学习实施过程中，依据《STEM与工程思维》为中小学STEM教育设计的工程实践流程，每个环节的任务目标、评价、实践、成果是一致的，学生的积极思考、自主学习、构思创意、主动学习信息技术和通用技术的相关知识进行创意物化，面对实践中产生的数据愿意进行规范的记录与有理有据的分析，讨论和展示交流中主动使用学术语言进行完整表达，都可以作为证据评估学生在课程学习中的收获。在"气动火箭发射数据分析"的课后访谈中，学生特别兴奋地说："从没想过我们居然自己创造出了一个新公式！"

第2章 素养导向的学习目标

2.1 导引2：素养导向的学习目标是 STEM 项目的"北斗"

美国当代著名的心理学家、教育家本杰明·布鲁姆（Benjamin Bloom）指出：有效的教学始于准确地知道所要达到的目标是什么。

学习目标设定是一切学科和跨学科课程设计的出发点和最终归宿，在 STEM 课程设计中，很多教师并没有正确理解学习目标的重要意义，或者不会归纳和表达学习目标，使得学习目标在其教学设计和课例之中仅仅成为摆设。如果学习目标没有指向学生核心素养的发展，就很容易造成课程方向性错误，所以素养导向的学习目标可以看作 STEM 课程设计的"北斗"，指引课程前行的方向。

2.1.1 学习目标的素养导向

教育部在 2014 年印发的《关于全面深化课程改革，落实立德树人根本任务的意见》中首次提出了"核心素养"的概念，并将其摆在了深化课程改革、落实立德树人目标的基础地位，成为我国新课程标准制定的核心依据。以核心素养为课程目标，必然需要新的教学理念来实施和落实。而 STEM 教育恰好就是打破学科界限，综合运用知识解决实际问题，指向学生核心素养，所以素养导向的学习目标与 STEM 教育是天然契合的。

2.1.2 学习目标的制定

大多数教师都知道学习目标是必不可少的，但是却没有明确在一个项目、一个单元、一节课中，学习目标究竟应该是什么样子。在 STEM 课程设计之初不容易全面考虑清楚学习目标的设定，常常是在课程内容组织后再补学习目标。

STEM 课程中的学习目标应该如何设定呢？

1. 学习目标要基于学情

学习目标的设定是 STEM 课程设计的一部分，也是较难的部分，需要教师进行充分的分析和准备。在制定学习目标时，需要提前了解学生的已有基础（包括知识层面、技术层面、能力层面以及态度和认知层面），还要充分理解自己准备的各种教学内容能够培养学生的哪些素养，依此来选择、重组适切的内容。这个做法在学科中可能较为容易，毕竟学科知识大多是确定的，而在 STEM 项目中没有知识点的限定，各学科概念和跨学科概念都可以成为学习内容，它们如何有机地匹配才能最终提升学生的素养，需要精心设计和在实践中不断改进。

而且，因为 STEM 课程具有开放性，设计的教学活动经常会出现难以预测的结果，超出教师设定的目标范围，这也要求学习目标的设定不是一次性的，是需要在课堂实施过程中，根据学生的表现与反馈进行适时调整的。

2. 学习目标要基于课程标准

STEM 课程是跨学科整合课程，相关学科的课程标准也是 STEM 课程的指导纲要，因此设定目标要依据各学科课程标准进行分析、判断、选择和组合。

首先基于课程主题、问题情境任务进行分解和具体化，然后对应相关学科的内容标准，选择和组合标准，在解析内容标准的基础上，要确定 STEM 课程中需要以及期待落实的具体标准点。因为 STEM 课程特点，可能会涉及多个学科、多项内容标准，有的是具体内容，有的是概括内容，要根据课程的实际情况进行合并，或者选取关联性的部分内容作为课程学习的焦点，从而形成一个 STEM 课程的学习目标。

3. 学习目标引导教学实施过程

学习目标是理想化的，教师可以设定一个较为宏大的目标或者很高的达成标准，但是要能够评估这样的目标在一个 STEM 课程中能否达成，或者在一节课中能否实现。如果很难在课堂实施过程中落实，则学习目标的设定是不合适的。目标不是越高越好，目标不能脱离教学实施的实际情况。

因此，学习目标的设定还需要关注课堂教学活动，明确学生是在什么样的学习活动中达成了哪项素养目标。如果为一节课设定若干条学习目标，将它们笼统地混杂在一起，很难在短短的时间以及较为单一的活动中达成目标。因此，在 STEM 课程设计时应该拆分学习目标，拆分的重点是为了明确每一项目标与达成目标的学习活动之间的必然联系。如果完成了这一步设计，教师会发现 STEM 课程设计的顶层框架已经初步显现，会看到这些目标其实就是通过课程设计中一个又一个的子任务来实现的。

每一条学习目标实现的重要性和难度通常是不相同的，因此要能够明确描述 STEM 课程学习的重点和难点，这其实是帮助教师进一步明确在这些目标达成的过程中，到底哪一项是最关键的。这最关键的一项一定是非常重要且学生又并未具备的，是需要教师设计合理的学习任务和教学环节帮助学生形成的，通常在这样的环节中需要为学生的学习"搭建脚手架"。STEM课程中的重点和难点可能不只有一个，因此更需要在设计学习目标时，详尽分析和思考为了破解这样的关键难点，需要为学生准备哪些帮助。

4. 学习目标是教学评价的依据

无法准确设计学习目标，就往往也会困惑于评价方案设计。

基于标准的学习评价主要指STEM课程和学习活动设计之前，要根据学习目标明确评价目标，选择适合STEM学习的学习任务作为评价任务，描述评价指标及明确水平，预设评价使用的工具，组织生成评价内容。在STEM课程实施过程中，清楚地知道在哪些环节有针对性地评价什么目标和如何评价，哪些学习活动的过程和结果可以作为证据说明目标达成程度，并设计反馈方式和反馈时机。既能引导学生反思与学习目标的接近程度，也能指导教师随时调整、改进STEM课程的实施。因此，对于STEM课程设计和教学方案而言，目标—评价—实践—成果的一致性是标识质量的核心指标，这种教—学—评的一致性在STEM课程设计过程中起到了关键的指导和调整作用。

2.1.3 学习目标的表述

很多教师困惑的另一个问题是，STEM课程的学习目标应该如何表述。其实STEM课程中的学习目标与传统学科课程学习目标的撰写有很多相似的原则，所以常见的错误也大同小异。

刘月霞、郭华在《深度学习：走向核心素养》一书中列举了教师在学习目标设定中的几种常见错误[3]。

（1）将教学内容当成教学目标（如三角形的性质、传记的特点、万有引力等），而不是把学生学习后获得的发展当作目标。

（2）将那些要求学生获得的一般性发展当作教学目标（例如，创新思维得到提高、动手操作能力得到改善等），既不说明创新思维的更具体指标，也不说明究竟通过什么样的内容和活动能够达到这些目标。

（3）将教师在课堂上的活动当作教学目标（例如，讲解动名词的几种用法、演示制氧实验、组织学生讨论《狂人日记》等），而没有说明学生应该做什么，能够获得什么发展。

在STEM课程中因为目标更加多元，知识点更加零散，能力更加综合，所以还会有其他不当描述，例如罗列知识点、将多个目标混杂在一起描述为一条复杂语句，或者进行了过于空泛的素养提升描述。

以课例"利用LC振荡电路制作不用电池的收音机"的学习目标为例，见表2-1。

表 2-1　课例 2 的学习目标分析表

学习目标	要点评价
通过设计竖直弹簧振子做简谐运动时与匀速圆周运动的投影同步，学习运用实验和类比的方法突破高等数学知识的障碍，深度理解物理概念	知识点是物理中的简谐运动，学习过程是实验，方法是类比，最终落实的是概念理解
通过计算收音机内部电容和电感线圈构成的振荡回路中的电压，类比简谐运动公式求解 LC 振荡的周期，设计实验验证 LC 振荡的周期公式，经历科学推理论证的过程，重构知识之间的关联，发展科学思维和创造力	知识点是 LC 振荡电路，学习过程是实验验证，方法是推理论证和知识关联，最终落实的是科学思维和创造力
认识到 LC 振荡电路选频的原理是共振，通过探究振荡回路固有频率、电感系数与绕制线圈匝数的相关参量，增强实验探究能力，促进物理学科核心素养的形成	知识点是 LC 振荡电路，学习过程是实验探究，方法是参量调节，最终落实的是物理学科核心素养
通过团队合作，综合运用物理和数学知识，根据发射的电磁波频率选取合适的电容、电感参数，制作不用电池的收音机，提升选择合理技术手段解决真实问题的能力，培养科学精神	项目任务是制作不用电池的收音机，方法是团队合作，最终落实的是问题解决能力和科学精神

这个项目的学习目标设定整体来看是清晰合理的，与项目内容贴合，有过程和方法的体现，最终落实在素养的提升。如果不看项目全貌，单独看这个学习目标，也有一些值得关注的细节。

（1）在前三条学习目标中围绕的都是 LC 振荡电路及其理解，其实是有一定进阶关系的，首先是通过类比进行概念理解，然后通过实验进行验证，强化科学思维，最后进行参量调节的探究，学生的认知层面是逐渐由低阶到高阶发展的。不过"物理学科核心素养"这样的描述似乎有些大，可以落实到具体的一项。

（2）前三个目标最终是为第四个目标服务的，目标四是面向最终项目挑战性任务的，需要在前三个目标达成的基础上进行。最终落实在"选择合理技术手段解决真实问题的能力"，这样的描述过于笼统，适用于几乎所有 STEM 课程。更加合理的目标设定应该体现课程的独有特色，描述用什么技术手段，解决了什么样的真实问题。

STEM 2.2 课例2：利用 LC 振荡电路制作不用电池的收音机

主要学科：物理，数学，通信技术。
预计课时：4课时。
授课年段：高二。
开发教师：北京市第五十七中学李德法。
授课教师：北京市第五十七中学李德法、关丽华、郭虹。
指导教师：北京市第五十七中学邹玉环，北京市海淀区教师进修学校陈咏梅。

2.2.1 项目信息

1. 涉及领域/学科及核心内容

（1）**物理**：理解 LC 振荡基本原理，模型构建，科学推理，科学论证，科学思维，物理学科核心素养。

（2）**数学**：构建模型，理解二阶常微分方程的解，逻辑推理和数学抽象能力。

（3）**通信技术**：电磁波发射与接收和麦克斯韦电磁场理论的基本思想，利用材料制作振荡电路接收电磁波信号，工程思维。

2. 项目实施的环境和硬件要求

（1）**专业教室的需求**：普通教室。

（2）**教室空间分布**：分组式分布。

（3）**教室内的硬件、材料及工具**：具有良好的遮光条件，教室内有生活用电电源，劲度系数较小的弹簧，钩码，电子天平，周期为 2 s 的步进电机，手电筒，电流传感器，AM 电磁波信号发生器，计算机，直径 1 mm 的铜丝，空气介质可变电容器（250~450 pF），高阻抗变压器，矿石二极管，电烙铁，电容电感测量表。

2.2.2 项目情境及挑战性任务

1. 项目情境

人类对电磁波的研究已经非常深入，并且可以精确地控制电磁波的发射、传播和接收，这也是现代通信技术的基石。现代通信技术除了服务于人们的日常生活，还被广泛应用于科研、军事等领域，例如 FAST 天眼射电望远镜、卫星导航、电子战、无线电测向等。利用"中国天眼"，由中国科学院国家天文台研究员徐聪率领的国际团队发现了尺度约为 200 万光年的巨大原子气体结构。2022 年 10 月 19 日，该成果在国际学术期刊《自然》杂志发表。在这次观测中，"中国天眼"的接收机表现特别出色。"接收机接收信号时就有点像收音机调台，我们要的中性氢的辐射就恰好在 1.39 GHz 附近，我们就需要在这个频段附近找信号。"大家作为无线电爱好者，可以自己动手做出像 FAST 原理一样的无线电波接收器，可以互相通信。

2. 挑战性任务

作为一名无线电爱好者，如何制作一台接收电磁波信号的装置——不用电池的收音机，用它接收到 530~1600 kHz 的中波 AM 信号？

2.2.3 项目整体分析

1. 知识图谱与问题解决路径

知识图谱和问题解决路径如图 2-1 所示。

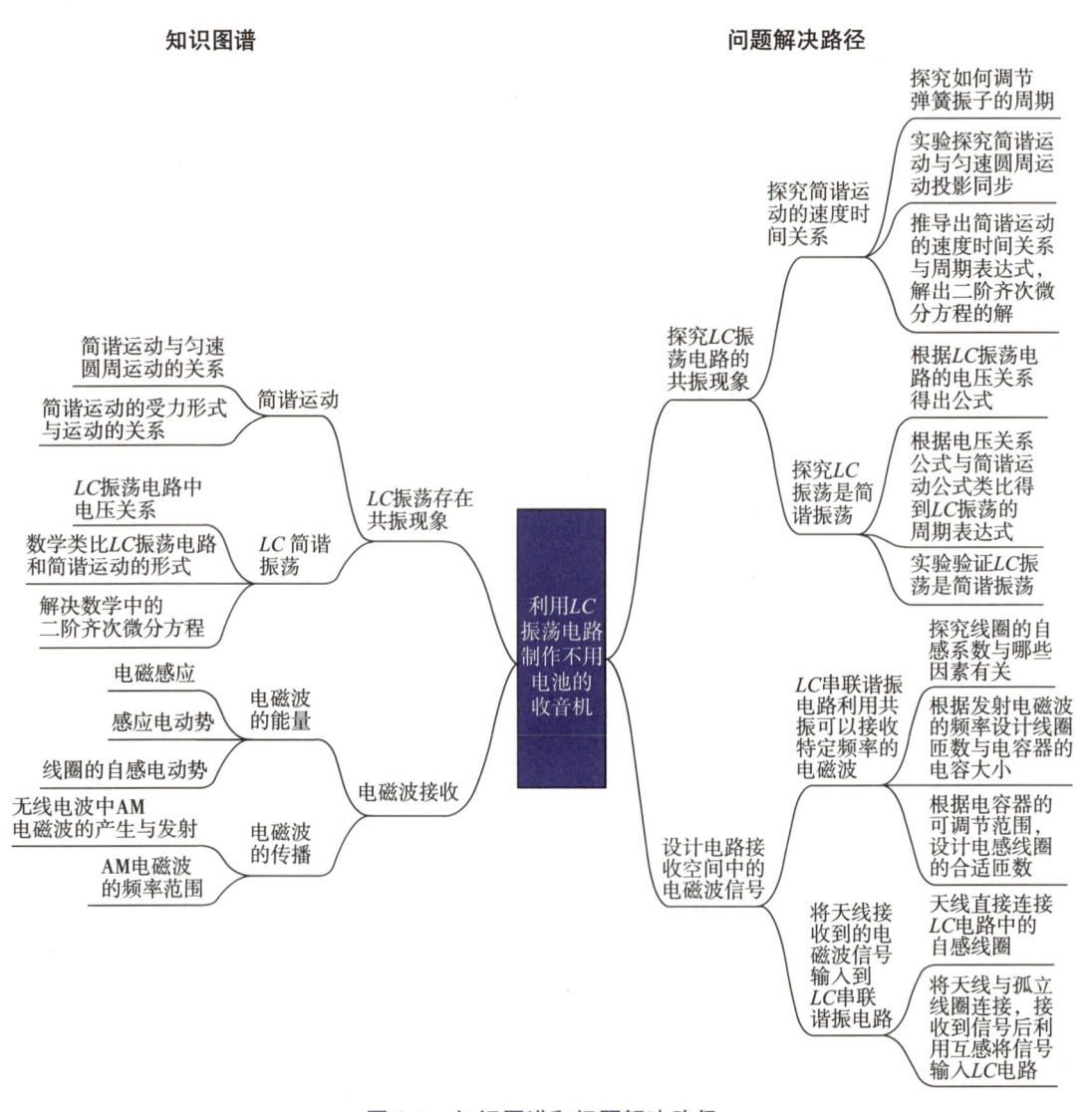

图 2-1 知识图谱和问题解决路径

2. 学情分析

简谐运动和 LC 振荡回路知识是高中物理中较为基础的知识，但是两个知识点分别是人教版教材选择性必修一和选择性必修二的知识，不具有连贯性，人教版高中教材并没有对这两部分知识做深度的分析和对比，学生很少自主建立这两个知识之间的关系。由于高中生对于电磁波这种看不见、摸不着的物质没有形象化认识，也没有学习通信技术相关的知识，对现代通信的基本原理也不了解，对这两个知识在实际生活工作中的应用也并不清楚。不过学生对于日常生活中常用的对讲机、手机和收音机等非常熟悉，通过拆解发现收音机的构造最简单，所以从收音机接收信号的原理出发去理解无线电通信技术是比较容易实现的。

学生经历过社团学习，经常参加科技活动，有一定的项目学习经验。

2.2.4 项目学习目标及阶段性学习成果设计

1. 项目学习目标

（1）通过设计与匀速圆周运动的投影同步的竖直弹簧振子做简谐运动，运用类比的方法突破物理原理学习时无法运用高等数学知识的障碍，深化对简谐运动和匀速圆周运动概念的理解。

（2）通过计算收音机内部电容和电感线圈构成的振荡回路中的电压，类比简谐运动公式求解 LC 振荡的周期，验证 LC 振荡的周期公式，通过科学推理与论证，重构知识之间的关联，发展科学思维和创造力。

（3）运用 LC 振荡电路选频的共振原理，探究振荡回路固有频率的相关参量，电感系数与绕制线圈匝数的相关参量，设计收音机的功能模块和整体结构，增强科学探究与实践能力。

（4）通过团队合作，综合运用物理和数学知识，根据发射的电磁波频率选取合适的电容电感参数，制作不用电池的收音机，测试改进，提升选择合理技术手段解决真实问题的能力，培养科学精神。

2. 阶段性学习成果

（1）投影同步实验报告，简谐运动的周期公式。

（2）LC 电路的简谐振荡性质和振荡的周期公式，实验报告。

（3）利用 LC 振荡电路接收和输出电磁波信号的电路图。

（4）实验探究方案，实验报告。

（5）绕制线圈，焊接电路，不用电池就能接收信号的收音机。

2.2.5 项目学习整体规划

本项目是物理学科教学中进行 STEM 教育的实践，问题解决过程需要的知识技能有难度，需要巧妙关联重构，类比迁移，项目实施过程见表 2-2。

表 2-2 项目学习整体规划

总挑战性任务	子任务/核心问题	问题链（串）	核心知识/关键概念/跨学科概念	核心素养（包含学科/课程核心素养）
制作不用电池的收音机	简谐运动中的弹簧振子周期表达式	弹簧振子的振动周期与什么因素有关 若弹簧振子的投影与匀速圆周运动同步，如何得到弹簧振子的周期	物理学科：简谐运动，运动的合成与分解 高等数学：二阶齐次微分方程	科学思维 科学探究 物理观念 科学态度与责任
	验证 LC 振荡电路是简谐振荡，并求出周期表达式	与简谐运动类比，写出 LC 振荡电路的电压的表达式，类比出周期公式 传感器实验，验证得到的振荡电流信号为什么振幅越来越小 如何让回路中的电流一直振荡下去	物理学科：阻尼振荡，受迫振动 高等数学：微分方程	科学思维 科学探究 物理观念
	设计电容器和电感的大小以接收同频率电磁波	电感线圈的匝数多少比较合适 电容器使用空气可变电容器，最大电容取多少合适	物理学科：共振的应用，电磁波的传播与接收 通信技术：麦克斯韦电磁场理论	科学探究 物理观念

2.2.6　STEM 项目的实施过程

1. 明确问题

（1）出示项目情境一

在当今高度信息化的社会，信息和通信已经成为现代社会的命脉，可以预见，未来通信系统对人们的生活方式和社会的发展会产生更加重大的意义和深远的影响，而无线电通信技术更是被广泛应用于手机通信、无人机遥感、化工业数据检测、自动化工业生产、智慧农业灌溉、智慧交通、智能家电、智慧消防、数控机床遥感、水利检测等各行各业，源源不断地为国家的经济建设提供动力输出。

无线电通信技术的发展历程，请查阅有关文献，了解相关知识，了解马可尼提出的著名的第 7777 号专利。

（2）出示项目情境二

宇宙中的部分天体会发射电磁波信号，"中国天眼" FAST 是当之无愧的国之重器，至今已发现脉冲星超过 660 颗，可以用于以后的星际航行，也可以用于发现地外生命。

【点评1】大国重器 FAST 是非常好的 STEM 课程教学的情境素材，既能激发学生探究的兴趣，又能够了解其基本原理，与挑战性任务建立联系，催生进一步研究真实问题的内驱力。

利用"中国天眼",由中国科学院国家天文台研究员徐聪领导的国际团队发现了一个尺度约为 200 万光年的巨大原子气体结构,位于著名致密星系群"斯蒂芬五重星系",比银河系大 20 倍,是迄今为止在宇宙中探测到的最大的原子气体结构。2022 年 10 月 19 日,该成果在国际学术期刊《自然》杂志发表。在这次观测中,"中国天眼"的接收机表现特别出色。"接收机接收信号时就有点像收音机调台,我们要的中性氢的辐射就恰好在 1.39 GHz 附近,我们就需要在这个频段附近找信号。有些望远镜接收机的频段范围窄,但'中国天眼'接收机接收信号的频率覆盖范围很宽,效率就很高。"

查阅有关资料,聆听"中国天眼"FAST 接收到的宇宙之音,学习 FAST 接收宇宙电磁波信号的原理,了解 FAST 最新科技成就。

日常生活中收音机非常普遍,收音机接收信号的过程包含了通信技术的接收环节,也包含了"中国天眼"FAST 接收宇宙电磁波信号的原理,同学们拆开几台收音机外壳,会发现收音机的内部电路中都存在着电容器和自感线圈,说明这两个器件在电磁波接收过程中非常重要。

电磁波的发射和接收最重要的部件就是 LC 振荡电路,电磁波的接收过程中还包含了电磁感应,能量转化的过程[4]。

查阅有关资料,了解 AM 调幅收音机的内部电路和工作原理。

发布任务:作为一名设计师,设计制作出一台能接收某一特定波段的电磁波信号的装置——不用电池的收音机。

2. 统筹要素

(1)数学知识的制约

学生已经学习了简谐运动和电磁感应的知识,要想研究自感线圈和电容器内部的电磁振荡过程,要先从原有的简谐运动的知识进行类比学习。由于学生没有高等数学的知识,不能够解出二阶微分方程的解,所以需要教师指导学生对简谐振动做更加深入的实验研究,利用学生的形象思维习惯推导出简谐运动的振动方程和周期表达式。

(2)通用技术的制约

高二学生对于学科实验中的电路连接非常熟悉,但是较少使用电烙铁焊接电路,使用电容电感测量仪需要练习,并需要练习设置电流传感器的参数。

(3)工程任务的限制性条件

弹簧、手电筒、钩码等器材学校实验室都有,铜导线和空气电容器比较容易从市场购得。电容电感测量表、电流传感器和变频信号发生器需要购买。

【点评2】在 STEM 课程教学中常常会遇到类似的制约,数学知识不足,技术能力不够,器材设备无法顺利满足工程任务的实现。本课例用类比方法弥补数学知识的不足,让学生在学习过程中产生新的认识,有利于促进学生对问题解决形成整合性理解。

3. 设计方案

小组调研实验条件，交流讨论实验方案设计。

（1）探究 LC 振荡电路的周期

1）原理：LC 振荡原理图如图 2-2 所示。

2）依据：在 LC 振荡电路中有：

$$E_{自} = -\frac{q}{C}$$

图 2-2 *LC* 振荡原理图

利用 L 和 C 两端的电压大小相等，可得：

$$-\frac{q}{C} = L\frac{\Delta I}{\Delta t}, I = \frac{\Delta q}{\Delta t}$$

这是一个高等数学中的二阶常微分方程，高中阶段没有这部分数学知识，学生无法解出 q 随时间 t 的变化。类似的问题在高中物理简谐运动中也出现过，人教版高中物理选择性必修一对于简谐运动是从力学上严格定义的：$F = -kx$。

课标中也只需要学生证明这个公式就可以。而实际上这个公式是二阶微分方程的一部分，它的解是三角函数：$-kx = m\ddot{x}$

$$x(t) = A\sin(\omega t + \varphi), \omega = \sqrt{\frac{k}{m}}$$

高中物理各版本教材也都尽量避免引入高等数学，仅仅从运动形式和力学上进行定义和证明。

3）启发学生设计实验方案：启发学生巧妙设计实验，利用高中知识推导出简谐运动的运动表达式，包含速度时间、位移时间、加速度时间，来避开二阶常微分方程这一超越学段的数学知识。

教师提供如下实验器材：电子天平、周期为 2 s 的步进电机、固定在步进电机转轴上随电机一起转动的穿有乒乓球的金属丝、手电筒、竖直弹簧振子。

启发学生思考：步进电机的周期为 2 s，如何调节竖直弹簧振子使其周期也为 2 s？小组讨论，实验验证如图 2-3 和图 2-4 所示。

【点评3】引导和指导学生通过猜想、设计实施实验和分析推理，逐步构建模型，既能合理解决问题，又能深入理解二阶常微分方程的解，提升逻辑推理和数学抽象能力。

图 2-3 周期为 2 s 的步进电机带动乒乓球匀速转动

图 2-4 调节出周期为 2 s 的弹簧振子

4）小组实践：将调节到周期为 2 s 的弹簧振子悬挂，使其平衡位置与步进电机的转轴等高，实验装置如图 2-5 所示。接通步进电机的电源，当乒乓球转到最高点时静止释放弹簧振子的小桶，关闭教室内所有光源，用手电筒照射实验装置，观察乒乓球和小桶的投影是否同步，实验现象如图 2-6 所示。

思考：简谐运动与匀速圆周运动的关系？

图 2-5 实验装置 　　　　　图 2-6 实验现象

学生会观察到简谐运动与匀速圆周运动的投影同步，简谐运动可以看作是匀速圆周运动的分运动。

5）小组合作：利用匀速圆周运动的竖直分力与简谐运动的回复力相同，进行原理分析与推理论证，如图 2-7 所示。

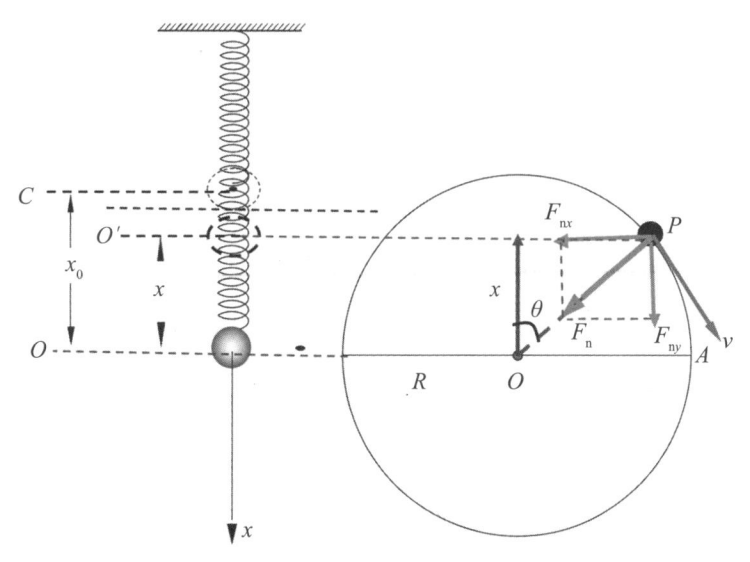

图 2-7 原理分析

可见，简谐运动的回复力是合外力，匀速圆周运动的合外力是向心力。如果投影同步，那么匀速圆周在竖直方向的分力随时间的变化一定与简谐运动同步，同理位移、速度在竖直方向也都是同步的。

总结归纳：

$$F = -kx = F_{ny} = -mR\omega^2\cos\theta = -mR\omega^2\cos\omega t$$

由 $x = R\cos\theta$，得到 $k = m\omega^2$

$\omega = \sqrt{\dfrac{k}{m}}$，所以 $T = 2\pi\sqrt{\dfrac{m}{k}}$

小组内讨论，通过类比学习法进行知识迁移：受力条件满足 $F_{回} = -kx$

动力学方程 $-kx = m\dfrac{\Delta v}{\Delta t}$，$v = \dfrac{\Delta x}{\Delta t}$

运动形式就满足 $x = A\sin(\omega t + \varphi)$

周期为 $T = 2\pi\sqrt{\dfrac{m}{k}}$

可以在这些式子中发现 LC 振荡与简谐运动描述的表达式是类似的，根据对应关系有：

$$k \leftrightarrow \dfrac{1}{C} \quad m \leftrightarrow L$$

根据公式的相似性，类比得到 LC 振荡的周期表达式：

$T = 2\pi\sqrt{LC}$，且是一个简谐振荡。

注意：要想实现欠阻尼振荡，需要阻尼系数 $\zeta = \dfrac{\left(\dfrac{R}{2}\right)}{\sqrt{\dfrac{L}{C}}} \ll 1$，所以本实验自感线圈为手工绕制，保证尽可能大的自感系数，为了尽可能减少导线电阻的影响，让电容器直接用夹子固定在自感线圈两端。

（2）实验验证：LC 振荡是简谐振荡

1）实验器材：自制电感线圈的自感系数 $L=0.25$ H、线圈的总电阻为 $3.7\,\Omega$，电容器 $C=100\,\mu$F，电流传感器为朗威 DISLab V7.0、采样率设置 5000 Hz，量程取 200 mA；电池电压 6 V。

按照图 2-2 所示的原理图组装仪器，测量 LC 振荡的电流—时间的关系，得到如图 2-8 所示的图像。

【点评4】教师可以提前告诉学生弹簧振子的周期 T 正比于 $\sqrt{\dfrac{m}{k}}$。教师点拨：例如，先挂 100 g 重物时弹簧振子周期为 1.44 s，则需要周期为 2 s 时对应的质量是多少？利用比例关系可求出振子质量为 192 g。从而不需要测量劲度系数。

【点评5】本课例中，学生在三个关键环节都运用了类比方法，逐一解决问题。在 STEM 项目学习实践中，可以用类比方法培养学生运用知识、关联知识的迁移能力。

【点评6】理论推导可以得到"LC 振荡是一个简谐振荡"的结论，结合实验，学生体验科学推理和论证的过程。

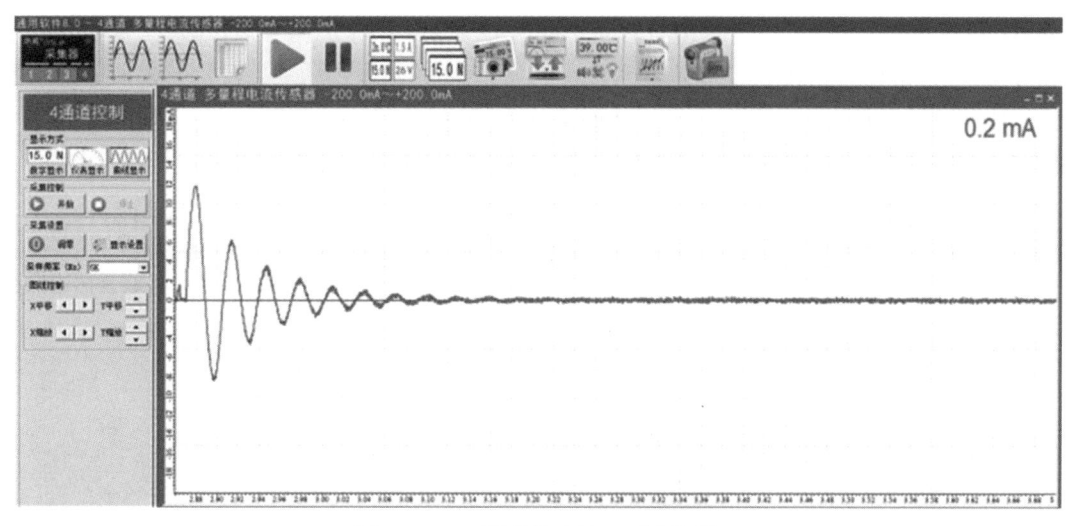

图 2-8　LC 振荡的电流—时间图像

测量时发现，实际 LC 振荡的电流—时间图像如图 2-8 所示，可以看出这个图像与简谐运动的阻尼振动类似。

结合阻尼振动的动力学方程：

$$-kx - Cv = m\frac{\Delta v}{\Delta t}$$

$$v = \frac{\Delta x}{\Delta t}$$

运动形式满足：$x = Ae^{-\delta t}\cos(\omega t + \varphi)$

发现 LC 振荡电路中电压方程：

$$-\frac{q}{C} - RI = L\frac{\Delta I}{\Delta t}$$

$$I = \frac{\Delta q}{\Delta t}$$

通过对比发现，二者具有相似性，所以它们的振动图像类似。

2）既然 LC 振荡是简谐振荡，同时还是一个阻尼振荡，那么做受迫振动时就会有共振现象，如图 2-9 所示。

（3）验证猜想

LC 电路选频原理是利用电磁波信号频率与 LC 电路固有频率相同发生共振。学生基于类比提出猜想：物体运动时做阻尼振荡，当作受迫振动时会出现共振，同样的现象会不会出现在 LC 简谐振荡电路中呢？

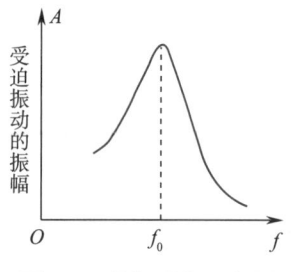

图 2-9　共振现象示意图

实验观察 LC 振荡电路的共振现象，所用实验器材包括电感线圈（自感系数为 0.25 H，线圈的总电阻为 3.7 Ω）；电容器 100 μF；电流传感器（朗威 DISLab V7.0 采样率设置

5000 Hz，量程取 200 mA)；变频信号发生器 VICTOR 2015H（产生 5 V 正弦交流电，频率可调）。

按照如图 2-10 所示的串联谐振电路图组装好器材。

调节串联谐振电路的信号发生器频率，出现共振。实验观察 LC 振荡电路中的共振现象。

学生总结：当驱动电压的频率在固有频率附近时，该电路中电流达到共振。

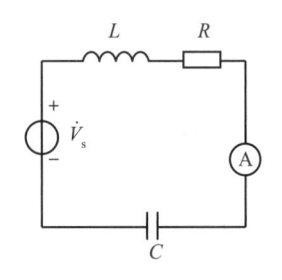

图 2-10　串联谐振电路图

根据 $T = 2\pi\sqrt{LC}$ 计算可知，该电路固有频率约为 30 Hz，如图 2-11 所示。

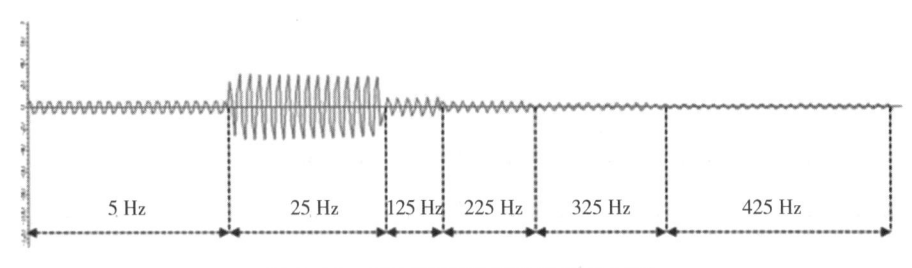

图 2-11　固有频率附近电流信号最强

提示：天线接收到空间中的电磁波信号后，可以利用天线线圈与自感线圈之间的互感实现信号与能量传递。

1) 分析数据：通过对简谐运动的深入分析、与 LC 振荡电路的对比，发现它们的运动形式都为正弦函数，具有周期性，LC 振荡电路具有简谐运动所具有的一切特征，可以做受迫振动，当受迫振荡的周期与 LC 电路的固有周期一致时出现共振。

可以设计一个电路，当有不同频率的电信号进入 LC 振荡电路时，只有与 LC 振荡电路的固有频率相同的交流电信号才能在电路中共振，被 LC 电路选择性输出这个共振加强的电信号。其中，电信号的来源为天线接收到的空间中的电磁波信号，构建串联谐振电路[5]。

2) 画出串联谐振电路图并输出电路中的电压信号，如图 2-12 所示。

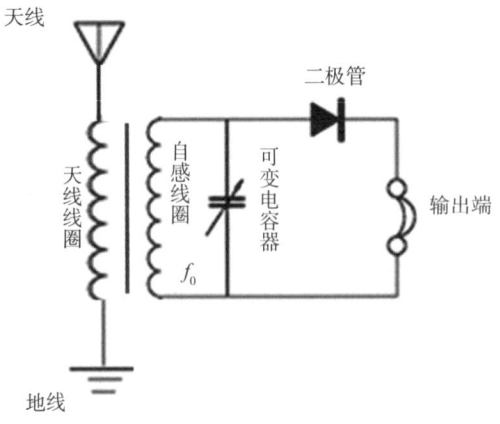

图 2-12　制作收音机的电路图

教师总结：学生设计电路图，并给出比较合理的制作收音机的电路图，天线线圈与自感线圈之间信号传递原理是互感。

4. 搭建模型

依据收音机的设计图，选择材料，搭建收音机模型。

（1）确定收音机的相关参数

1）**参数计算**：市面上可以买到的空气可变电容器的电容为 250~450 pF。要想让这个电路接收空间中的 AM 无线电信号，频率范围是 530~1600 kHz。

根据公式 $T = 2\pi\sqrt{LC}$ 可知：

通过控制 LC 电路的电感线圈的自感系数和电容器的电容，可以实现调节 LC 振荡电路的固有频率。

2）**确定参数**：给定条件，若电容器电容为 250 pF，电台发射的电磁波频率为 1000 kHz，计算可知所需要的线圈的自感系数大概为 100 μH。

同理，若采用固定 200 μH 的电感线圈，仅依靠电容器调节接收频率，通过计算发现，只能接收 530~700 kHz 的频段信号。

通过计算发现，调节电容器只能小范围调节接收到的电磁波频率，若要接收到更大频率范围的电磁波信号，需要通过控制自感线圈接入电路的匝数，改变自感系数。

3）**实验探究**：给定学生任意匝数的不加铁芯的线圈，可以探究合适的匝数。通过电容电感测量仪测量实验室给定的线圈，线圈在不加铁芯的情况下，线圈面积为 75 平方厘米，匝数为 60 匝时，通过测量可知自感系数 L=300 μH，则可以通过减小线圈匝数为 40 匝左右，得到自感系数 152 μH（尽量接近 200 μH）的电感线圈，如图 2-13 所示。

图 2-13 探究线圈的自感系数与匝数的关系

确定制作收音机的各项参数：使用 200 μH 的电感线圈，配合 250~450 pF 可变电容器，制作 LC 振荡电路，可以接收到频率为 530~710 kHz 的 AM 电磁波信号。

【点评7】制作收音机的过程包含了对线圈自感系数的探究、数理推导和数学计算、根据电路图组装电学器件等，充分体现了 STEM 项目学习中，数学是紧密链接科学、工程与技术的核心学科。

【点评8】教师提前制备好印制有电路图的亚克力板或木板，方便学生焊接电路。这也是学习支架的一种。

【点评9】电台发射功率小于500mW，符合国家规定。

（2）选材制作收音机

如图 2-14 所示，选择直径 1 mm 的铜丝制作自感线圈，自感线圈缠绕 30~60 匝均可；天线线圈缠绕 30~60 匝均可；也可以直接将天线线圈省略，将天线和地线直接接到自感线圈上。电容器选取空气双联可变电容器，为 250~450 pF。自感线圈与电容器并联，输出端使用矿石二极管滤波，高阻抗变压器 2200 Ω/64 Ω 连接 3.5 mm 耳机插孔。

图 2-14 基础材料准备

通过互感的方式将天线线圈接收的信号输入 LC 振荡回路，提供两种线圈绕制方式：花鼓式缠绕方式与直筒式缠绕方式，如图 2-15 所示。

a）花鼓式　　　　　　　　　　　　　b）直筒式

图 2-15 天线线圈与自感线圈绕制方式

将制备好的器件使用电烙铁焊接在亚克力板或木板上，连接普通耳机收听电台，如图 2-16 所示。

图 2-16 焊接电路，制作不用电池的收音机

5. 模型测试

收听 AM 电台信号。使用教室内的低功率 AM 电台连接手机的耳机插孔，将手机音乐

使用电台变成电磁波信号发射出去，利用制作好的收音机靠近电台的天线区域，接收电磁波信号，看是否能收听到清晰的音乐。

将制作好的收音机天线的一端连接到室外，另一端连接到室内的暖气管道上，收听无线电广播，如图2-17所示。

6. 产品封装，运营管理

将电路器件焊接好，组装完毕后封装，如图2-18所示。

图 2-17 使用低功率电台进行收音机接收信号检验

图 2-18 产品剖面图以及封装后的效果

2.2.7 综评

本课例的选题与高中物理学科教学内容深度结合，学习目标的设定合理，项目内容丰富多彩。项目由浅入深，符合学生的认知模式，从概念理解到猜想验证，再到实验探究，探究实践的结果一步步应用于无电池收音机的制作。项目体现了STEM理念与学科融合的特色，学生经历学科中的核心知识应用于真实问题解决的过程，不仅关联了学科中两个不同模块的知识，也建立了学科知识与其他学科知识的关联，同时促进学生将日常生活现象与重大工程任务之间建立类比关系。STEM项目学习中经历了多次运用类比方法解决不同关键问题的过程，有利于帮助学生形成一般性的问题解决思路，同时深化了对相关学科知识的深度理解，发展解决问题的高阶思维。

建议可以加强项目情境与学习过程的融合，本身这部分内容涉及的知识和技术对于学生来说有一定难度，可以充分利用合理的情境调动学生的学习积极性，并围绕情境任务的逻辑形成子任务、子问题，让学生学习过程中更能体现主体性。还可以围绕合理的项目情境继续扩展项目内容，体现工程思维的系统性、统筹性和权衡性。

第3章 高质量的驱动性问题

3.1 导引3：一个好的驱动性问题是STEM项目的起点

提出一个好的驱动性问题，不能仅靠灵光一现，要形成行之有效的思维方式。

在 STEM 项目设计的过程中，驱动性问题的选择和描述是至关重要的。许多教师都反映，设计合适的驱动性问题是教学设计过程中最难的部分之一。最有经验的教师也同样会为了一个合适的驱动性问题绞尽脑汁。对于 STEM 课程设计者，提出恰当的问题比解决这个问题更重要、也更困难。

3.1.1 为什么要有驱动性问题

驱动性问题的概念来源于项目式学习（PBL）。项目式学习鼓励学生在一段时间内通过应对并研究一个真实的、有吸引力的、复杂的问题、课题或挑战，从而掌握重点知识和技能。STEM 教育是项目式学习的一种，聚焦于真实情境下的问题解决是 STEM 课程的核心特征。在 STEM 课程中，驱动性问题链是问题解决教学的核心策略。

上海学习素养课程研究所所长、上海市教育科学研究院研究员夏雪梅博士在《项目化学习设计》一书中给出驱动性问题的描述：驱动性问题就是将比较抽象的、深奥的本质问题，转化为特定年龄段的学生感兴趣的问题。本质问题比较抽象，而驱动性问题则嵌入了学生更感兴趣的情境[6]。

驱动性问题是现实世界中的真实问题或者抽象问题，会产生一个让学生觉得有意愿并且有能力解决的困境。有效的驱动性问题能够促使学生去主动寻求解决方案。

STEM 课程中的科学、技术与数学是已有的传统科目，而"工程"则是新加入的元素，驱动性问题其实就是"工程"部分的最好体现。在中学 STEM 教育当中，"工程"不同于传统的工程教育，工程实践的流程可以作为 STEM 课程的主线，通过驱动性问题和挑战性任务的方式呈现。

3.1.2 如何提出有效的驱动性问题

要设计出高质量的驱动性问题，教师首先需要深度挖掘自己选择的核心内容领域，建立研究型教师的意识，广泛地了解主题背景、已有研究和最新动态。在进行驱动性问题细化和分解的过程中要明确构成要素之间的逻辑关系，准确把握学生知识、能力和认识层面的学情。

在学校里从事 STEM 教育的绝大多数都是学科教师，喜欢从课本的知识点出发设计 STEM 课程。从知识概念生成驱动性问题的过程是非常困难的，往往比较受限。一种行之有效的方法是通过情境化或产品驱动来促进驱动性问题的生成。例如学科教师可以选择学科中的某一个知识点，思考这个知识点在真实生活中是如何运用的，提出若干真实情境中待解决的问题，思考这个知识点与其他哪些知识或技术的结合可以解决哪些问题，最终生成驱动性问题。

夏雪梅在《项目化学习设计》一书中给出了设计驱动性问题的方法和建议。

◆将具体内容问题提升为更本质问题。
◆将本质问题和学生经验建立联系。
◆将事实性问题转化为概念性问题。
◆从学生那里获得驱动性问题的雏形。
◆运用"冲突、论争"的问题。

可以看到，驱动性问题的出现靠的是对于已有问题的深入挖掘和有效转化。而且想要提出一个有效的驱动性问题，不是仅靠一个疑问句就能实现的，驱动性问题的提出包含三个关键部分。

1. 情境引入

问题的提出一定是依赖于特定的情境，因为 STEM 教育中要解决的都是真实情境的问题，只有这样才能充分调动学生的积极性。一个生动有趣的情境会让学生产生更多的内在动力，学生的积极投入是 STEM 课程取得良好效果的必要条件。

情境的另一个重要作用是归纳限制性条件。驱动性问题一般不会是一个单纯的开放性问题，因为没有限定的问题就会有各种各样的解决方案和思路，是不适合在课堂有限的条件下进行的。一个好的情境可以帮助驱动性问题最终收敛到教师希望的区间，从而进行相应的教学设计。在工程实践的一般过程中，项目开展的两个初始阶段就是"明确问题"和"统筹要素"，这都是针对项目情境和驱动性问题的。

2. 角色代入

合理的情境引入和有效的驱动性问题可以引发学生的角色代入感。在这一门课中他/她也许是一位火箭设计师，在另一门课中他/她也许是一位建筑设计师。中学生是非常缺乏社会角色体验的，尤其在工程方面，很多学生从未有过依靠自己的知识技能解决真实工程问题的意识和经验。STEM 课程的一个重要意义就是帮助学生建立起这样的意识，并且收获一定的真实体验。

角色的代入可以促进学生形成专家思维方式。就像是辩论的正反方一样，学生角色的不同就会带来思考角度的变化。在进行同一个项目学习的过程中，学生在某个团队中扮演的角色不同，也会带来不一样的收获。负责技术的学生只需要专注于破解难题，而团队负责人却要把控全局。

3. 任务导向

通过对项目情境的描述和解读，最终要归纳生成项目总的驱动性问题，描述学生在本门课程中需要解决的问题到底是什么。这个问题的呈现应该是简洁明确的，要有任务导向，落实到实践层面。

这个总的驱动性问题是非常重要的，它应该贯穿课程的始终，印刻在学生的心中，在每个知识和技能学习的过程中都要思考这部分内容与解决最终问题之间有何关联。

最后如何确定设计的驱动性问题是有效的呢？

关于有效性更多的是需要经过课堂实践和教学评价来进行科学的评判。不过在设计驱动性问题后，教师可以把情境和问题先呈现给一部分学生（可以是往届的，或者参加其他STEM课程的），若其中有很多学生认为这个情境很有趣，这个问题值得解决，那么教师基本可以在正式的教学中使用这个驱动性问题。如果学生的反馈是这个问题没弄明白，这个问题很难回答，或者回答的角度不是教师预期的，无法指向教学内容，那么就说明这个驱动性问题还有待打磨，可以与有经验的教师共同探讨。

3.1.3　如何从驱动性问题出发设计 STEM 课程

驱动性问题设计是课程设计的核心环节。在 STEM 课程设计的过程中，驱动性问题的设计其实就是项目整体框架的确定。驱动性问题不是独立存在的，它在课程中也不是单独的一个问题，一般可以分为三级驱动性问题，其作用各不相同，见表 3-1。

表 3-1　三级驱动性问题

问题类别	作用
项目总的驱动性问题	决定项目方向，形成最终挑战性任务
子任务的驱动性问题	形成问题解决路径，与教学单元对应
课时教学中的问题链	引导学生思考方向，思维攀登的脚手架

教师在确定了任务情境和总的驱动性问题后，还需要将这个复杂的问题拆解成若干个容易解决的子问题，通过子问题的解决，最终实现项目的总体目标。

第3章　高质量的驱动性问题

以课例"让张北的风点亮北京的灯——'绿色冬奥'场馆模型设计与制作"为例进行介绍。

1. 项目情境设计

首先，本课例从我国政府的"碳中和"承诺、2022年冬奥会"绿色奥运"宗旨、张家口地区的特有自然资源三个角度，简要描述了项目背景。

首先是"碳中和"承诺——2021年1月25日，习近平主席在世界经济论坛"达沃斯议程"对话会上发表题为《让多边主义的火炬照亮人类前行之路》的特别致辞，再次向全世界郑重承诺："中国力争于2030年前二氧化碳排放达到峰值、2060年前实现碳中和。"其次是"绿色奥运"宗旨——2022年冬奥会在我国举行，"绿色办奥"居于"绿色、共享、开放、廉洁"的办奥理念之首。"绿色办奥"是中国向世界做出的庄严承诺。冬奥会三大赛区26座场馆实现100%的绿电供应。绿电的主要来源为太阳能、风力、生质能、地热等可再生能源，在电力生产的过程中，二氧化碳排放量为0或趋近于0，对环境的冲击影响较低。第三是"张家口特有自然资源"——"坝上一场风，从春刮到冬"，这句在张北地区的农谚，反映出这一地区全年多风的气候特点。张北地区拥有着丰富的风能和太阳能资源，但是要实现为北京的冬奥场馆供应绿色电力，整体工程的科技含量高，涉及环节多，需要发电、送电、用电等各方面的紧密配合。

这样三个角度，将本课例关注的主题指向"绿色冬奥"，这一宗旨下的问题很丰富，本课例选择的问题是奥运场馆的绿色供电，这样就把研究视角聚焦在了"如何进行绿色供电"这一核心问题上。

可见，基于核心问题的项目情境设计，可以在情境材料中首先关注时代背景，将"碳中和"等人类共同面对的大问题提出来，突出项目情境任务与国家和世界经济发展、产业变革、科技飞速进步紧密相关。然后通过"绿色冬奥"这样的具体大事件、大工程、大项目等的理念，引出核心概念，切入STEM课程的主题。最后，可以结合某地域或其他空间的自然资源、文化、社会、生产生活等地域特色，界定可用资源和限制条件，统整提出课程的总挑战性任务。本课例就是通过一句朗朗上口的农谚让学生对张北地区的自然资源有了概要认识，顺势指出为冬奥场馆供应绿色电力的真实工程任务，进而聚焦STEM课程的总驱动性问题为"如何有效利用张北的绿色能源，为北京冬奥场馆供电，实现'用张北的风点亮北京的灯'？"

通过项目情境和真实工程任务进行提炼、归纳、总结，生成简洁、明确的驱动性问题，能够引发学生持久探究实践的兴趣。

2. 挑战性任务设计

结合情境与总驱动性问题，对真实工程任务进行梳理，明确涉及的学科知识、概念、原理等，结合学情和STEM课程的育人目标，设计项目学习的总挑战性任务。从驱动性问题自然而然生成挑战性任务，就可以把项目目标、项目标准等要素体现出来或者隐含起来，通过分析情境任务这样的学习活动进行提炼，发展学生信息提取与整合、提出问题、分析问题、界定问题的能力。本课例就是基于冬奥会宗旨下的真实工程任务，要求学生设计方案，利用风能、太阳能等绿色能源为冬奥运动场馆供电；要求学生在学校实验室条件下，制作模型并进行验证和表达。项目目标是使用绿色能源的设计方案和模型验证与表达，项目标准是使用多种绿色能源持续输出至少 8 V 电压。

3. 总驱动性问题的拆分

总驱动性问题具有一定的复杂性，涉及各方面的知识和技术，学生是无法一下子解决的。课程设计的过程就是将这个总问题，按照问题解决逻辑，拆分成几个子问题，并驱动着继续分解总挑战性任务，形成若干个子任务，每个子任务都跟子问题息息相关。而每个子问题的解决，又需要在每一课时的教学环节中根据学习目标生成更加细化的问题链。

本课例的"绿色供电"冬奥场馆设计制作的总问题，拆分出 3 个子问题，见表 3-2。当解决了太阳能发电与存储、风力发电与存储两个新能源利用的关键问题后，将探究实践的结论应用于冬奥会运动馆模型中供电系统的设计与搭建，也就完成了最终的挑战性任务。

表 3-2 项目驱动性问题拆分表

总的驱动性问题	如何有效利用张北的绿色能源，为北京冬奥场馆供电，实现"用张北的风点亮北京的灯"		
子任务的驱动性问题	如何利用太阳能发电并进行存储	如何利用风能发电并进行存储	如何设计并制作一个绿电供能的冬奥会场馆模型
课时教学中的问题链	● 如何将太阳能转化为电能 ● 怎样测量太阳能电池板的电动势、内阻 ● 怎样设计电路，使太阳能电池板电路能输出 8 V 左右的电压 ● 如何将太阳能发出的电储存到锂电池中	● 如何将风能转化为电能 ● 如何测量不同风速下的电动势和内阻 ● 如何设计电路，使风力发电机能输出 8 V 左右的电压 ● 如何将风力发电机发出的电储存到锂电池中	● 冬奥会运动场馆的基本构造和基本使用需求是什么 ● 如何展现你心目中的冬奥会场馆设计方案 ● 你希望冬奥会运动场馆模型实现怎样的灯光效果 ● 如何利用风电和太阳能发电获取的绿色能源为该场馆供电

3.2 课例 3：让张北的风点亮北京的灯——"绿色冬奥"场馆模型设计与制作

主要学科：物理，数学，通用技术，信息技术，艺术。
预计课时：18 课时。
授课年段：高一、高二混合，也可以单独给高二年级学生开设。
开发教师：山东省青岛第六十七中学邢雪梅、蓝文平、尹玉霞。
授课教师：山东省青岛第六十七中学邢雪梅、蓝文平、尹玉霞、徐以文。
指导教师：山东省青岛第六十七中学邢雪梅。

3.2.1 项目信息

1. 涉及领域/学科及核心内容

（1）**物理**：物理观念（能量观念），科学思维（基于对风力发电的物理原理认识，探索风力发电输出交流电是否进行过整流的科学推理、科学论证、创造性思维），科学探究（利用太阳能发电时提出要选用合适的太阳能电池板，利用风力发电时提出选用合适的电风扇、风力发电机，给锂电池充电时提出需要安全保护的问题，设计并进行实验，获取信息，基于证据得出结论，并做出解释、交流、评估、反思），科学态度与责任（实验过程中养成严谨认真、实事求是和持之以恒的科学态度，形成绿色低碳环保的观念和为保护环境做出贡献的社会责任感）。

（2）**数学**：逻辑推理（演绎：充电锂电池是否有保护模块、风力发电机发出的电是否是直流电等），数学运算（电路计算、冬奥会运动场馆的设计尺寸等），数据分析（电路实验中收集数据，整理数据，提取信息，构建模型，进行推断，获得结论）。

（3）**通用技术**：工程思维（整个"绿色冬奥"运动场馆系统设计中的筹划），图样表达（电路图绘制、场馆设计图制作），物化能力（分别使用 3D 打印、激光切割、电锯、木工、编程、搭建、五金工具等，完成"绿色冬奥"运动场馆的工程实现），创新设计（整个"绿色冬奥"运动场馆系统设计）。

（4）**信息技术**：计算思维（利用计算机编程，实现智能控制场馆照明效果），信息意识（利用网络获取和处理信息，在合作解决问题的过程中，愿意与团队成员共享信息，实现信息的更大价值）。

（5）**艺术**：文化理解（冬奥会运动场馆设计中的文化设计），审美情趣（冬奥会运动场馆模型设计显现出艺术氛围和高雅气质），创意表达（冬奥会运动场馆模型设计中体现想象力、表现力和创造力等）。

2. 项目实施的环境和硬件要求

（1）**专业教室的需求**：普通教学教室与通用技术教室结合使用（或一间创客实验室）。

（2）**教室空间分布**：最好有"讨论区""加工区""实验区"三部分。"讨论区"里面安装可以联网的计算机。

（3）**教室内的硬件、材料及工具**：黑板和多媒体系统；两台及以上可以联网的计算机课桌椅（能坐下6位学生，最好还能有指导老师坐的地方）；可以组装设计模型。加工区的实验台，不小于 $2 m^2$。加工工具：台锯1台，曲线锯1台，电钻1把，激光切割机1台，3D打印机1台，热熔胶枪1把，锤子1把，凿子1把，锉1把。耗材：木板1块（$1.5 m \times 1 m \times 0.01 m$），椴木板（$0.4 m \times 0.3 m$）3片，木条（$3 cm \times 3 cm \times 2 m$）1根，钉子若干，胶水1瓶。开源硬件：Makeblock（或米思奇等）软件和相应的主板（1块），灯带2根（其他品牌的也可以）。物理实验器材：万用表1块，电阻箱1个，滑动变阻器1个（50Ω），开关2个，保护电阻 100Ω，锂电池充电保护模块1个，$7.4 V$ 锂电池1块，风力发电机1个，电风扇1台，$220 V$ 电源。

3.2.2 项目情境及挑战性任务

1. 项目情境

2021年1月25日，国家主席习近平在世界经济论坛"达沃斯议程"对话会上发表题为《让多边主义的火炬照亮人类前行之路》的特别致辞，再次向全世界郑重承诺："中国力争于2030年前二氧化碳排放达到峰值、2060年前实现碳中和。"

2022年冬奥会在我国举行，"绿色办奥"居于"绿色、共享、开放、廉洁"的办奥理念之首。"绿色办奥"是中国向世界做出的庄严承诺。冬奥会三大赛区26座场馆实现100%的绿电供应。绿电的主要来源为太阳能、风力、生质能、地热等可再生能源，在电力生产的过程中，它的二氧化碳排放量为0或趋近于0，对环境的冲击影响较低。

"坝上一场风，从春刮到冬"，这句张北地区的农谚，反映出这一地区全年多风的气候特点。张北地区，拥有着丰富的风能和太阳能资源，但是要实现为北京的冬奥会运动场馆供应绿色电力，整体工程的科技含量高，涉及环节多，需要发电、送电、用电等各方面的紧密配合。

2. 驱动性问题

如何有效利用张北的绿色能源，为北京冬奥场馆供电，实现"用张北的风点亮北京的灯"？

3. 挑战性任务

作为能源工程师，利用风能、太阳能等绿色能源为冬奥会运动场馆供电系统设计解决方案，并制作模型进行验证和表达。

3.2.3 项目整体分析

1. 知识图谱与问题解决路径

知识图谱与问题解决路径如图 3-1 所示。

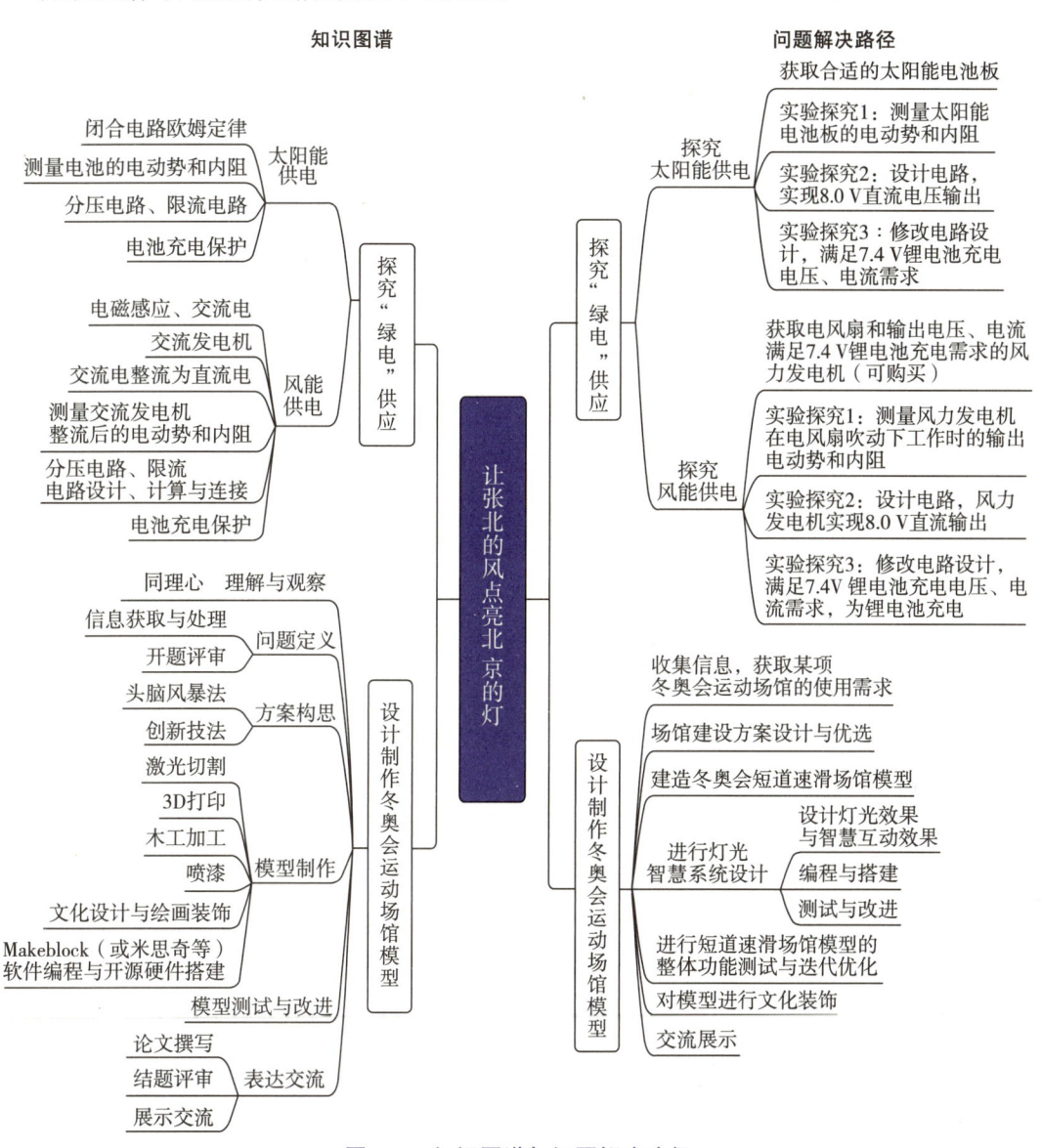

图 3-1 知识图谱与问题解决路径

2. 学情分析

（1）前序知识：部分学生学习过高二物理关于恒定电流、电磁感应、交流电等知识。

（2）所有学生都有跨学科、实践类课程（如研究性学习活动课程、科技类社团等）修习经验，熟悉项目式学习方式和研究性学习方式。

（3）学生有一定的技术基础：会使用 3D 设计软件（Rhino 等）设计简单图形，能够进行 3D 打印；会使用编程软件（图形化编程即可）进行简单程序编辑，能够连接开源硬件实现功能；会使用电锯、激光切割、锤子、钳子、美工刀、尺子等加工绘图工具。

3.2.4 项目学习目标及阶段性学习成果设计

1. 项目学习目标

（1）通过用太阳能电池板为锂电池充电的任务，学生能够测量太阳能电池板的物理参数，解释光电转换的原理及影响因素，参考光电转换效率、运用闭合电路欧姆定律、恒定电路核心概念（如电动势、电流、电压、电阻、串并联电路等）合理设计电路，探究为锂电池提供合适充电电压、电流的电路，发展能量观念，提高科学探究能力和科学思维能力，增强环境保护意识。

（2）通过模拟风力发电为锂电池充电任务，探究发电机工作原理，构建电磁感应概念，认识交流电整流为直流电的原理和方法，运用闭合电路欧姆定律设计形成能够提供合适电压、电流的电路，认识风能与电能的转换效率，发展能量观念，提升科学探究能力，增强环境保护意识。

（3）通过完成"绿色冬奥会运动场馆设计"任务，整合太阳能和风力发电系统供电，提升创意设计与模型制作能力，发展系统思维和工程素养，提高团队合作能力、沟通交流能力。认识"绿色办奥"与碳达峰、碳中和的重要意义，提升社会责任感。

2. 阶段性学习成果

（1）太阳能电池板为锂电池安全充电的实验报告。

（2）使用电风扇提供的风能为锂电池安全充电的实验报告。

（3）一个使用"绿色"供电的冬奥会运动场馆模型。

3.2.5 项目学习整体规划

项目学习整体规划见表 3-3。

表 3-3 项目学习规划表

总挑战性任务	子任务/核心问题	问题链（串）	核心知识/关键概念/跨学科概念	核心素养（包含学科/课程核心素养）
设计制作一个体现"绿电"的冬奥会运动场馆模型	如何利用太阳能发电并进行存储	●如何将太阳能转化为电能 ●怎样测量太阳能电池板的电动势和内阻 ●怎样设计电路，使太阳能电池板电路能输出 8 V 左右的电压 ●如何将太阳能发出的电储存到锂电池中	●恒定电流（电动势、内阻，闭合电路欧姆定律，分压电路设计）	●物理观念：能量观念 ●科学思维：科学推理、科学论证、质疑创新 ●科学探究：提出问题、收集证据、进行解释和交流 ●科学态度与责任

（续）

总挑战性任务	子任务/核心问题	问题链（串）	核心知识/关键概念/跨学科概念	核心素养（包含学科/课程核心素养）
设计制作一个体现"绿电"的冬奥会运动场馆模型	如何利用风能发电并进行存储	• 如何将风能转化为电能 • 如何测量不同风速下的电动势和内阻 • 如何设计电路使风力发电机能输出 8 V 左右的电压 • 如何将风力发电机发出的电储存到锂电池中	• 恒定电流（电动势、内阻，闭合电路欧姆定律，分压电路设计） • 电磁感应、交流电、发电机	• 物理观念：能量观念 • 科学思维：科学推理、科学论证、质疑创新 • 科学探究：提出问题、收集证据、进行解释和交流 • 科学态度与责任
	如何设计并制作一个绿电供能的冬奥会运动场馆模型	• 冬奥会运动场馆的基本构造和基本使用需求是什么 • 如何展现你心目中的冬奥会运动场馆设计方案 • 你希望冬奥会运动场馆模型实现怎样的灯光效果 • 如何利用风电和太阳能发电获取的绿色能源为该场馆供电	• 文献检索与处理 • 工程设计 • 模型设计制作，迭代优化 • 计算机编程	• 信息意识、计算思维 • 工程思维、创新设计、图样表达、物化能力 • 沟通交流能力、合作能力 • 责任担当 • 实践创新

3.2.6　STEM 项目的实施过程

1. 明确问题

（1）出示项目情境一

2021 年 1 月 25 日，国家主席习近平在世界经济论坛"达沃斯议程"对话会上发表题为《让多边主义的火炬照亮人类前行之路》的特别致辞，再次向全世界郑重承诺："中国力争于 2030 年前二氧化碳排放达到峰值、2060 年前实现碳中和"。2022 年冬奥会在我国举行，"绿色办奥"居于"绿色、共享、开放、廉洁"的办奥理念之首。

什么是"碳达峰""碳中和"？什么是"绿色办奥"？什么是"绿色能源"？如何实现"绿色办奥"？请查阅有关文献，了解相关话题。

（2）出示项目情境二

张北地区有一句农谚："坝上一场风，从春刮到冬"。这句农谚给你什么启示？登录"学习强国"官网，搜集"用张北的风点亮北京的灯"有关文献，理解这句话的含义。

（3）出示项目情境三

学生阅读网络文献《现代能源：挑战就在"可见的"未来中》，分享对"现代能源"的理解。

【点评 1】以国家在全球共同发展大背景中的重要作用为情境素材，以人类发展的宏大目标为纲，关联国家重大发展项目，作为 STEM 课程情境任务，具有立德树人的价值。

（4）小组头脑风暴，确定本组研究的问题

组内分享交流上述项目情境中获取的文献资料，进行小组头脑风暴，确定本组研究的问题。不同的小组可以研究该情境下不同的问题。对各小组研究的指导方式可参考本课例。

2. 统筹要素

按照科学性、可行性、价值性、兴趣性、创新性等原则判断各组项目是否可以实施。特别是可行性原则，即从人力、物力、财力、时间等角度考虑项目的可行性。教师可带领学生考察本校物理实验室、创客实验室，提醒学生充分考虑项目的约束条件。

需要用到物理电学器材，包括但不限于太阳能电池板、交流发电机、锂电池、电阻箱、滑动变阻器、电压表、电流表、万用电表、电键、导线等，制作冬奥会运动场馆模型的器材，如木工工具、激光切割机、3D打印机、常用五金工具、木板等。

【点评2】使用头脑风暴法的四项原则：自由畅想、延迟评判、以量求质、综合改善。

3. 设计方案

（1）以小组为单位进行方案设计

设计方案时可以采用头脑风暴的方法产生多个点子、创意构思，结合草图进行可视化交流表达，如图3-2所示[7]。

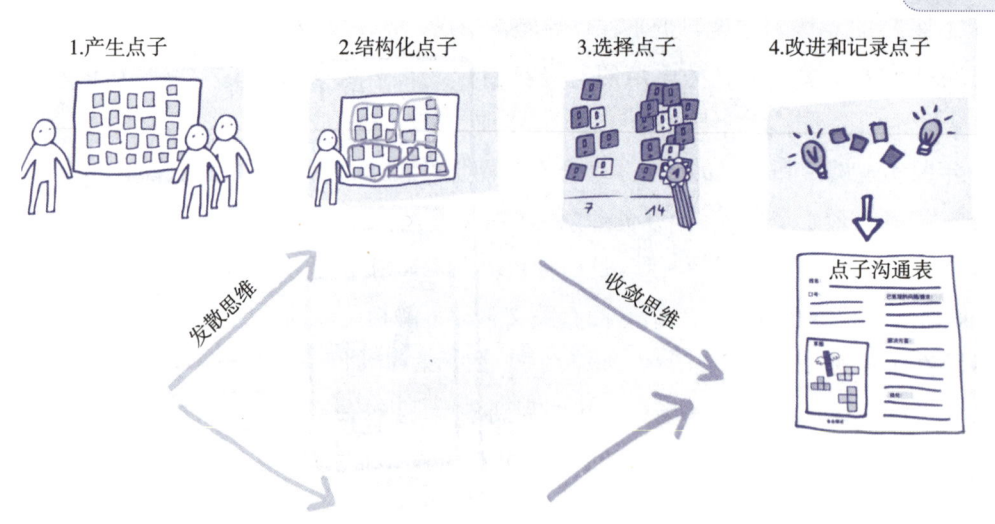

图3-2 结构化并选择点子

1）**头脑风暴创意构思**：①明确要解决的问题和统筹要素，小组成员就项目的具体方案设计展开头脑风暴，产生大量点子；②把大量的点子进行分类整理；③选择符合选题"五项原则"的最好点子；④记录、整理这个最好的点子。

2）绘制草图：任何物体、流程、情境、想法等都可以用描绘的方式画出草图和原型，如图3-3所示。

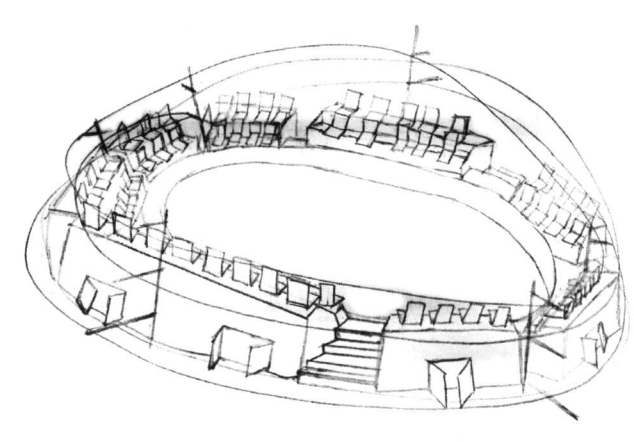

3）设计研究方案：以小组为单位，准备好本组项目的研究方案。从以下七个方面展示交流小组项目研究方案：①项目名称；②问题描述；③方案设计与优选（画出草图）；④介绍产品必须符合的基本要求；⑤任务分工与时间安排；⑥研究项目可行性分析（从人力、物力、财力、时间、空间等方面论证）；⑦预期成果。

图3-3　冬奥会运动场馆草图

（2）进行方案论证暨开题评审

每个小组的代表用PPT展示研究方案，接受全班同学和老师的审议，回答师生提问。他组学生使用评价量规对展示小组进行评价并打分。

评价主体：教师和所有的学生都有评价权。师生都根据评审表对展示小组进行他评和小组自评。

采用定性评价与定量评价相结合的办法进行评价。教师、组长、学生打分的权重有所不同，见表3-4。

表3-4　山东省青岛第六十七中学项目设计开题评审表

项目名称		项目组别	
指导教师		班级	
研究成员			
相关学科			
A 开题报告评价（报告内容）			
研究问题目标任务	清楚 较清楚 不清楚 有价值 无价值	需求调查与信息收集	深入 不深入 细致 不细致
科学与工程要素	深入 不深入 全面 不全面	方案设计	问题解决好、新颖巧妙、环境友好 较好 较差

（续）

创新性	高 一般 较差	分工与进度	合适 较合适 不合适	
项目设计 可行性	高 较高 较低	预期成果	形式	合适 较合适 不合适
			内容	合适 较合适 不合适

B 开题报告评价（汇报与答辩）

1. 开题报告陈述（5分钟，阐述课题研究计划）

条理清楚	好 较好 一般	形式	好 较好 一般	
语言表达	好 较好 一般	跨学科性	好 较好 一般	
体态仪表	好 较好 一般	时间	合理 一般 不合理	

2. 回答问题（5分钟）

应答态度	开放包容 一般 保守偏执	应答质量	敏锐性	好 较好 一般
			正确性	好 较好 一般
小组合作	好 较好 一般	时间运用	合理 一般 不合理	

综合评价（报告是否通过，提出修改意见）

开题报告成绩（满分100分）：

评审人（签名）： 评审时间： 年 月 日

4. 搭建模型

依据设计方案分组开展研究。以 A 组"用张北的风点亮北京的灯"探究实践为例。探究实践分三部分进行，即探究利用太阳能和风能供应"绿电"的原理和效率、冬奥会运动场馆模型的设计与制作、模型中灯光系统的设计与实现。

（1）方案 1：太阳能供电模型

每个小组的设计方案不尽相同，如图 3-4 和图 3-5 所示，教师巡回指导。

> 【点评3】学生为自己变废为宝的行为自豪，充满干劲。

图 3-4　在学校废旧品中寻得太阳能电池板

图 3-5　在有阳光的地方进行电路设计和实验探究

探究实践活动内容主要有测量太阳能电池板的电动势和内阻，使用该电池板，利用分压法设计电路使其能够输出 8.0 V 的直流电。

（2）方案 2：风能供电模型

在探究风能供电方案时，与太阳能供电方案流程相同，如图 3-6 和图 3-7 所示。

图 3-6　模拟风能供电

风能供电方案在实践中也遇到了很多问题，问题的解决过程同样经历了"搭建模型→分析数据→迭代优化"的多次循环。

教师为两种探究实践提供的器材、设备和材料有万用表 1 块，电阻箱 1 个，滑动变阻器 1 个（50 Ω），开关 2 个，保护电阻 100 Ω，锂电池充电保护模块 1 个，7.4 V 锂电池 1 块，风力发电机 1 个，电风扇 1 台，220 V 电源，电烙铁等。

图 3-7　焊接锂电池充电保护模块的导线

分组探究实践时，太阳能组、风能组和冬奥会运动场馆设计等不同任务可以由项目组内学生分工负责，这样三个子系统实验可以同时进行，能够高效协作完成挑战。

5. 分析数据

A 组学生发现，当他们把 7.4 V 的锂电池作为负载接入实验电路时，充电电压会比 8.0 V 小很多，不满足锂电池充电需求。分析产生这一结果的原因：一是由于并联上负载后，分压部分的电阻减小，在整个电路中分得的电压减小；二是由于第二次实验时阳光不好，导致太阳能电池板电动势降低，电源内阻也有变化。

6. 迭代优化

针对发现的问题，学生改进了实验。一是电路设计方面用电阻箱替代了滑动变阻器、分压接法改为限流接法，二是改变太阳能电池板与太阳光的角度。

这个过程中学生会多次修改实验方案，才能提供符合项目需要的充电电压和电流。也就是说，"搭建模型""分析数据""迭代优化"这三步会做几次循环。而且，项目中每个子系统的研究也有循环。甚至，循环的起点也不一定从"搭建模型"开始，它可能是从整个工程思维流程中的任何一个环节开始。

7. 冬奥会运动场馆模型整合制作

学生根据冬奥会某项运动比赛需求，自主选择设计制作一个运动场馆模型，A 组学生选择了短道速滑馆。

模型的设计制作与探究实践并行，实验组完成实验任务后，加入模型组。图 3-8 所示为学生正在制作模型。

模型制作经历了如下过程。

图 3-8　模型制作

(1)制作看台、座椅和跑道。

学生使用电锯切割制作速滑馆座椅的薄木板,把切割好的座椅木片两片两片地用热熔胶枪粘好,变成一个个小座椅,如图 3-9 所示。

学生用气钉枪把钉子打进木板,固定、安装看台,如图 3-10 所示。

图 3-9　模型制作(座椅)

图 3-10　模型制作(固定、安装看台)

座椅喷漆、固定,裁剪透明塑料布以铺装短道速滑赛场场地,如图 3-11 所示。

图 3-11　喷漆、固定、铺装

本环节用到的加工工具有:电锯、气钉枪、热熔胶枪和热熔胶、喷漆设备、钳子、钻孔锯、手电锯、尺子、剪刀、3D 打印机、装有 3D 设计软件(本项目采用的犀牛设计软件)的计算机、绘图彩笔。

(2)**设计场馆照明智能控制系统。**

学生利用 Makeblock 软件进行图形化编程,并把程序烧到主板上,实现运动馆的灯光效果,如图 3-12 所示。

灯带使用的锂电池是太阳能和风能转化为电能后充电的,相当于用锂电池充电替代了风能和太阳能储能设备,最终实现"用张北的风点亮北京的灯"的愿景。

本环节用到的耗材:1.5 cm厚木板、3 mm椴木板、铁丝、铁管、彩灯、1 mm厚透明塑料布、开源硬件(Makeblock主板、灯带、超声波传感器、音乐扬声器模块)、3D打印耗材。

图 3-12　测试灯光效果

8. 方案评估

各小组完成本组项目后,班级举行结题评审会,完成结题评审表,见表3-5。

表 3-5　项目设计结题评审表

项目名称		组别	
指导教师		班 级	
项目成员			
相关学科			
A 结题报告评价(书面部分)			
报告结构	完整 一般 不完整	与开题 呼应性	达成研究目标 一般 未达成
科学性	严谨规范 一般 较差	价值性	较大 一般 较小
科学与 工程素养	好 一般 较差	研究过程	规范 一般 不规范
研究记录	完整 一般 不完整	合作	好 一般 差
B 结题报告评价(口头报告部分)			
1. 结题题报告陈述(5分钟,阐述课题研究成果)			
条理清楚	好 较好 一般	形式	好 较好 一般
语言表达	好 较好 一般	跨学科	好 较好 一般
体态仪表	好 较好 一般	时间	合理 一般 不合理

（续）

2.回答问题（5分钟）				
应答态度	开放包容 一般 保守偏执	应答 质量	敏锐性	好 较好 一般
			正确性	好 较好 一般
小组合作	好 较好 一般	时间运用		合理 一般 不合理
综合评价（结题是否通过，提出结题意见）				

结题报告成绩（满分100分）：　　　　　评审人（签名）：　　　　　评审时间：　　年　月　日

每个小组向全班同学展示本组探究实践解决问题的过程，演示本组场馆模型并进行解释说明。指导老师和台下每位同学都可以向台上小组提问。然后大家根据结题评审表给台上小组打分。

教师和所有的同学都有评价权，只是打分的权重有所不同。

9. 运营管理

"绿色冬奥"短道速滑运动场馆模型最终在学校科技作品展厅展览，它的开源硬件主板所需电能就是学生用太阳能电池板提供的，运行期间由学生负责及时更换模型用的锂电池，并进行日常照料、维护展品。

3.2.7 综评

本课例的选题充分契合时代热点，在绿色奥运的背景下，围绕奥运场馆的清洁能源供电这一真实问题转化、设计为高中生的 STEM 项目。在主题选择、情境任务和项目学习整体设计上都有突出亮点，值得学习和借鉴。项目实施过程流程合理，记录清晰完善，最终的作品效果极佳，是一个非常成熟的 STEM 项目，可以继续深度开发和实施。在项目任务完成过程中，学生依据工程实践的过程进行探究，从方案设计、实验设计、原理探究中，始终以项目目标为导向，不断在测试、分析数据、判断影响因素、改变条件进行对照实验等实践中，应用学科知识和思想方法解决实际问题，深化对学科概念和规律的理解。

冬奥会的主题具有时效性，课程开发的新方向可以加强与"碳中和"主题的联系，清洁能源发电的问题已经初步解决，可以继续在电力波动、电力输运和电力有效利用等问题上寻求突破。

第4章 清晰的项目规划

4.1 导引4：清晰的项目规划是STEM项目高效实施的依据

STEM作为一种整合性跨学科课程形态，以项目学习方式让学生通过解决一个真实问题的方式来达成预设的课程目标，非常吸引学生。但是对于教师来说却是一个巨大的挑战，其中如何做有效的项目规划是最难的部分之一。

为什么STEM中项目规划这么重要？因为它要在有限的课时内达到预期的教学效果。跟STEM相比，传统教学因为以教师为中心，所以能够完全按照老师预定的节奏来进行，中间几乎不会与预设偏差太多；而STEM是以学生为中心，学生在学术基础、学习态度、学习方式、沟通效率、时间管理能力等方面的差异都有可能导致项目失控。

那么有没有什么方法，可以帮助教师在最大程度上让项目可控，也就是在预定的课时内达到预期的教学效果？答案是项目规划。

比如节假日带着家人去旅游就相当于项目规划。在有限的时间和预算内，如果不做任何规划完全"率性而为"，那么大概率将会上演一次"人在囧途"。但是如果在旅游之前就能制定一个较为完备的旅游规划，相信将度过一次让每个人都满意的旅途。

所以，"项目规划"会让STEM课程在实施时避免"人在囧途"，既时间可控又能达到预期效果。

4.1.1 什么是项目规划

项目规划是一个以产出为导向的过程，指的是在项目开始前决定谁、何时、如何、将采取哪些必要的行动来完成既定目标。

放到STEM项目学习的场景中，就是哪些学生（全部还是部分，小组还是个人）、在什么样的时间框架内（包括起止时间、每个阶段用多久等）、以什么方法（自主学习、合作学习、外部专家协助、教师讲授等）、通过哪些学习活动（项目背景调查、知识技能学习、产品创建、展示分享等）来完成项目目标（本质为教师设定的教学目标）。

是不是所有项目都可以规划？

答案是否定的。我们来看两个生活中的例子。假如面对以下两个任务：

第一个是"如何成为一个幸福的人"。

第二个是"如何实现2年之内阅读20本书且完成2次出国游，让自己成为一个幸福的人"。

你会选择哪个任务来做详细的规划？相信我们都会选择第二个。因为它提供了具体、可衡量的目标，有了目标也就意味着我们有了非常明确的目的地，我们去到哪里、怎么去就相对更加清晰，也就是"可规划""可调控"。而第一个选择只是提供了一个方向，找不到任何抓手，也就是"难规划""无调控"。

4.1.2 哪种类型的项目更好

STEM项目学习总体来说可以分为两类，第一种是"确定型项目"，有明确要解决的问题，具体、可衡量的目标（常以评价标准出现）以及特定的产品或表现，要解决的问题与目标之间的关系。为了解决问题，学生们需要制定目标，而目标解释了他们在项目结束时要实现的效果。清晰的目标回答了这样一个问题："我怎么知道我是否真的完成了？"学生在接受项目任务后，能够从最初的项目需求中制定可预测的、有序的实施计划，从而有效地"层层推进"。

这种项目属于"半开放"类型的项目，有明确的结果，总体可控，同时项目过程中具体如何做给学生留下很大的空间和自主权利。这种项目好比为学生划定了一个空间范围，然后在该空间范围内学生可以充分发挥能动性和创造力，因此属于可规划的"确定型项目"。

比如，如何设计一款新式书包来"解放"学生的双肩，产品是书包，具体、可衡量的目标包括书包重量不超过1.5 kg，能够承载3~4 kg的重量，成本在180元以内，使用方便，结实耐用。根据项目需求，我们就可以大概猜测到要学习材料、结构、力学、成本计算、滑轮等内容，然后每一块的内容可能以什么方式学习、每个阶段需要多久、需要哪些资源等。

第二种是"探索型项目"，有明确要解决的问题，但是没有具体、可衡量的目标，而且（或者）没有特定的产品或表现，项目的实施要在大方向引领下摸着石头过河，一个阶段完成后目标会清晰一些，然后再设计下一个阶段，如此再三后目标和后续行动会越来越清晰。这种项目属于"完全开放"型项目，充满了未知和变化，整体很难把控，也很难预测项目时间和效果，因此属于"难规划"类型。

比如，如何"解放"学生的双肩，如果没有明确的目标，在接到项目后，学生首先要探索"解放"双肩有哪些方式，可能是"会飞的书包"，可能是会"走路的书包"，也可能是将所有的学生用书和作业电子化从而让书包消失；材料可能天马行空，真皮、涤纶、钛合金……这个时候，作为教师的你认为这个项目的规划难易程度如何？

当然，两种项目都很有价值，因为这两种项目经常被用于教学中，如何选择取决于教师所期望达到的学习目标。如果目标是探索一个新的主题或领域，看看它是怎么回事，或者你希望学生自主发现一些感兴趣的东西，以便聚焦于此，更详细地、进一步调查研究，那么"探索型项目"是更合适的。

如果目的是让学生通过参与一个定义明确的项目来实现更明确的学习成果，从而获得特定的预期知识和技能成果，那么规范的项目也就是"确定型项目"是更合适的。

从这个角度来说，中小学校内 STEM 类课外兴趣小组或者社团可以以"探索型项目"为主；而如果是基于学科课程标准设计的 STEM 项目，目标设定较为明确，且课时有限，通常选择"确定型项目"更好。

4.1.3 如何进行项目规划

STEM 项目学习设计中的关键问题之一是项目规划流程方法及工具选择。在此需要说明一下，因为"探索型项目"难规划的特殊性，在中小学 STEM 课程中跟学科整合不那么紧密，所以后续的项目规划主要针对"确定型项目"。

假设我们的 STEM 课程已经有了明确的要解决的问题和项目目标、成果等。为了方便大家理解，我们就以课例"迷宫游戏设计——探究 DFS 和 BFS 两类探索算法的应用"为例说明。

主题：探究 DFS 和 BFS 两类搜索算法在解决迷宫问题中的应用。

核心问题：如何设计一个迷宫游戏？

项目目标：游戏中的迷宫至少有一条通路，且能够确定出最短通路，并能实现游戏自动推荐路线的功能。

成果：迷宫程序。

评价标准：略。

限制条件：略。

这个 STEM 项目的规划最终会生成类似于一个"作战计划"的文件，让学生明确地知道项目分为几个阶段，每个阶段需要多长时间，需要参与哪些学习活动，每个活动需要哪些资源等。这样，师生就能够对项目实施进程和结果了然于胸，即使中途发生一些突发情况，也可以从容应对，再加上项目规划也会做风险预测及预案，因此项目把控就相对容易多了。

当核心问题、项目目标以及成果等基本确定后，后续的项目规划可以分为 4 个部分：①项目分解［基于目标和最终成果进行拆解，明确交付物、里程碑（即阶段性成果）/关键结点，而不仅仅是节点—活动—任务，然后分类、排序］；②分配时间、人员、资源、评价方式；③检查及修改（待定）；④风险管理（待定）。

通常在项目管理中进行的项目分解，指的是将项目在核心问题、项目目标、成果已经明确的前提下，从成果开始往下分解为 3 个层级，分别是里程碑、活动、事项，关系自上往下为包含与被包含的关系，最终分解后的结果如图 4-1 所示。

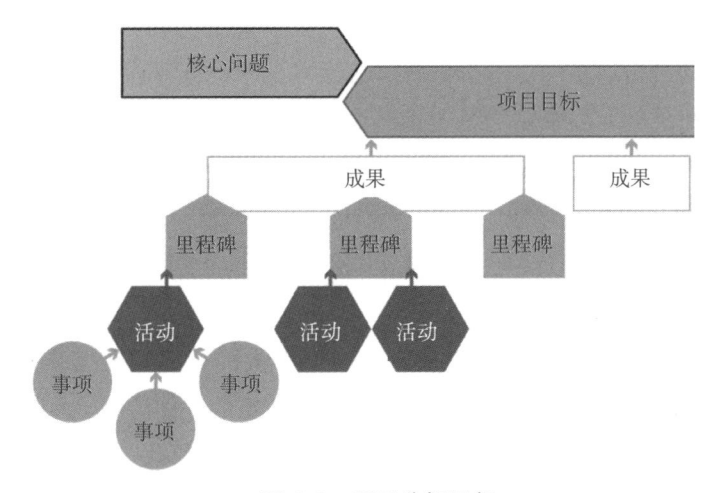

图 4-1　项目分解层级

在 STEM 项目学习中可以借鉴项目管理中的项目分解理念和方法，将 STEM 项目分解为：成果、阶段性结果、子任务和具体学习活动。

（1）项目分解各层级描述

1）成果：指的是项目完成后的最终成果，它是项目目标实现的具体载体。成果有可能是一个，也有可能是多个。比如，"迷宫"STEM 课程中最终成果只有一个迷宫程序。

2）阶段性结果：有时也被称为"**里程碑**"，指的是每一个成果完成过程中的关键"结"点，之所以用"结"点而不是"节"点，是因为它表示的不是"待办事项"，而是"对已经完成的工作进行的描述"，也可以理解成是阶段目标的达成结果（既可以是结果描述，也可以是阶段成果），有了这个抓手，我们就能够基于该阶段性结果"以终为始"地进行下一层分解。

比如，"迷宫"STEM 课程中，有三个阶段性结果，分别是"自动生成迷宫地图""确定迷宫是有通路的"以及"确定迷宫的最短通路"。

3）子任务：指的是为了达到每个阶段性"结"点，促成阶段性结果的完成，学生需要完成的任务。子任务是决定每个可交付的结果是否能完成的主要途径。构成每个阶段性结果的子任务数量多少，取决于每个可交付结果的大小，以及项目的复杂性和持续时间。每两个阶段性结果之间通常可以有一个或多个子任务。

需要注意的是，在具体表述子任务的时候，我们要使用行动陈述的形式，通常以动词开始。比如，"迷宫"STEM课程中的第一个阶段性结果"自动生成迷宫地图"，对应的子任务是"利用随机函数构建地图"，而且仅有这一个任务；第二个阶段性结果"确定迷宫是有通路的"，对应的子任务是"如何保证迷宫从入口到出口有通路"；第三个阶段性结果"确定迷宫的最短通路"对应的子任务是"找到并记录、推荐迷宫问题的最优解"。

4）具体学习活动：STEM项目规划中的具体学习活动相当于每个子任务下的"待办事项"，也就是学生在STEM课堂上每个具体的学习动作或者具体环节。比如，第三个阶段性结果"确定迷宫的最短通路"下的子任务"找到并记录、推荐迷宫问题的最优解"，它就是由两个学习活动组成的，一个是"思考、讨论如何去记录最优路径，给出解决方案"，另一个是"对之前的BFS算法进行优化，将最优路径进行输出"。

因此，项目规划是依据总任务的成果为导向，以终为始，逐层、依序、符合逻辑地进行分解。

（2）项目分解的具体流程

那么具体的分解要怎么操作呢？一般需要7个步骤，分别是聚焦、头脑风暴、分类、提炼、增删、排序、检查，其中前4个步骤用于项目分解的主体流程。

为了让大家更容易理解，以一个更复杂的项目来进行阐述。

以下为项目背景：

主题：网瘾"0"计划。

驱动性问题：如何打造一个更"好"的成长环境，从而有效降低中国青少年的网瘾概率？

项目目标：找到一种方法来科学判定一个人是否网络成瘾；让青少年明白过度使用网络对他们的影响；探寻青少年网络成瘾的深层次原因；制定一套建议方案从"成长环境塑造"的角度出发如何降低青少年网瘾概率。

项目成果：《家庭网瘾预防手册》《网瘾少年蜕变记》的短视频。

接下来我们一一说明。

第一步是聚焦，指的是把注意力放在项目目标和最终成果上，这是进行项目分解的起点。

第二步是头脑风暴，团队开始头脑风暴时要问一个问题：要完成这个成果以及达成这个目标，可能需要做些什么？如图4-2所示，把所有可能的答案用便利贴写下来贴在白板上。

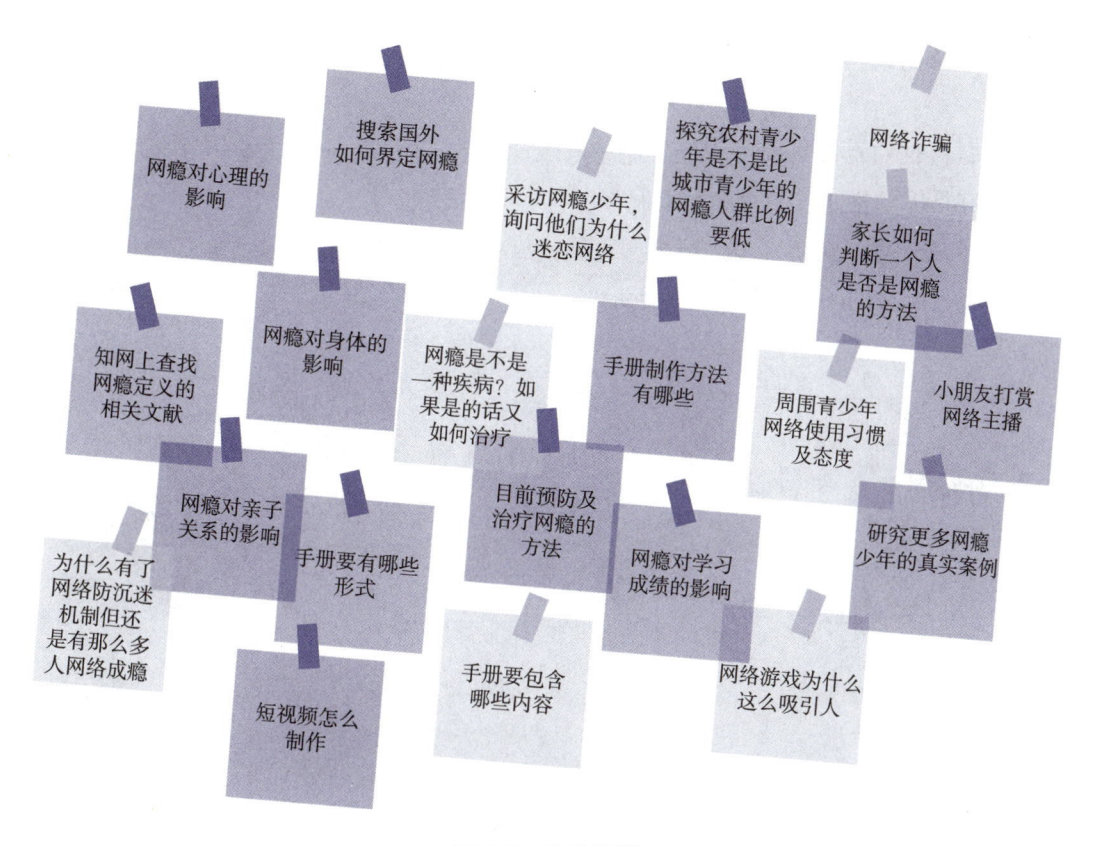

图 4-2　头脑风暴

这个时候就会发现项目目标的魅力了。因为具体、可衡量（定性或定量）且彼此相关的项目目标，铺垫了可能要走的道路，或者可以理解为项目中学生需要完成的必要行动其实就埋在成果和目标中，此时要琢磨如何引导学生进行深度挖掘。有趣的是当完成这个环节后，会发现想出来的大部分结果是"子任务"以及小部分的"阶段性结果"，特别具体、细微的"具体学习活动"很少会在此时出现。

在网瘾"0"计划课程中，首先聚焦在项目目标："找到一种方法来科学判定一个人是否网络成瘾"，可以在知网上查找网瘾定义的相关文献，可以网上搜索国外如何界定网瘾；"让青少年明白过度使用网络对他们的影响"需要学生去探究网瘾对身体、心理、学习、亲子关系、社交等的影响；"探寻青少年网络成瘾的深层次原因"可能需要去研究更多网瘾少年的真实课例，探寻他们的心声；制定一套建议方案，从"成长环境塑造"的角度出发如何降低青少年网瘾概率，可能需要学生去学习目前预防及治疗网瘾的方法。此外，可能还会想到，通过问卷调查去了解周围青少年网络使用习惯及态度；调查家长对如何判断一个人是否是网瘾的方法；了解网瘾是不是一种疾病，如果是的话又如何治疗；甚至还会想到去探究农村青少年是不是比城市青少年的网瘾人群比例要低；网络游戏为什么这么吸引人；为什么有了网络防沉迷机制但是还是有那么多人网络成瘾；进一步还可以采访网瘾少年，询问他们为什么迷恋网络；还有网络诈骗、小朋友打赏网络主播等。

然后，再聚焦在成果上，比如手册要有哪些形式、制作方法有哪些、需要包含哪些内容、有没有具体的格式、短视频怎么制作等。

第三步是分类，在第二步生成各种可能的"子任务"后，会发现有些活动可以归为一类，然后将它们放到一起，如图 4-3 所示。

图 4-3 对"子任务"进行分类

第四步是提炼，如图 4-4 所示。将已经完成的分类用一个更"上位"的话来总结出来，成为"阶段性学习结果"；如果某个子任务不能与其他归类，则自成一类。还记得我们写阶段性结果的要求吗？记得要用行动陈述的形式并且以动词开始。

第五步为增删，如图 4-5 所示。项目的分解其实是为了明确要达成项目目标和完成最终成果所需要的工作，因此必须确保提炼出来的"子任务"都完成后，就可以达到这个目的。但是如果其中某些任务的存在只是让项目更有趣，或者删除后对项目结果没有什么影响，那就要坚决删除。这是基于精准学习目标设定和课时限制问题的考虑，我们要将紧张的课时用在核心内容的探究实践上，即"锦上添花"的任务要坚定删除；但是如果提炼出来的子任务都解决后，仍无法达成项目目的，或者说缺少了一些核心环节，那么就要重新审视到底缺了哪一块内容并进行增加，这个叫作"雪中送炭"，一定要确保它们的存在。

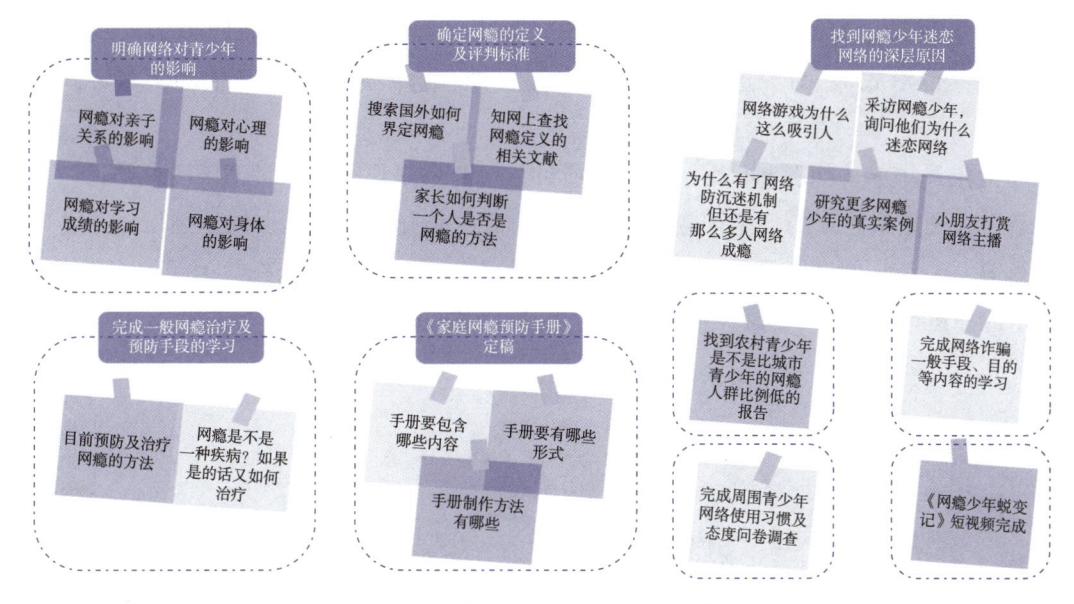

图 4-4 提炼形成"阶段性结果"

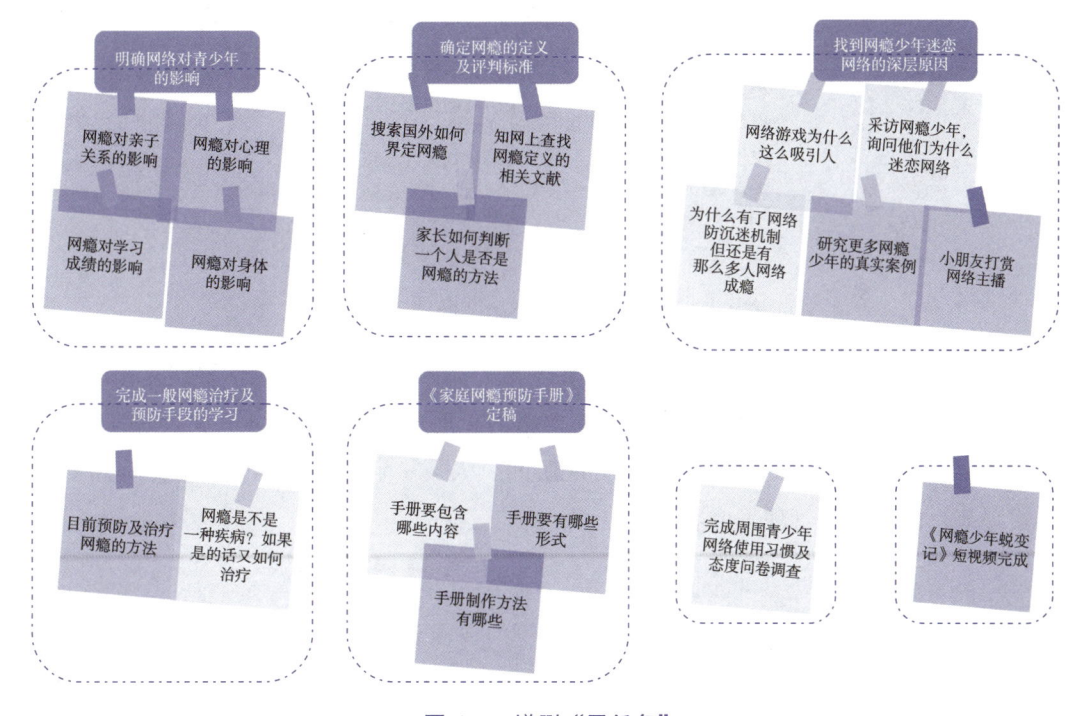

图 4-5 增删"子任务"

网瘾"0"计划项目中，经过审视，发现网络诈骗、探究农村青少年是不是比城市青少年网瘾人群比例低这两个内容，只是"锦上添花"而不是"雪中送炭"，于是删除。删除后，经过思考，剩余的事项可以支持项目目的的达成，因此保留。

然后，在确定里程碑和子任务后，教师就需要根据学生的具体情况进行"具体学习活动"的设计,也就是将每个"子任务"继续进行分解,并以时间轴的形式排列出来(或者其他形式)。因为这涉及后续的时间安排、所需资源以及学生的学习方式和评价等。

第六步是排序,如图4-6所示。回顾项目目标与成果要求,思考"阶段性结果"之间以及各阶段性结果之下的"子任务"之间是否存在"依托"关系,也就是必须先完成A才能进行B,或者B的进行要建立在A完成的前提下。对于存在"依托"关系的,要严格按照前后顺序进行排序;如果不存在"依托"关系,则根据教学要求进行排序。

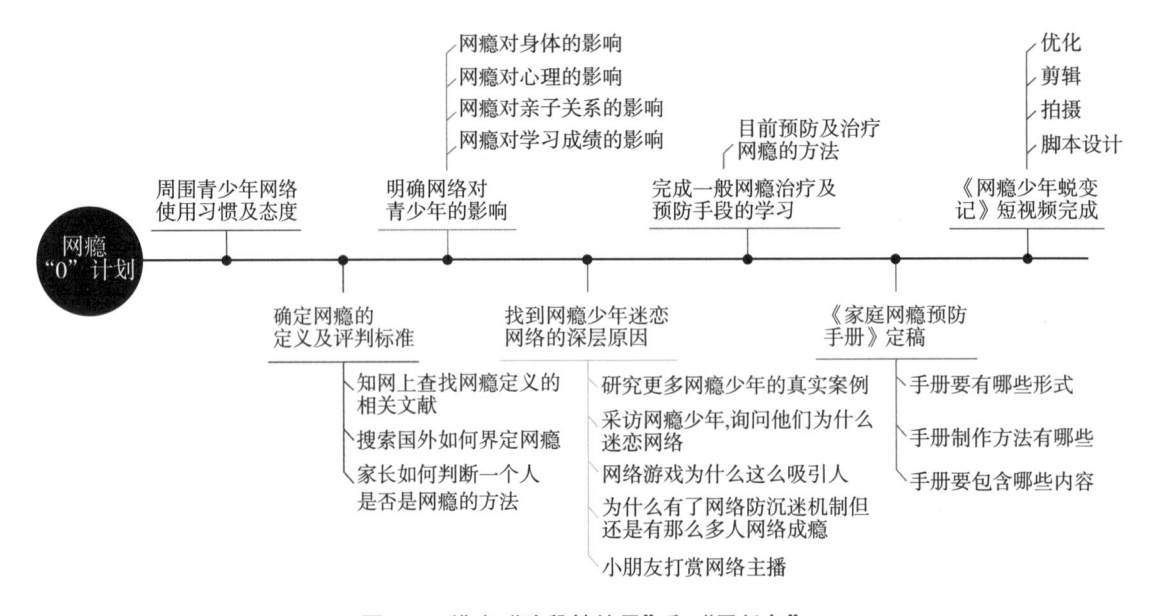

图 4-6 排序"阶段性结果"和"子任务"

在网瘾"0"计划中,成果如何制作放在了最后,因为两个成果制作要建立在网瘾相关知识的探究基础之上;其余内容本质上没有严格的前后关系,可以根据一般经验来安排。

当然,与项目规划紧密相关的还有分配时间、人员、资源和明确评价方式,检查及修改项目环节,以及风险管理等内容。

4.2 课例 4：迷宫游戏设计——探究 DFS 和 BFS 两类搜索算法的应用[①]

主要学科：信息技术，人工智能，通用技术。
预计课时：4 课时。
授课年段：高一、高二。
开发教师：黑龙江省实验中学郭庆春、杨春涛。
授课教师：黑龙江省实验中学郭庆春、刘铭伟。
指导教师：黑龙江省实验中学曹红霞、郭大鹏。

4.2.1 项目信息

1. 涉及领域/学科及核心内容

（1）**信息技术**：图形学，数据结构，路径规划，程序设计等相关知识。
（2）**人工智能**：深度优先搜索算法，广度优先搜索算法等搜索问题相关。
（3）**通用技术**：3D 建模，物化能力。

2. 项目实施的环境和硬件要求

（1）**专业教室的需求**：信息技术教室。
（2）**教室空间分布**：分组式。
（3）**教室内的硬件、材料及工具**：计算机，Photoshop，Dev C++，IDLE，ABC3D。

4.2.2 项目情境及挑战性任务

1. 项目情境

迷宫，通常指的是充满复杂通道、很难从入口到达出口的建筑物。在我国，清朝之前没有被记载的真正意义上的实景迷宫，乾隆年间，皇家园林圆明园内建造了一座实景迷宫万花阵，如今的万花阵是 20 世纪 80 年代在原址上复建的。现代的许多公园、游乐场中，迷宫往往作为一种带有趣味性的景观，每到周末，都有大量的小朋友甚至成年人玩得不亦乐乎。由于迷宫具有很强的趣味性，所以，很多公司基于迷宫开发了非常吸引人的玩具、小游戏。

在计算机科学中，迷宫问题是计算机图形学、数据结构等领域中非常经典的问题，像机器人路径规划等问题都可以转化为迷宫问题。迷宫游戏是一款经典的游戏，陪伴了几代

---

① 课例撰写人：黑龙江省实验中学郭庆春。

人度过了欢乐的童年时光。搜索问题是人工智能领域的基本问题,深度优先搜索算法、广度优先搜索算法是解决迷宫问题的经典算法,后来一些仿生智能类算法也被应用到解决迷宫问题,如遗传算法、蚁群算法等。

2. 挑战性任务

设计一个基于搜索类算法的 3D 迷宫游戏,迷宫至少包含一条从入口到出口的通路,能够随机生成不同难度等级的地图,使用键盘就能玩起来,有操作提示,能推荐最优路径。

4.2.3 项目整体分析

1. 知识图谱和问题解决路径

知识图谱和问题解决路径如图 4-7 所示。

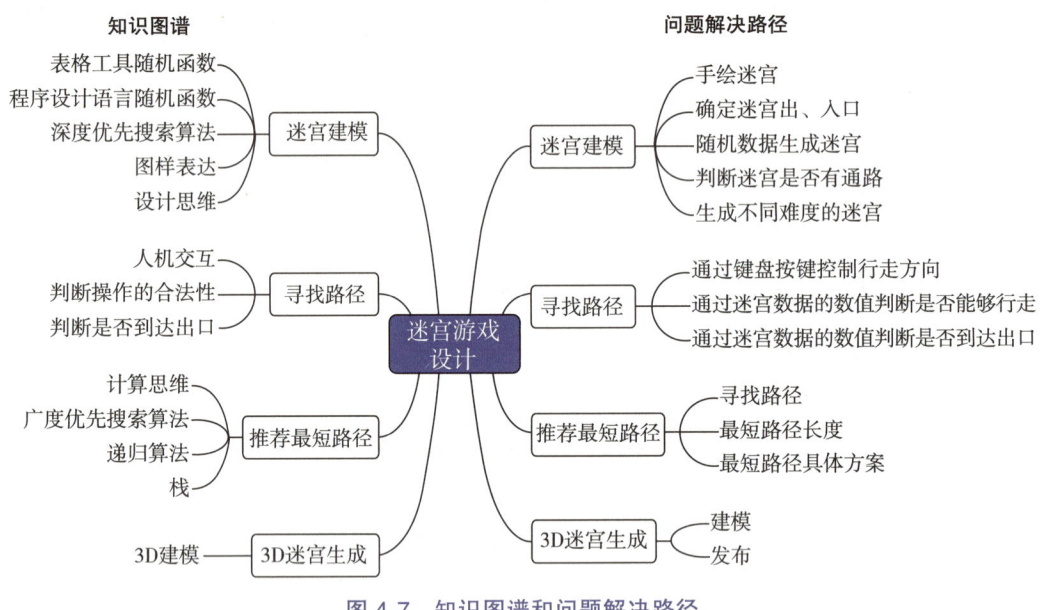

图 4-7 知识图谱和问题解决路径

2. 学情分析

(1) **前序知识**:了解递归算法的基本原理;了解简单的线性数据结构,如栈、队列。

(2) **技术基础 / 学科基础**:能够使用一门程序设计语言实现简单的程序;表格工具的简单应用;能够使用 3D One、ABC3D 等建模软件进行基本的三维建模。

(3) **学习方式的经验**:有研究性学习、项目式学习经验。

4.2.4 项目学习目标及阶段性学习成果设计

1. 项目学习目标

(1) 通过对特定任务进行需求分析,明确问题;能提取问题的基本特征,进行抽象处理，能够用形式化的方法表述问题，发展计算思维。

（2）通过完成迷宫设计的任务，自主学习深度优先搜索算法和广度优先搜索算法的基本原理，理解人工智能在创造性解决问题中的作用，能够使用编程语言实现该算法并解决问题，提升问题解决能力。

（3）通过合作完成迷宫设计的任务，经历分解、抽象、模式识别、算法设计、调试优化和3D建模过程，自主学习算法，分工协作完成各阶段子任务，提升合作学习和自主学习能力。

2. 阶段性学习成果

（1）随机地图数据、自动生成的迷宫地图。

（2）确定迷宫有通路：具有通路的迷宫地图数据文件、答案路径文件。

（3）确定迷宫的最短通路、自动推荐：程序源代码。

（4）迷宫建模图、物化成果。

4.2.5 项目学习整体规划

项目学习整体规划见表4-1。

表4-1 项目学习整体规划表

总挑战性任务	子任务/核心问题	问题链（串）	核心知识/关键概念/跨学科概念	核心素养（包含学科/课程核心素养）
搜索算法在迷宫游戏中的应用	迷宫地图的生成	使用表格工具或Python、C或C++等编程语言的随机模块生成10个迷宫地图，0表示通路，1表示禁止通行	随机函数的应用，文件操作	计算思维 数字化学习与创新
	判定迷宫地图文件是否有通路	利用深度优先搜索算法判定迷宫地图是否有通路，如果没有通路，则重新生成地图	深度优先搜索算法的应用	工程思维 计算思维 实践创新
	给用户推荐一个最优的通路	利用广度优先搜索算法，为用户推荐一个从入口到出口的最短路	广度优先搜索算法的应用	工程思维 计算思维 实践创新
	对迷宫建模	利用3D工具对迷宫地图立体建模		创意实践 物化能力

4.2.6 STEM项目的实施过程

1. 明确问题

（1）出示项目情境一

展示一个有趣的迷宫游戏，学生进行体验，快速调查是否还体验过其他迷宫游戏或者考察过真实的迷宫[8]。

学生查阅资料，了解关于迷宫的文化、历史，了解迷宫在计算机科学、机器人学等哪些领域有紧密的关联？

当发生了火灾、爆炸、地震、坍塌等灾害性事件时，救援工作牵动着全国人民的心。这些灾害往往造成的后果比较严重，建筑物被破坏，地理环境复杂，都给救援工作带来了很大的困难，甚至会发生救援人员被困、受伤甚至牺牲的惨剧。随着科技的进步，在现代社会中，无人机、侦察机器人、救援机器人、生命探测仪等先进救援设备为勘察受灾现场和解救被困人员带来了很大的帮助，具有很大的应用价值。

（2）出示项目情境二

学生查阅资料，小组合作，利用计算纸、直尺、铅笔，模仿查阅到的迷宫图片，完成一个手绘简易迷宫模型作品；展示介绍本组作品，其他小组进行点评、提问。

学生总结绘制迷宫的注意事项，提炼迷宫的基本构成要素，至少包括一个入口、一个出口和一条从入口能够达到出口的路径。提出判断迷宫是否有通路的方法，例如，可以一直沿着左墙壁（或右墙壁）走，遇到交叉路口就选左边（右边），如果最终不能走出迷宫，说明迷宫没有通路，对于没有通路的迷宫，可以通过去掉一些障碍物的方法制造一条通路；或者，在绘制障碍物之前，先绘制一条通路。

【点评1】经典的STEM项目学习初始阶段的学习活动，需要信息收集与整合、提出大量问题、合作研讨，通过手工绘制迷宫这一活动，认识迷宫的基本要素和构建迷宫游戏的关键性任务。

（3）发布挑战性任务

设计一个基于搜索类算法的3D迷宫游戏项目，迷宫至少包含一条从入口到出口的通路，能够随机生成不同难度等级的地图，使用键盘就能玩起来，有操作提示，能推荐最优路径。

本项目虽然是迷宫游戏，但实际上，可以将受灾现场等抽象为一个迷宫，救援机器人在搜救时可以理解为一个搜索问题，项目的目标就是能够从迷宫的出发点准确地找到迷宫的出口。

（4）组建团队

每组不超过5名学生，推选一位组长，团队成员共创并遵守合作公约，团队中每一位成员都要积极参与活动，要为自己的行为负责，成员有困难时，其他组员都应该尽全力提供帮助；有问题尽量团队内部协商解决，实在解决不了可以再去向其他组同学或者老师请教。

2. 统筹要素

（1）讨论项目任务的限制条件

迷宫的作用、迷宫地图的尺寸限制、迷宫的难度分级限制、迷宫通路的路径长短限制、最优路径的"最优"界定等。

（2）分析可用资源

引导学生分析，开展探究实践的过程，需要获取的信息有哪些？信息的来源有哪些？遇到专业问题或技术问题能获得的支持性资源有什么？小组成员彼此可以分工协作的资源是什么？设计出来的迷宫游戏还能用在哪些领域中？如果做应用，可以利用的资源有什么？

（3）实际应用的制约

设计的迷宫游戏，并不能真正解决灾害性事件的真实问题，这是将真实事件中无人作业环境简化为迷宫问题模型的抽象结果。面对真实问题时，还需要结合更多因素和需求，拓展运用更多、更复杂的人工智能技术加以解决。

3. 设计方案

（1）分解与规划

设计制作一个3D迷宫游戏，需要完成哪些关键性任务？引导学生通过小组合作，观察、体验迷宫游戏，分析、推断制作迷宫游戏包括哪些主要步骤及关键性难点，并规划完成项目任务的过程。

第一，需要制作一个电子迷宫地图。确定迷宫地图的尺度大小和复杂度，以及入口、出口、通路设计的位置，针对地图结点是0、1矩阵的数据这一特点，需要选择工具或算法，自动生成一个电子迷宫地图。

第二，需要证明自动生成的迷宫地图中，存在从入口到出口的至少一条通路。自己亲自走一遍迷宫，抽象出计算机可识别的方法，需要了解、学习哪些算法能够进行判断，需要选择一种算法将第一步的迷宫地图文件进行运行分析，如果走不通则重新回到第一步。

第三，如果是多条通路的迷宫地图，需要找到最短路径。选择一种算法，学习其原理和方法，使用这个算法进行编程以便从迷宫地图中找到最短路径，从多条通路中标记出这条最短路径。

第四，需要面向使用者时能自动推荐最短路径。通过优化第三步的程序，能够输出最优路径。

第五，进行游戏设计。需要确定游戏界面必备要素、人机交互的规则、输出界面的特色。

第六，准备展示交流。主要准备项目任务交付的PPT和演讲稿，准备能够进行体验的迷宫游戏和3D立体模型。

（2）生成迷宫地图

1）构建地图。同学们分组讨论过后，请各组代表分享组内的讨论结果，其他组同学进行补充完善。根据同学们的分析，教师进行总结，

【点评2】规划项目实施过程对于技术类任务尤为重要，需要规划必做事件及事件的逻辑关系，组织排序这些事件，为其匹配所需软件和学习编程。这个环节的实施质量得益于充分认识迷宫地图，合作思考、推理完成任务的关键问题。

进而提出完成迷宫游戏的第一个关键步骤——地图的构建。

迷宫地图通常包括入口、出口、路和墙壁等几部分，学生对于可以构建迷宫地图的方法，通常主要集中在手工制作、软件生成、编程实现。但是，不论通过手工绘制、软件生成或者是编程实现的地图，在进行设计算法、编写程序实现迷宫游戏时，入口、出口、路和墙壁通常都是对应着不同的标记。为了表示方便，可以将它们映射成为不同的数值，假设左上角是入口、右下角是出口，用0表示路，1表示墙壁。

图4-8是一个8行8列的迷宫地图。

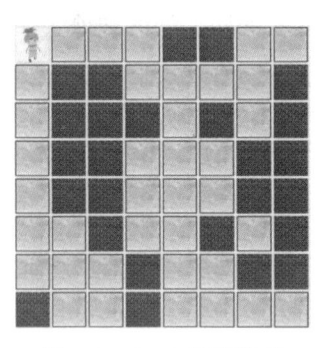

图4-8 8×8迷宫地图

迷宫地图是制作迷宫游戏的第一步，也是基础，但迷宫地图的构建如何与程序设计有机相结合，是游戏设计的关键。教师适当引导学生体验手动的方法构建地图数据。

图4-8的迷宫地图可以抽象为如下的0、1矩阵。

00001100
01100001
01110101
01100011
01100011
00100101
00010011
10010000

各组学生绘制一个8×8即8行8列的迷宫地图，并生成地图数据，组间展示地图数据。用这种手工编写地图数据的方法来绘制一个20×20或100×100的迷宫地图，就会太慢，学生意识到应该使用某些自动化的方法来解决。

2）自动化生成地图数据。教师引导学生使用自动化生成迷宫地图数据的方法，可以使用电子表格等工具，借助其随机函数生成数据；或者使用常用的编程语言，如C、Java、Python等，都提供了随机函数。各组学生选择恰当的工具或者编程语言自动生成迷宫地图数据，合作学习金山表格、C、Python等生成随机数的常用方法。

• 金山表格或者 Excel 随机函数[9]

RANDBETWEEN(Bottom,Top)

Bottom：函数 RANDBETWEEN 将返回的最小整数。Top：函数 RANDBETWEEN 将返回的最大整数[10]。

• C、C++ 随机函数

int rand();

void srand(unsigned int seed);

rand：返回一个范围在 0 和 RAND_MAX(至少为 32 767) 之间的伪随机数。若要得到一个小范围的伪随机数，可将该函数返回值根据所需范围的大小取模，然后加上或减去一个偏移量进行调整。

为了避免程序每次运行时获得相同的随机数序列，可以调用 srand 函数。它用它的参数值对随机数发生器进行初始化。常用时间作为随机数产生器的种子，srand((unsigned int) time(NULL))。

• Python 随机函数

import random

random.randint(a,b)

返回一个整数 N，$a \leq N \leq b$。

各小组展示生成 20×20 迷宫地图数据的方法，其中 (1,1) 为出发点即入口，(20,20) 为目标点即出口。

C++ 语言程序片段：

```
srand((unsigned int)time(NULL));
int a[101][101] = {0}, n = 20;
for(int i = 0; i < n; i++){
for(int j = 0; j < n; j++){a[i][j] = rand()%2;}}
  a[0][0] = 0;
a[n-1][n-1] = 0;
```

Python 语言程序片段：

```
import random
n = 20
mp = [] # 地图列表
for i in range(n):
    r = [] # 行
    for j in range(n):
        num = random.randint(0,1) # 随机函数
```

　　　　r.Append(num) # 插入行列表

mp.Append(r) # 插入地图列表

mp[0][0] = 0

mp[n-1][n-1] = 0

4. 搭建模型

此后最重要的任务，就是需要判断迷宫地图数据是否存在通路，判断工具则需要从多种算法中进行选择，本课例主要选择了深度优先搜索算法和广度优先搜索算法。这两种算法都需要学生通过合作学习，理解算法的原理，学习实现算法的编程。

（1）深度优先搜索算法[11]

迷宫游戏通常从入口至少要包含一条能够到达出口的路径。那么各组的迷宫地图有通路吗？应该如何判断随机生成的地图数据是否有通路？

在解决迷宫问题时，将迷宫地图抽象成二维矩阵，判断是否存在通路，本质是在判断是否能从入口搜索到出口位置。搜索算法是一种非常基本的计算机算法，常用于穷举一个问题解空间的部分或所有可能情况，从而求出问题解的一种方法。包括枚举算法、深度优先搜索算法、广度优先搜索算法、A*算法等。

深度优先搜索（Depth First Search，DFS）算法属于图算法的一种，它会对每一条可能的分支路径深入到不能够再深入为止。基本思想是从一个顶点 V_0 开始，沿着一条路一直走到底，如果发现不能到达目标解，那就返回到上一个节点，然后从另一条路开始走到底，这种尽量往深处走的概念就是深度优先，而且每个节点只能访问一次。有人将深度优先搜索算法形象地比喻为"不撞南墙不回头"或"一条路走到黑"。

学生合作学习，用下面的伪代码实现深度优先搜索算法基本框架。

int Search(int k){for(i=1;i<= 算符种数 ;i++)if(满足条件) { 保存结果 if(到目的地) 输出解 ;else Search(k+1); 恢复 :保存结果之前的状态 { 回溯一步 }}}

如图 4-9 所示，从节点 1 开始出发，目标节点是节点 4，如果使用深度优先搜索算法，搜索的顺序可能为 1→2→5→6→3→4、1→3→4、1→4 等。

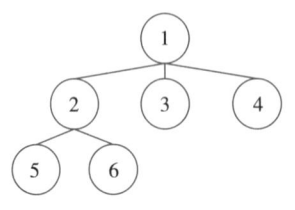

【点评3】使用DFS算法判断环节二生成的随机迷宫地图是否有通路对学生而言，是有挑战的，合作交流、独立完成、协作检验评价是有效的学习过程。

图 4-9　搜索树

深度优先搜索可以将问题的所有解都求解出来，但在编程实现时可以通过控制只输出一个解，降低算法执行时间，提高算法效率。所以，该算法可以作为判断解的存在性方法。

学生编写程序，读取本组生成的迷宫地图数据文件，利用 DFS 算法判断生成的地图文件是否有通路，如果没有通路，则继续调用生成地图数据文件的程序，重新生成新的地图数据文件，继续验证，直到地图文件有通路为止。

（2）广度优先搜索算法

深度优先搜索适合求解问题的所有解，但像发生地震、火灾等需要机器人救援时，最好是能找到最优解，即找到从原点到目标点的最短路径，而广度优先搜索算法找到的解就是最优解。

广度优先搜索（Breadth First Search，BFS），也称作"宽度优先搜索"，指的是从图的一个未遍历的节点出发，先遍历这个节点的相邻节点，再依次遍历每个相邻节点的相邻节点。如果所有节点均被访问或者找到目标结点，则算法中止。

广度优先搜索算法的基本思想：①将根节点放入队列中。②从队列中取出第一个节点，检验它是否为目标。③如果找到目标，则结束搜索并回传结果。否则将它所有尚未检验过的直接子节点加入队列中。④若队列为空，表示整张图都检查过了——亦即图中没有欲搜索的目标。结束搜索并回传"找不到目标"。⑤重复步骤②。

广度优先搜索算法也有一个形象的比喻：一个人的眼镜掉在了地板上，这个人趴在地板上找，通常是先摸离他最近的地方，如果没有，那么再尝试去摸远一点的地方，直至找到眼镜为止。

仍如图 4-9 所示，从节点 1 开始出发，目标节点是节点 4，如果使用广度优先搜索算法，搜索的顺序可能为 1→2→3→4、1→3→4、1→4 等。

（3）使用 BFS 求出迷宫问题的最短路径长度

学生编写程序，读取自己生成的迷宫地图数据文件，利用 BFS 算法求出从迷宫入口到迷宫出口的最短路径。

以 C++ 程序为例：

```
bool bfs() { //广度优先搜索算法
    int head, tail, i;
    node cur, next;//cur 为当前位置，next 为下一个位置
        head = tail = 0;
        tail++;
        que[tail].x = startx;
        que[tail].y = starty;
        que[tail].step=1;
        vis[startx][starty]=1;
```

```
            pre[tail]=0;
            while(head <= tail) {head++;
                cur = que[head];
                for(i = 0; i < 4; i++) {
                    next.x = cur.x+mov[i][0];
                    next.y = cur.y+mov[i][1];
                     if(next.x>=0 && next.y>=0 && next.x<column && next.y<row && Map[next.x][next.y] == 0 && vis[next.x][next.y]==0) {
                        tail++;
                        que[tail].x=next.x;
                        que[tail].y=next.y;
                        que[tail].step=que[head].step+1;
                        pre[tail]=head;
                        vis[next.x][next.y]=1;
                        if(next.x == endpx  &&  next.y == endpy)
                        {print(tail);return true;}}}}printf(" 走不通！ \n");return false;}
```

通过实例，引导学生认识、理解广度优先搜索算法的原理和广度优先搜索的搜索顺序，能够利用 DFS 将多个程序模块整合为一个程序，并使用自己熟悉的编程语言实现 BFS 算法。

5. 优化模型

如何为用户推荐最短路径？

利用 BFS 算法，确实可以求解出从迷宫入口到出口的最短路径长度，但用户并不能知道具体的路径是哪条。试想，如果导航系统只是告诉你从出发地到目的地最短的路径长度是多少，那么对用户而言，并没有太大的帮助。所以，将具体的最优路径推荐给用户是一个很必要的功能，可以在用户找不到最优路径时给用户提供帮助[12]。

经合作分析发现，推荐的前提是记录最优路径，那么如何记录最优路径呢？学生在讨论记录方法时认识到，记录最优路径的关键问题是在迷宫地图中当走到一个节点后，下一个节点有多条路径可以走，但如果走不通，需要返回时，如何识别回到了原来那个节点？

学生继续讨论，发现可以在拓展下一个节点时，只要记录拓展的新节点的前驱节点，即前面这个节点，这样，到达出口时，就可以从出口找到返回至入口的最短路径，然后反向输出就解决记录的问题了，而这个过程可以利用递归方法输出从入口到出口的最优路径。

找到方法，理清楚思路后，学生针对之前的 BFS 算法进行优化，求出最短路径的长度，编程实现最优路径的输出。

```
void print(int i) { //输出最优路径
    if(pre[i]!=0)
```

{print(pre[i]);}cout<<"("<<que[i].x<<","<<que[i].y<<")"<<endl;}

6. 三维建模迷宫游戏

三维设计是新一代数字化设计的重要基础，三维设计既有利于培养学生的空间想象能力，也有助于学生的科学、技术、工程、人文艺术、数学等学科综合性的思维能力。各组共同选择学习一种三维建模工具，合理运用三维设计、建模的思想进行创作，把本组的迷宫地图进行 3D 建模，也可以将建模作品进行 3D 打印。

图 4-8 对应的 0、1 矩阵如下：

00001100

01100001

01110101

01100011

01100011

00100101

00010011

10010000

建模效果如图 4-10 所示。

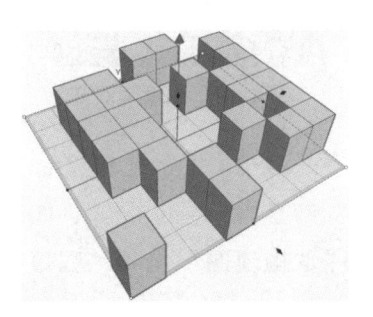

图 4-10 迷宫地图建模效果

7. 展示与体验

（1）第 1 组：C++ 语言版

进入游戏开始界面，包含"开始游戏""重构地图""游戏说明""退出游戏"四个选项，如图 4-11 所示。

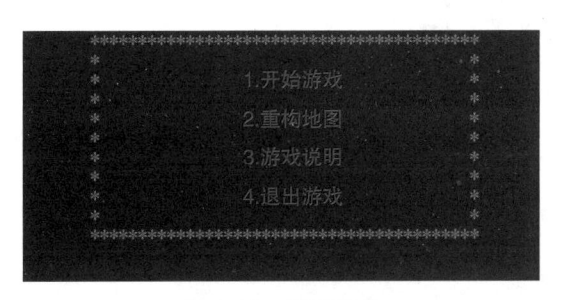

图 4-11 游戏菜单

输入 1，进入"开始游戏"的游戏难度选择界面，包含了三个难度等级，如图 4-12 所示。难度等级是按照迷宫行列数的多少进行划分的。

图 4-12 难度选择

输入 1、2、3，分别进入三个等级难度地图，如图 4-13、图 4-14 和图 4-15 所示。

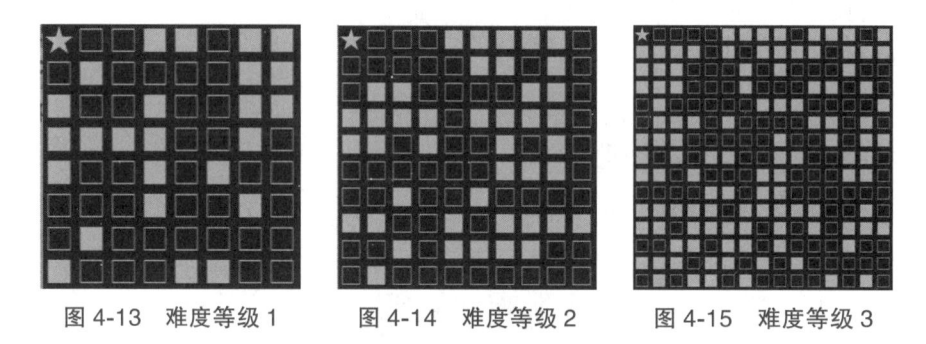

图 4-13 难度等级 1　　图 4-14 难度等级 2　　图 4-15 难度等级 3

进入中级难度"难度等级 2"的游戏中，通过 W、A、S、D 键控制方向。当达到右下角的迷宫出口时，程序会有提示"恭喜你，胜利了！"，如图 4-16 所示。

在开始页面时，如果选择"重构地图"选项，程序会重新生成迷宫地图数据，如图 4-17 所示。

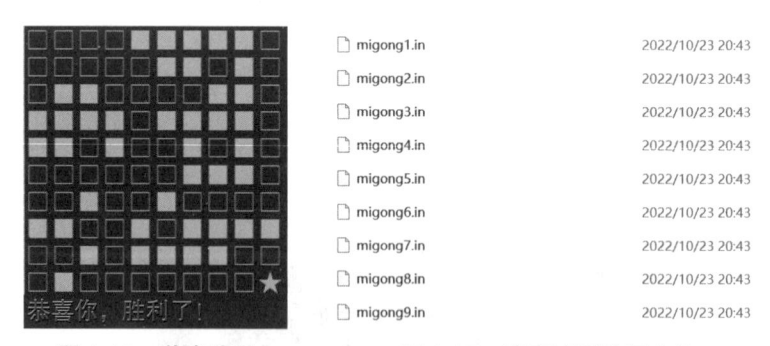

图 4-16 游戏胜利　　图 4-17 迷宫地图数据文件

在开始页面时，如果选择"游戏说明"选项，程序会给用户提供操作提示，如图 4-18 所示。

图 4-18　游戏帮助

（2）第 2 组：Python 语言版

该版本是一个可视化界面的程序，使用了 Python 语言的 Pillow 模块、tkinter 模块等。程序主界面如图 4-19 所示。

图 4-19　程序主界面

选择开始游戏之后的界面如图 4-20 所示。到达终点后的程序界面如图 4-21 所示。

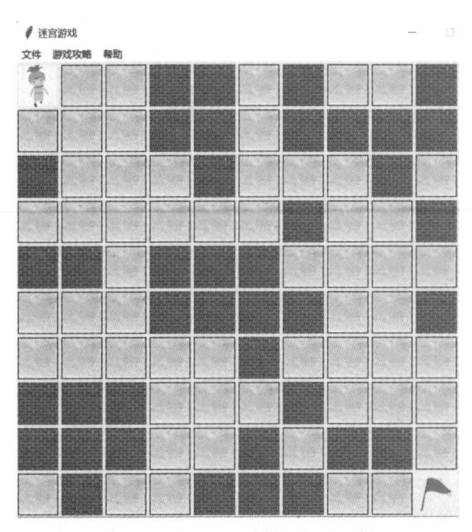

图 4-20　开始游戏界面　　　　　　图 4-21　游戏胜利界面

当尝试通过"墙"时，程序提醒界面如图 4-22 所示。当用户需要系统提供通过路径帮助时，程序界面如图 4-23 所示。

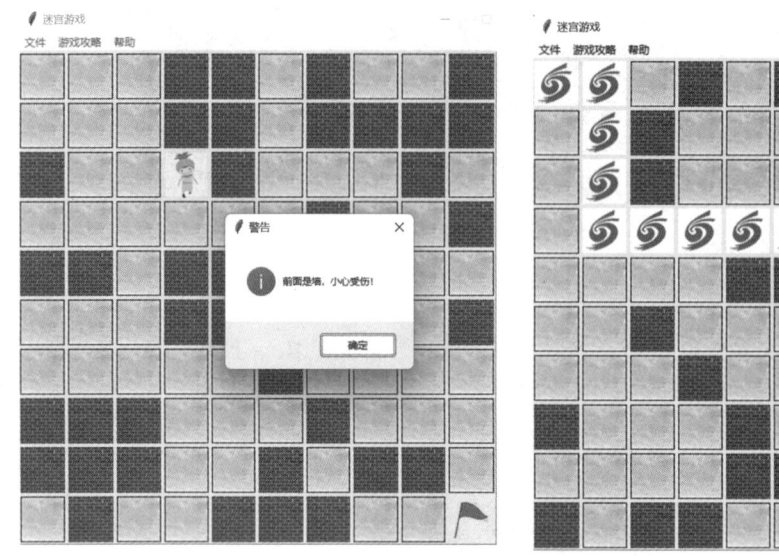

图 4-22　游戏非法情况提示

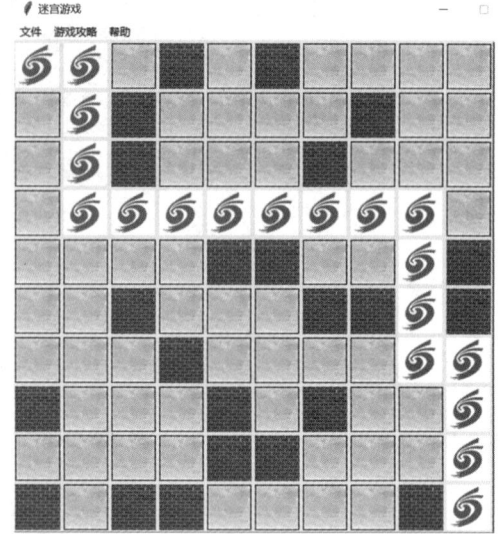

图 4-23　游戏提供最优路径

8. 拓展任务

迷宫游戏还有很大的改进空间，比如路径推送时未必只推荐一条最近的，障碍物可能有多种，有的障碍物可以耗费一定的时间来清理，求解最短的时间等，能否使用其他算法解决迷宫游戏问题。

4.2.7　综评

这个 STEM 项目对于学生有较大挑战，对信息技术和人工智能的学科知识、解决问题的思路方法要求较高，有利于学生构建系统观和发展计算思维。因为教师在课程设计时进行了系统规划，将总任务分解为逻辑严密、层层递进的子任务，迷宫建模、寻找通路、推荐最优路径和 3D 建模，解决了 12 个主要问题，遵循问题的逻辑关系和先后顺序，设计子任务下的学习活动，并且为学生准备了丰富的技术工具、多种算法，以便于支持问题解决所需知识和解决方案的多样化，体现不同小组的方案特色，在有课时保障的时候还可以继续进行方案评估，充分体验权衡决策的过程。

在项目学习实施过程中，要将迷宫这样的现实问题，转化为计算机可以识别的数据并能够运行，在第一环节进行界定问题时，通过手绘迷宫认识迷宫构成要素、体验迷宫游戏明确迷宫构成要素与数字化迷宫的数据之间的关系，认识到自动化生成数字迷宫需要合适的工具和编程来生成数据，引导学生对项目任务进行了分解和规划，把任务分解为六个步骤依序推进。不仅规划了任务的流程和内容，明确了每个步骤的结果，并构思了需要的技术和工具，知道调用已有知识和规划自主学习的知识。可见，清晰的项目规划保障了 STEM 项目的高效实施。

第5章 有意义的科学与工程实践

5.1 导引5：有意义的科学与工程实践活动促进学习目标达成

科学与工程实践活动是指在实践中运用科学方法和技术，通过对自然现象和社会问题的研究、分析和解决，达到认识和改造世界的目的。一般而言，科学侧重对特定学科领域形成系统研究，偏向解释世界的理论探究；而工程则侧重对物质世界进行改造，关注实践过程与结果的形成，侧重改造世界的实践探索。科学与工程实践活动在推动科技发展和社会进步方面所扮演的重要角色，是许多重要科技发明和创新的基础，同时也是应对各种现实问题的主要手段。科学与工程实践有机融合的 STEM 课程，能够促使学生在有意义的探究实践活动中，主动运用科学知识与原理解决现实问题，重新建构不同领域的知识，深化对科学的认识，提升学生的创新能力，是一条值得探索的提升国家综合国力的有效路径。

5.1.1 科学探究与工程实践整合的必要性

在科学技术飞速发展的今天，通常在解释一种现象、解决一个问题、创造一种产品或提出一个新问题时，单一学科手段已经不足以完成了，需要整合两个或多个学科的知识和思维模式以促进认知发展。在我国《义务教育课程方案（2022 年版）》中提出每个学科中进行 10% 跨学科主题学习的要求后，有越来越多的跨学科学习案例涌现出来，探索跨学科学习对于创新人才培养的意义和作用、策略和途径。STEM 项目学习就是一种典型的跨学科整合性学习，要求教师能够围绕真实世界的问题以跨学科的学习内容组织课程，在不同学科领域之间建立明确联系，面对 STEM 课程中真实情境下的挑战性任务，学生需要整合不同学科的知识、概念、原理或观点，识别问题、分析问题、设计解决方案以及预测问题的发展趋势，对真实问题形成全面、系统和更复杂的理解，获得"最佳的创新解决方案"。

STEM 课程中的情境和任务有很多来自于真实世界的工程实践，在设计 STEM 课程时，可以将科学知识构建、问题解决能力提升与综合素养发展置于特定的工程情境中,学生通过问题解决方案的构思和实施,经历一系列紧密相关的科学探究与工程实践活动,身临其境地深入了解相关领域的实际工程内容和问题解决思路,发展高阶思维和综合素养。

5.1.2 有意义的科学与工程实践活动

《美国下一代科学教育标准》(后简称为 NGSS)在 K-12 科学教育框架中提出"科学与工程实践",凸显了科学与工程实践整合的重要性。科学探究与工程实践能力是复杂的综合能力,它是在"探究、开发、改造、生产"的实践过程中培养的。

STEM 项目学习通过整合科学探究与工程实践,贯通科学知识与基础工程学知识,发展学生的科学思维与工程思维。通过实践,使学生体验科学知识是如何逐步建构的,通过真实情境中一系列科学与工程问题的解决,使学生通过探究、建模、解释和推理论证,从跨学科整合的角度,更深入地理解科学领域和工程领域的交融,建立多学科知识与现实生活的紧密关联。

STEM 项目学习通常采用的科学与工程实践活动包括:提出问题与定义问题;开发并使用模型;计划并开展研究;分析并解释数据;运用数学及计算机思维;建立解释和构建解决方案;参与基于证据的推理论证;获取、评价与交流信息。这些典型的活动,关注学生对真实工程情境的理解、对工程问题的精准界定、问题解决方案设计的周密性、实施过程的落实度以及优化设计的角度和思维深度。科学与工程实践活动指向的学习目标聚焦在界定问题、高阶认知策略、方案的设计与实施、数据的分析解释、交流与评价、评价改进等多种能力上[13]。

界定问题能力。一般真实情境下的工程问题是 STEM 项目学习的起点,要求学生能够提出大量问题并进行归纳概括,具备分析、界定限制条件下工程任务的核心问题、项目目标和项目标准的能力。

高阶认知策略。在界定问题的基础上、解决问题的过程中,理解科学原理与规律与工程实践活动之间的关系,理解如何将相关领域的科学知识进行迁移、运用科学思想方法和科学探究来解决真实问题,在工程实践活动中深化对科学知识的理解和运用。这都需要高阶认知策略支持学生的学习。

方案设计与实施能力。方案设计是 STEM 项目学习中的重要环节,通过开展研究获取大量信息,以科学探究进行基于证据的推理论证,以头脑风暴等方式从科学合理性、技术可行性、成本及安全性等多角度对创意构思进行分析与权衡,在多种解决方案中进行比较与选择。方案实施是通过实际行动来执行设计的操作环节,通过对已有设计方案实施、调整,构建概念模型、实物模型或仿真模型,对问题解决方案加以说明、解释和论证。

数据的分析解释能力。通过科学探究和对模型进行测试,收集、整理、描述和分析原始数据,将数据处理结果用于科学猜想与假设的论证、模型的性能与功能的分析,从数据中挖掘设计方案和模型结构中的问题,比较与衡量解决方案对 STEM 项目标准的匹配度,对方案的可行性进行论证。

交流与评价能力。在科学与工程实践的每个环节中都需要经过有效沟通，将有价值的信息进行交换、分析判断与整合，与依据评价量规进行的自评与他评相结合，为方案与模型的设计、评估、改进和优化提供建设性意见。

评价改进能力。STEM项目学习的挑战性任务大多是真实情境下的工程问题，在问题解决过程中，需要不断对原有设计方案和模型进行基于证据的评估，依据项目标准和证据进行修改和调整，以多次探究与实践的循环过程，逼近"最优"地解决问题。

例如，在课例"老桥改造"中，首先提出所在城市需要老桥改造的真实需求，并将采用模拟政府招标的方式，对老桥改造项目立项，这样一个真实情境下的工程问题就是本项目的起点。学生并不熟悉桥梁设计，为了增强学生对桥梁的感知和桥梁建造的系统思考，师生一起去老桥现场进行实地考察和测量，这是进行问题界定的必要基础环节。之后，学生可以在计算机仿真程序中模拟桥梁结构，能够运用物理学知识对这座老桥从结构特征上进行受力分析，从日常运载的规律上进行承重能力分析。基于需求和限制条件进行方案设计，提出解决办法，绘制草图进行图示化表达，搭建桥梁模型进行模拟、测试、评估。在多个阶段的展示与交流、质疑与建议、合作反思中，对方案和模型做出优化改进。经历完整的STEM项目学习，学生获得、发展了合作与交流、权衡与决策、评价与反思、自主学习等综合素养。

5.1.3　科学与工程实践活动促进工程思维发展

工程思维是人们在工程实践过程中形成的思维方式，本质是综合运用并有效集成各种科学知识解决工程实践问题的系统思维；科学思维是以探索和发现事物本质与规律、建构科学的知识体系为核心的认知性思维。科学思维与工程思维彼此密切关联，工程思维需要把科学、技术、数学等与工程实践结合起来，形成真实、复杂工程问题解决的系统性与统筹性思维。可见，通过科学与工程实践，学生能够识别已有知识和新信息之间的联系，将已有知识经验迁移到新的真实工程情境中，解决没有确定答案的复杂问题，促进高阶思维发展。

在课例"老桥改造"中，对老桥承重的受力分析和桥梁跨度之间的关系分析，是典型的物理学问题，旨在探究力学的本质与规律，通过推理论证形成老桥改造能否和如何达到项目标准。将科学探究结论作用于这个真实工程问题中，指导改造老桥方案设计的科学性与可行性，便于制作老桥模型。搭建模型时需要依据绘制的设计图，选择具体的材料、考虑成本、安全性满足科学论证的结论，以项目标准要求的承重能力进行模型测试与改进，这是典型的将科学、技术、数学与实际场景结合起来解决真实问题的过程，认识科学思维与工程思维的关系。

STEM项目学习中，设计有意义的科学与工程实践活动，需要教师的预先准备。

首先，真实的工程问题具有综合性和复杂性，因此教师要清楚真实工程问题情境所蕴含的学习要素,能够提炼出工程问题中的科学原理,明确那些不确定的变量,预先进行科学探究并加以分析,还要想到几种可能的解决方案进行建模测试,判断、选择适切的科学与工程实践活动。

其次,教师要清楚项目学习的设计,能够从问题情境中提取核心问题、分析影响因素与限制条件,明确项目目标与标准,知道如何将真实问题解决过程的活动转化为有意义的科学与工程实践活动。如有必要,还能预先准备适切的学习资源和支架,以支持学生的学习。

最后,教师能够认识到项目学习的入项、科学探究与工程实践过程、出项等关键阶段中,学生的合作学习和自主学习的发生机制、发生时机,为多环节的信息获取与整合、基于标准的评估与反馈、基于数据分析结论和科学探究证据的推理论证等关键难点,预设相应的教师引导性和支持性活动。

在课例"'听话'的开窗器"中,远程控制的、高自动化程度的开/关窗器成为当下便利生活中的一个"痛点"问题,这个真实问题需要实现以下功能:一是选择硬件设备;二是设计具备触发和联动的智能控制系统,自动识别关窗的场景并发布指令以自动关窗;三是开发App以实现远程控制;四是选择适合的电机驱动智能控制系统;五是控制成本及设计外观。

教师对此提炼出"如何实现以一个电源供给电压需求不同的多个设备?如何实现一个驱动电动机可以进行正向转动和反向转动"作为关键科学探究问题,以此进行预设计和测试,为设计系统的STEM课程筛选适切的科学与工程实践活动。教师将产品尽量轻便小巧多功能的限制条件"埋藏"在情境和需求中,带来一个"矛盾",就是为了减小产品体积,不能有多个电源,但如果只有一个电源又如何解决各个功能模块的不同电压需求。为此,设计了层层递进的科学与工程实践活动,引导学生逐步发现、逐步解决。

学生设计概念模型、针对功能模块逐一进行设计、开发智能控制系统、选择驱动电机,选择供电电源时,发现最好只用一块电源来驱动电机和Arduino开发板,来满足轻便小巧的需求,但是二者所需电压并不相同,还需要解决方案,于是可以通过装配小型变压的集成电路来实现功能。随后又发现,使用一个驱动电机来实现窗户的开与关,是省体积省空间的办法,这就需要驱动电机既能正转又能反转,但是又需要解决如何自动改变电机正、负极的问题。

在实践过程中,学生并不一定能从项目开始就认识到这些需要系统考虑的因素,经常在实践中才发现问题和需求,但也不一定都能想到解决办法,因此,需要教师提前准备相关学习支架。例如,一块电源提供不同电压如何实现?一个驱动电机如何实现自动改变正负极?如何设计电路图通过继电器开合来控制电机正反转?依据电路图不能正确连接电路时应该如何解决?这些都是调用、运用物理中电学知识解决实际问题的关键环节,都需要教师预设引导性和支持性教学策略加以指导和帮助。

综上所述,有意义的科学与工程实践活动,为学生提供了获取实践经验的机会。通过实践,学生可以更好地理解理论知识的应用和局限性,促使学生运用科学方法和系统思维,发展他们独立思考和判断的能力,从而更加准确地进行决策。

5.2 课例 5：老桥改造

主要学科：通用技术，物理，地理，数学。
预计课时：16 课时。
授课年段：高一。
开发教师：黑龙江省牡丹江市第一高级中学单雯琦、张秋俭。
授课教师：黑龙江省牡丹江市第一高级中学单雯琦。
指导教师：黑龙江省牡丹江市第一高级中学孙妍。

5.2.1 项目信息

1. 涉及领域/学科及核心内容

（1）**通用技术**：结构，工程材料，工程造价，图样表达，创意物化。
（2）**物理**：结构力学。
（3）**地理**：区域特征（地质、经济、人口）。
（4）**数学**：数据分析。

2. 项目实施的环境和硬件要求

（1）**专业教室的需求**：计算机教室与通用技术教室结合使用。
（2）**教室空间分布**：研讨、交流等活动适用通用技术教室，小组合作 4~6 人一组，分为 4 组（或更多）。
（3）**室内的硬件、材料及工具**：硬件包括金工木工加工桌、计算机；工具包括车床、电钻、电锯、曲线锯、剪刀、锉刀等；材料包括硬木板、螺丝钉、胶水、刷子、A4 纸、卡纸、鱼线、泡沫板、装饰小树等。

5.2.2 项目情境及挑战性任务

1. 项目情境

你所在的城市有一座连接南北的旧桥，由于年久失修需要重建，你和你的设计团队接到政府提出的任务，要重新设计这座桥，并要带着桥梁方案和模型参加桥梁设计招标会（由相关学科教师扮演政府人员），在招标会上需用 PPT 介绍桥梁文化背景、桥梁设计、周边环境规划、成本预算等相关内容。最终中标的团队将会获得此桥的桥梁设计权。

2. 挑战性任务

组成桥梁设计师团队，设计符合要求的桥梁设计方案，参加招标会并获得最终桥梁设计权。要求制作模型的尺寸与实际桥梁尺寸为 1∶400，制作材料不限，要有相应的承重能力，需附详细的设计图纸和成本预算。

5.2.3 项目整体分析

1. 知识图谱与问题解决路径

知识图谱与问题解决路径如图 5-1 所示。

知识图谱

- 调查桥梁周边环境
  - 桥梁地理位置
  - 历史文化内涵及人文特色
  - 获取地质气候水文等数据
  - 定义桥梁功能
- 选择合适的桥梁类型
  - 梁式桥的形态、结构、跨度、特点
  - 拱桥的形态、结构、承重、跨度、特点
  - 斜拉桥的形态、结构、跨度、特点
  - 悬索桥的形态、结构、跨度、特点
- 挑选合适的建桥材料
  - 木、竹、藤等物理化学性能
  - 石、砖、砼等物理化学性能
  - 钢的物理化学性能
- 成本预算
  - 确定总项目成本
  - 估算成本费用和支出
  - 分项划扣
  - 确定各项成本的预算支出

老桥改造

问题解决路径

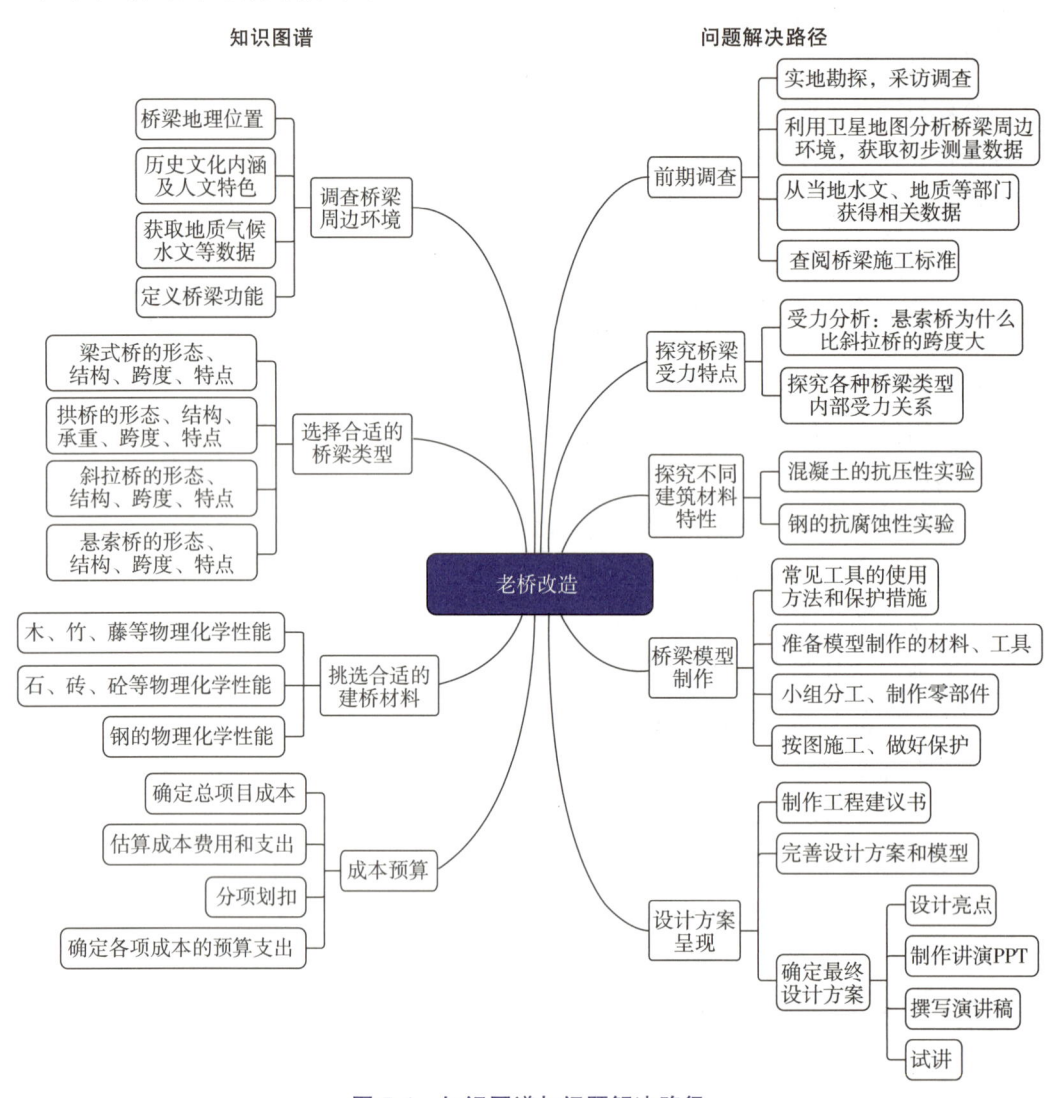

- 前期调查
  - 实地勘探，采访调查
  - 利用卫星地图分析桥梁周边环境，获取初步测量数据
  - 从当地水文、地质等部门获得相关数据
  - 查阅桥梁施工标准
- 探究桥梁受力特点
  - 受力分析：悬索桥为什么比斜拉桥的跨度大
  - 探究各种桥梁类型内部受力关系
- 探究不同建筑材料特性
  - 混凝土的抗压性实验
  - 钢的抗腐蚀性实验
- 桥梁模型制作
  - 常见工具的使用方法和保护措施
  - 准备模型制作的材料、工具
  - 小组分工、制作零部件
  - 按图施工、做好保护
- 设计方案呈现
  - 制作工程建议书
  - 完善设计方案和模型
  - 确定最终设计方案
    - 设计亮点
    - 制作讲演PPT
    - 撰写演讲稿
    - 试讲

图 5-1 知识图谱与问题解决路径

2. 学情分析

学生已经初步掌握了常见工具的使用，例如壁纸刀、挫、钢锯、电钻、曲线锯等的正确使用方法和保护措施。学会使用简单的绘图软件，如 AutoCAD、画图 3D 软件等。了解了常见的桥梁类型、基本组成和结构特点。

5.2.4　项目学习目标及阶段性学习成果设计

1. 项目学习目标

通过桥梁设计方案制定的筹划过程，认识工程设计的复杂性，综合运用科学、技术、数学、工程等学科知识，比较权衡设计的条件与因素，发展工程思维。

通过收集近年来桥梁周边水文数据，提取整合信息，推断河水深度和桥梁高度，制定工程预算，提升数据分析和推理论证的能力。

通过探究悬索桥比斜拉桥跨度大的原因，利用"力和作用"相关知识分析各种桥梁类型内部的受力关系，发展物理观念。

通过绘制桥梁草图和使用绘图软件细化桥梁设计图，发展图样表达能力和创新设计能力；选择合适材料制作桥梁模型，提升物化能力，感受劳动的价值。

2. 阶段性学习成果

在线地图和实地调研的信息可视化表达；设计草图和三视图、外观设计图，设计方案文稿；选择材料搭建的简易桥梁模型；反复测试、修改的数据分析；模拟招标会的项目建议书，投标 PPT 和演讲稿。

5.2.5　项目学习整体规划

项目学习整体规划见表 5-1。

表 5-1　项目学习整体规划

总挑战性任务	子任务/核心问题	问题链（串）	核心知识/关键概念/跨学科概念	核心素养（包含学科/课程核心素养）
提出问题	明确任务，提出问题	我们明确建桥任务了吗 我们需要哪方面的知识	自主学习	技术意识 自主学习
规划方案	实地调研分析，数据收集	如何获得桥梁的尺寸 桥梁周边环境如何 桥梁的载重、通行量如何 原材料价值几何？需要用多少？如何估价	搜集信息 生态保护 通行量估算	信息素养 地理实践力 数据分析 计算思维
规划方案	制定桥梁设计方案	应该使用哪种类型的桥 用什么材料制作 桥梁预算成本是多少 施工对周边环境有什么影响	比较权衡 技术材料 统筹规划/计算思维 环境保护	工程思维/计算思维 人地协调观
解决问题	图纸绘制外观设计	这座桥的文化背景是什么 设计的桥梁尺寸是什么 设计是否符合这座桥的承载能力 使用软件绘图还是手绘图纸	调查资料 创新设计 比较权衡	文化传承与理解 创新设计、审美 工程思维 图样表达

（续）

总挑战性任务	子任务/核心问题	问题链（串）	核心知识/关键概念/跨学科概念	核心素养（包含学科/课程核心素养）
解决问题	建议桥梁模型制作	选择什么材料制作模型 需要用到哪些工具 使用工具的安全注意事项有哪些	比较权衡 安全意识	工程思维 技术意识
解决问题	桥梁模型改进	怎样施工能更加经济 怎样施工能更加环保 承重怎么样	改进和优化设计 技术实验	技术意识 创新设计 科学探究
评价及反思	召开模拟招标会	如何呈现我们的方案 我们的亮点与优势是什么 我们的不足是什么	图样表达	图样表达 创新设计

5.2.6　STEM 项目的实施过程

1. 项目情境及挑战性任务

（1）项目情境

中国既保留着像赵州桥那样历史悠久的古代桥梁，也在不断地建设刷新世界纪录的公路、铁路新桥，高速公路和高速铁路桥梁建设尤其引人注目。目前我国公路桥梁总数已超过 80 万座，铁路桥梁总数已超过 20 万座，已成为世界第一桥梁大国。

（2）发布挑战任务

你所在的城市有一座连接南北的旧桥，由于年久失修需要重建，你和你的设计团队接到政府提出的任务，要重新设计这座桥，并要带着桥梁方案和模型参加桥梁设计招标会（由相关学科教师扮演政府人员），在招标会上需用 PPT 介绍桥梁文化背景、桥梁设计、周边环境规划、成本预算等相关内容。最终中标的团队会获得此桥的桥梁设计权。

（3）问题界定

引导学生提出问题：现在的桥梁特征是什么？从形状、材料、结构、功能、承重能力等多个角度进行提问和实地考察；存在的问题是什么？需求是什么？改造的目标是什么？交付标准是什么？预算有多少？

（4）问题拆解与规划

经过分析和讨论，确定完成该任务需要经历以下过程：实地考察明确问题与需求；头脑风暴聚焦核心问题；科学探究找到老桥的问题；基于标准设计新桥梁的方案；绘制草图，使用软件中形成 3D 图；基于设计与预算选择材料来搭建模型；对模型进行测试和数据分析与解释；交

【点评1】通过真实的工程情境，并用招标会的方式推进项目，激发同学们的探究热情和真实参与感。

流中互相评估提出建议；针对反馈进行优化设计；参加招投标大会的路演。

2. 统筹要素

明确约束条件：制作模型的尺寸与实际桥梁尺寸为1∶400，制作材料不限，要有相应的承重能力，需附详细的设计图纸和成本预算。老桥所在区域的地理要素、社会经济及文化特点，是改造方案的限制因素。

3. 开展研究

在明确老桥改造任务后，以小组形式自主进行一系列的科学探究活动，通过收集与整合信息、展示与交流，开展桥梁配对游戏、拼装桥梁模型、认识基础桥梁类型、分析桥梁受力情况等活动，促进对老桥问题的认识。

探究问题：悬索桥为什么比斜拉桥跨度大？

如图5-2所示，通过对 C 点进行受力分析可知，当桥梁荷载一定，桥梁跨度越大时，斜拉索所承受的拉力越大，但斜拉索所承受的拉力上限是一定的，因此限制了斜拉桥的跨度。而悬索桥的受力都是垂直方向上的，故悬索桥跨度更大。

【点评2】桥的受力分析与跨度问题，是物理知识在本STEM项目中的应用。这样的探究是在为工程设计方案找准科学依据。

a）斜拉桥受力分析

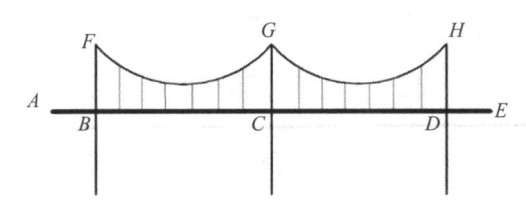

$F_{Cy}=F_C \times \sin\theta$

b）悬索桥受力分析图

图5-2 桥梁受力分析图

教师应多组织一些有趣的探究活动，充分调动学生的探究热情，让学生在做中学，如小组预习和课堂学案，如图5-3所示。

a)　　　　　　　　　　　　　　　　b)

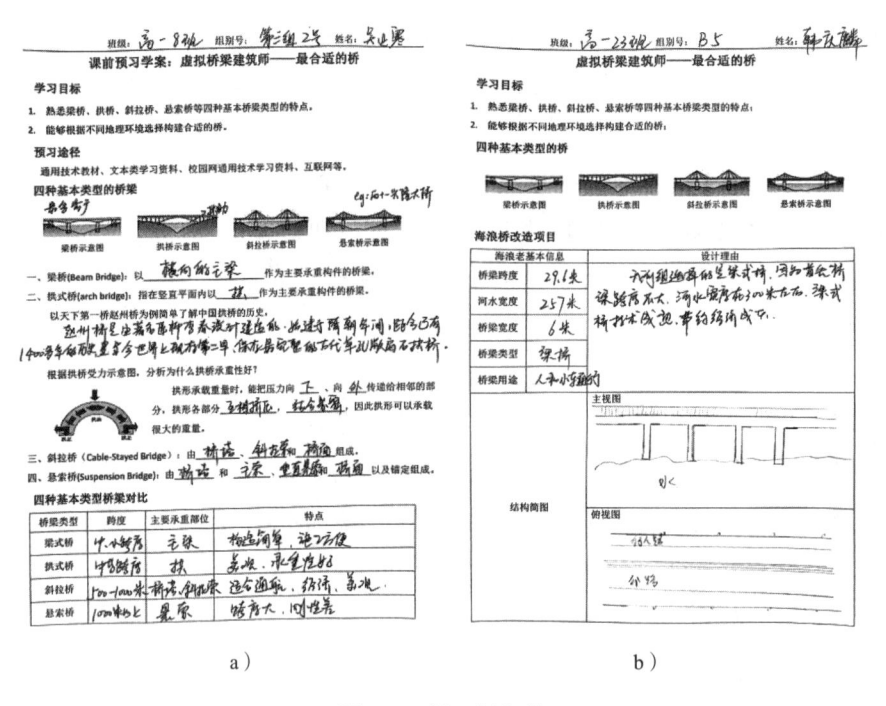

图 5-3　学习任务单

4. 实地考察

学生带着已有的桥梁知识，以小组的形式自主解决老桥改造这个挑战性任务。如图 5-4 所示，利用地图软件的测距功能，获得旧桥的初步数据，例如桥梁跨度、河水宽度、桥梁宽度等。通过实地调研，完成旧桥周边信息的调查，为下一步规划方案提供数据。

【点评3】实地考察非常具有真实代入感，会激发学生"工程师"的角色和使命感。

a）利用卫星地图分析桥梁周边情况　　　　b）实地考察

图 5-4　到老桥进行实地考察

由于道桥工程复杂，学校邀请了市政工程设计研究院的专家，从专业的角度进行认识桥梁的主题讲座，并以老桥改造项目的指导专家角色，参与解决方案设计中产生的各种专业问题，促使学生对真实施工过程有进一步的了解，对桥梁设计师进行职业探索。

【点评4】前期实地调查对完成桥梁设计有着至关重要的作用。通过实地调查，学生对桥梁搭建和改造实际上所要面临的问题将思考地更加系统全面，这也是工程思维的第一步。

第 5 章 有意义的科学与工程实践

5. 设计方案

依据实地考察结果进行数据分析,通过头脑风暴、查阅资料、小组合作的形式,完成老桥改造方案的初步设计。

学生采用了不同的方法设计桥梁的外观,如图 5-5 所示。先绘制草图,然后用 AutoCAD 画图附尺、3D 建模等,并将桥梁历史和文化内涵融入桥梁外观设计中,呈现出学生的创意设计,如图 5-6 所示。

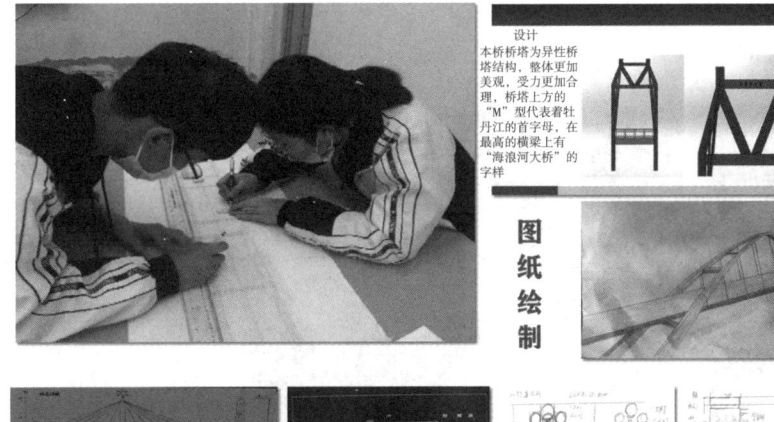

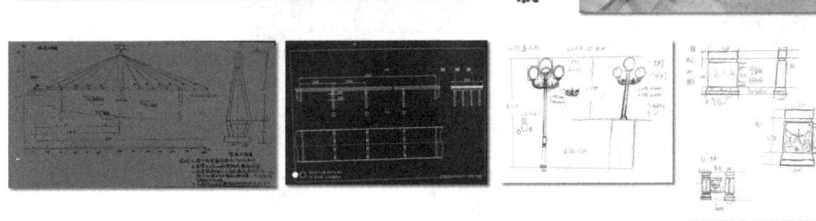

图 5-5 草图绘制

图 5-6 第二小组设计的桥梁

【点评5】邀请市政工程设计研究院专家答疑解惑,这一安排非常赞!不仅能加深同学们对真实施工的深入了解,或许真的会激励一部分同学未来成为桥梁工程师。这也是 STEM 课程的"魔力"所在。

【点评6】数据分析在 STEM 课程的工程问题解决中起到重要作用,尤其是对于有定量数据计算要求的项目。

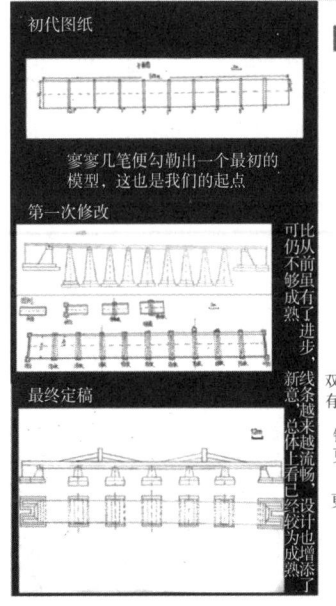

【点评7】同学们能充分权衡各种桥梁的优缺点与成本,这也是"像工程师一样思考"的工程思维发展过程。

之后的展示交流中,学生以项目标准为依据,比较权衡各种桥梁优缺点与成本、设计亮点和更优的改造方案,发展了工程思维。

6. 制作模型

依据设计方案,学生从家里找来旧木板、绳子、铁丝、胶带等常见材料,利用学校的实验室场地和工具,动手制作简易的桥梁模型,如图 5-7 所示。在动手实践过程中,利用各种各样的材料,经历测量、切割、加工、打磨、组装、调试等多个环节,并反复测试、修改优化设计方案,最终制作出满意的模型。

【点评 8】桥梁原型制作是整个项目中典型的工程实践场景,不仅需要学生运用、整合各种操作技能,更重要的是能体会到一个产品从无到有创生过程的成就感!

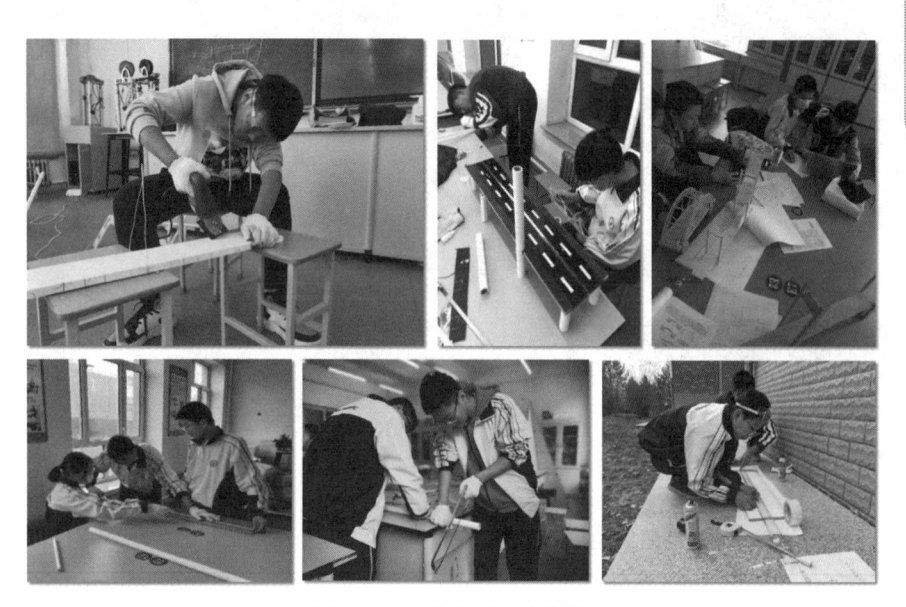

图 5-7　简易桥梁模型制作

7. 形成工程建议书

准备项目招标会所需要的各项内容,包括桥梁设计方案、设计草图、三视图、桥梁模型、工程建议书,如图 5-8 所示。建议书中必须说明项目成本预算,一般成本预算分为四个步骤。

(1)确定项目总成本。

(2)估算各项成本费用,根据已经知道的科目估算出每一科目的成本。例如材料、人工等。

(3)把初期的目标费用一层一层分解,然后将项目总成本分别纳入到项目分解结构的各个工作中。

(4)确定各项成本的预算支出、时间计划和项目成本的预算计划,分析成本估算结果,找出能相互替代的成本,协调各种成本之间的比例关系。

【点评 9】展示交流环节是 STEM 项目的必备环节,也是提升学生表达、有效沟通等能力的重要一环!

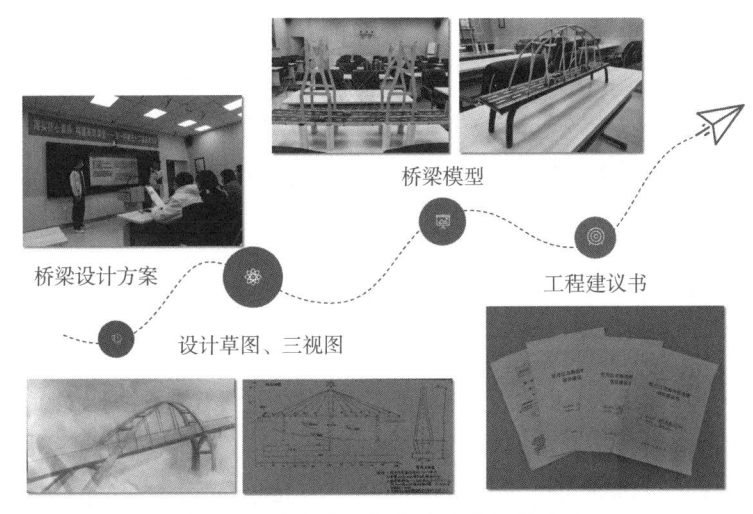

第 5 章 有意义的科学与工程实践   87

图 5-8 准备项目招标会上交流的内容

8. 桥梁设计招标会

桥梁设计招标会是"老桥改造"STEM 项目学习的收官活动，充分回应了挑战性任务和核心问题。如图 5-9 所示，招标会上，学生以桥梁设计师身份，对本组的设计方案侃侃而谈，展现他们对整个改造方案的设计想法、模型制作过程以及预算成本控制等，真正体验了桥梁设计师的整个设计工作的过程和具体内容。

【点评 10】项目采用招标的形式，具有真实场景的模拟感，会加深项目的仪式感和职业角色的体验感。

图 5-9 召开项目招标会介绍桥梁改造方案

创设模拟招标会的情景，营造良好的课堂氛围，激发学习兴趣，将学生一段时间以来的学习成果以招标会的形式进行汇报和总结。采用角色扮演方式，学生以设计团队身份介绍团队的改造方案，以科学论证和设计模型展示说明改造方案的科学性、合理性和创造性。由物理、技术、地理、美术等学科教师扮演政府招标人员，从不同学科的角度对各组设计进行综合评分，评选出最优设计。教师作为招标会主持人，负责引导活动流程。

通过"组间交流""专家答辩"和"教师评价"等多角度的交流与评价设计，让学生认识到自己方案的不足，从而更好地进行分析、改进和优化设计方案。

在 STEM 项目学习中，学生认同了团队合作的力量，体会了工程问题的复杂性和统筹性、劳动实践过程的成长性。

5.2.7 综评

课例"老桥改造"是一个典型的科学与工程整合的 STEM 项目。以本地桥梁改造为真实的工程情境，明确工程任务的需求、目标和标准，将总挑战性任务拆解成子任务，并以设计师角色进行项目规划，以保障项目进度和质量。在学生设计的规划方案中，从桥的类型、老桥的实地考察、材料选择、成本预算、施工对周边环境的影响等，进行了全面的调查分析，逻辑清晰，是典型的 STEM 项目学习的入项环节。以桥梁的受力分析这一仿真程序中的科学分析，认识不同桥梁的特点和功能；带着科学认知，通过实地考察、专家访谈、制定设计方案、绘制草图、制作模型、测试改进、制作工程建议书、模拟投标等科学与工程实践的完整过程，发展学生的工程思维。非常可贵的是，在具体问题解决过程中，以 STEM 项目关联职业角色，引导学生进行职业规划。教师亲自带学生到老桥旧址进行实地考察，邀请市政工程设计研究院专家从专业角度为学生们做认识桥梁的主题讲座，了解真实施工过程和工程师的职业内容，并模拟工程项目的招投标，代入角色体验，激发一部分学生对桥梁设计师职业的兴趣。

5.3 课例 6："听话"的开窗器

主要学科：物理，信息技术，通用技术。
预计课时：18 课时。
授课年段：高一。
开发教师：山东省莱阳市第一中学张雄辉、徐升国、岳迎娣。
授课教师：山东省莱阳市第一中学张雄辉、徐升国、岳迎娣。
指导教师：山东省莱阳市第一中学张雄辉。

5.3.1 项目信息

1. 涉及领域/学科及核心内容

（1）**物理**：电机驱动和控制，闭合电路的欧姆定律，电动机和电磁继电器原理，圆周运动/线速度、角速度。

（2）**信息技术**：物联网模块的调试和运行，单片机（Arduino）的设计与开发。

（3）**通用技术**：尺寸的测量和外形设计，常见测量工具的使用，3D 打印建模，模型的特性与应用。

2. 项目实施的环境和硬件要求

（1）**专业教室的需求**：STEM 创新实验室需要着眼于未来和当下，以"发现生活中的不便"为问题驱动的切入点，能够完成区域空间分割，同时满足基础 STEM 课程的开设。在这里，学生可以借助传感器、STEM 实验包、可视化编程、3D 打印等工具将自己的想法变为现实。

（2）**教室空间分布**：空间上整体分割为三个区域，为授课区、资料查阅区和准备间。

授课区包括多媒体讲台、多功能操作台、比赛台、作品展示柜和电子大屏。学生具体的实验和创作主要是在授课区完成。

资料查阅区由多台计算机构成，主要让学生进行文献查阅和 3D 打印等计算机制作。

准备间内存放着常用电工工具（多用电表、电烙铁等）、螺丝刀等五金杂件、传感器和 STEM 实验包套件等。

（3）**教室内的硬件、材料及工具**：多媒体讲台、组合式课桌椅、实木软板、STEM 实验包套件、STEM 实验包课程、常用电工工具（多用电表、电烙铁等）、螺丝刀等五金杂件。

根据开窗器的概念模型和时间规划表的要求准备所需原件和材料，列表清单见表 5-2。在项目进行过程中随时增减和调换，在物资的选择和利用上兼顾经济成本和功能，既要实现相应功能，又要尽可能减小其所占体积。

表 5-2 物资清单检核表

序号	所需物资	数量	到位时间	负责人
1	Arduino 开发板	1		
2	网络模块	1		
3	继电器模块	2		
4	雨滴传感器	1		
5	开窗推杆	1		
6	电源适配器	1		
7	3D 打印设计资料	1		
8	窗户演示模型	1		

5.3.2 项目情境及挑战性任务

1. 项目情境

现实生活中天气变幻莫测，经常早上上班时打开窗户，以便通风换气，但在下班前天气突变，需要关窗。

多数人可能的做法是要么马上请假，回家关窗。但这有可能给工作带来诸多不必要的麻烦，还有可能在匆忙回家的过程中增加安全隐患。要么实在太忙，抽不开身，听之任之，则家中可能部分进雨，损坏家居等物品。每个家庭里都有多扇窗户，如果能够外接一个开窗器，在下雨时自动监测关窗，或人工远程遥控关窗，则会对人们的工作和生活带来很多便利。

2. 挑战性任务

作为产品设计师，请你为这些家庭设计制作一个小巧美观的开窗器，让它能够灵活地控制窗户的开与关，并且能使用手机通过物联网实现远程操控，这样人们就不怕天气突变了！

5.3.3 项目整体分析

1. 知识图谱和问题解决路径

知识图谱和问题解决路径如图 5-10 所示。

第 5 章 有意义的科学与工程实践

知识图谱 —— "听话"的开窗器 —— **问题解决路径**

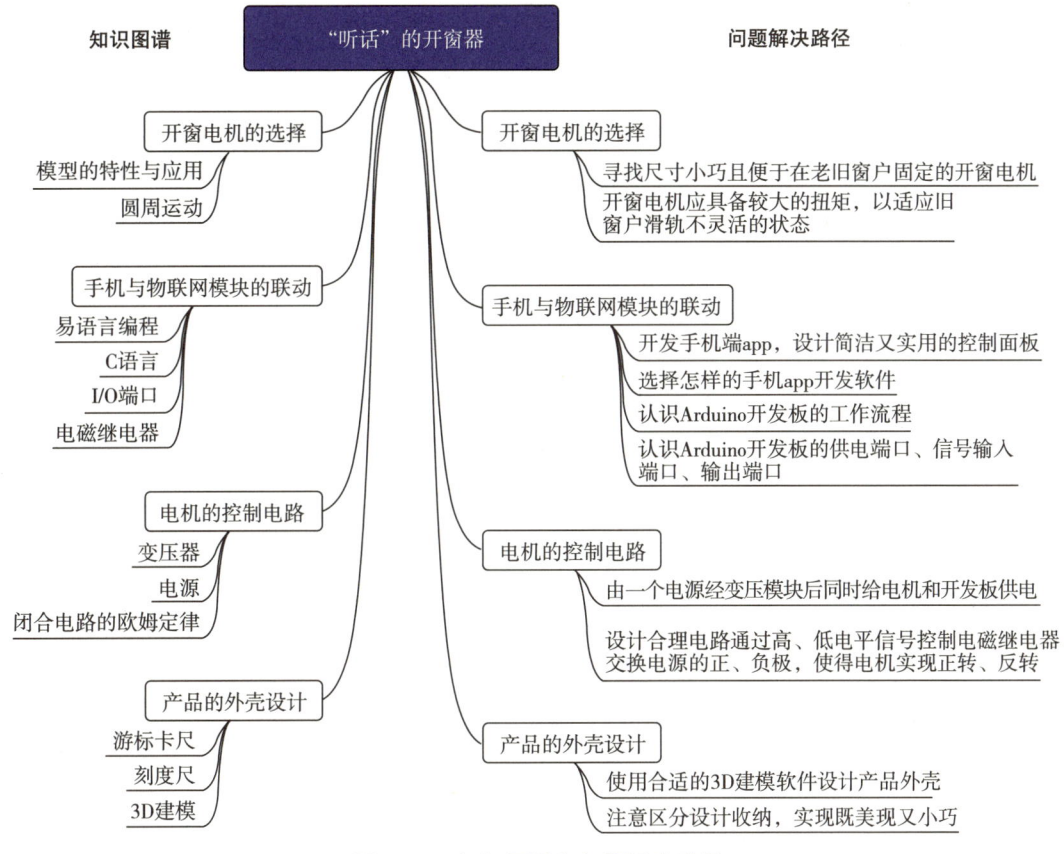

- 开窗电机的选择
  - 模型的特性与应用
  - 圆周运动
- 开窗电机的选择
  - 寻找尺寸小巧且便于在老旧窗户固定的开窗电机
  - 开窗电机应具备较大的扭矩，以适应旧窗户滑轨不灵活的状态
- 手机与物联网模块的联动
  - 易语言编程
  - C语言
  - I/O端口
  - 电磁继电器
- 手机与物联网模块的联动
  - 开发手机端app，设计简洁又实用的控制面板
  - 选择怎样的手机app开发软件
  - 认识Arduino开发板的工作流程
  - 认识Arduino开发板的供电端口、信号输入端口、输出端口
- 电机的控制电路
  - 变压器
  - 电源
  - 闭合电路的欧姆定律
- 电机的控制电路
  - 由一个电源经变压模块后同时给电机和开发板供电
  - 设计合理电路通过高、低电平信号控制电磁继电器交换电源的正、负极，使得电机实现正转、反转
- 产品的外壳设计
  - 游标卡尺
  - 刻度尺
  - 3D建模
- 产品的外壳设计
  - 使用合适的3D建模软件设计产品外壳
  - 注意区分设计收纳，实现既美现又小巧

图 5-10　知识图谱和问题解决路径

2. 学情分析

（1）前序知识

学习过高一物理的圆周运动、高二物理的闭合电路的欧姆定律、变压器、电源、电动机和信息技术中的 Visual Basic 的相关知识。

（2）技术基础

很多学生都使用过生活中的智能设备与控制，比如使用手机控制家里的空调开关和设定温度，但对智能家居的开发、物联网的系统设计比较陌生。

会使用易语言软件制作手机 App，并能够根据需要进行个性化设计。会使用 C 语言进行编程设计，并能够根据功能要求对 Arduino 开发板进行程序写入和修改。会使用 3D 建模软件（3D one 等）进行简单的图形设计。

会使用多用电表、游标卡尺、热熔胶枪、电线去皮钳、绝缘胶布等。

（3）学习经验基础

学生有跨学科实践课（如科技创新社团、研究性学习课程）学习的经验，能够发现关键问题，快速适应项目式学习活动。

5.3.4 项目学习目标及阶段性学习成果设计

1. 项目学习目标

（1）通过自动开窗器的设计和制作，学生以小组合作方式在各模块间协同配合，进行自主研究与实践，提高合作能力、沟通能力和创新能力。

（2）通过设计自动开窗器的控制系统与工作系统，灵活运用电子电路知识、C语言与程序设计知识、单片机控制原理和电路结构设计理论进行设计；认识电动机工作原理、电磁继电器原理，以实现智能控制，建立"开窗器物联网系统"的认识。

（3）在设计、制作、调试开窗器模型中，选择合适材料制作、调试各功能模块，升级电源供给关系，配合升降压模块，将多处供电合并；深化理解物理中电学核心概念。设计小巧美观的控制器功能外壳进行封装，提升创意物化的能力。

2. 阶段性学习成果

（1）设计出开窗器的功能结构概念图。
（2）开发出手机 App 远程控制软件。
（3）编写好 Arduino 开发板运行的系统程序。
（4）设计能够使驱动电机合理工作的电路结构图。
（5）拍摄成型的开窗器展示视频。

5.3.5 项目学习整体规划

项目学习整体规划见表 5-3。

表 5-3　项目学习整体规划

总挑战性任务	子任务/核心问题	问题链（串）	核心知识/关键概念/跨学科概念	核心素养（包含学科/课程核心素养）
实现开窗器的远程控制和自主控制	开窗电机应该具有怎样的要求	网上搜索资源，寻找尺寸小巧且便于在老旧窗户固定的开窗电机（齿轮电机或推杆电机） 选择的开窗电机同时还应具备较大的扭矩，以适应老旧窗户滑轨不灵活的状态	模型的特性与应用/模型、原型 圆周运动/角速度、线速度	提出物理问题，形成猜想与假设（从通用技术的角度认识模型间的尺寸及匹配问题；从物理的视角认识物体线速度与角速度的关系及线速度和力矩的关系）

（续）

总挑战性任务	子任务/核心问题	问题链（串）	核心知识/关键概念/跨学科概念	核心素养（包含学科/课程核心素养）
实现开窗器的远程控制和自主控制	指令由手机发出，由单片机模块接收。如何实现手机与物联网模块的联动	通过手机发送指令，需要开发手机端App，如何设计出既实用又简洁的控制模板 如何开发手机App，选择怎样的开发软件 Arduino开发板的工作流程是怎样的？通过哪种传感器接收信号？哪个端口输出信号？哪个端口是供电的 通过什么途径对开发板写入程序？对开发板写入怎样的个性化联动程序，以便在接收到高、低电平时联动电磁继电器	易语言/安卓程序编写 Arduino开发板/程序编写知识 电磁继电器/电流的磁效应、衔铁的吸合和断开	基于经验事实构建理想模型的抽象概括过程。基于事实证据和科学推理对不同观点和结论提出质疑、批判，进而具备提出创造性见解的能力和品质（从易语言中学习安卓app开发；从信息技术C语言中学习开发板程序编写；从物理学科中学习电磁继电器工作原理）
	如何通过合理设计电路控制驱动电机正转、反转	驱动电机和Arduino开发板都需要供电，但所需电压不同，为了减少模块体积，如何实现由一个电源经变压后同时给以上两部分供电 上一问题中的Arduino开发板对外只能输出高、低电平，怎样通过高、低电平结合电磁继电器交换电源的正、负极使得电动机实现正转、反转	变压器/原线圈、线圈、整流 电磁继电器/电流、吸合 闭合电路的欧姆定律/电路连接、通断	发现问题，提出物理问题，基于电路设计的知识解决实际问题，增强逻辑分析和抽象概括能力（从变压器中寻找变压的方法，为多处供电；从物理的电路知识出发，寻找电路与继电器的常开、常闭设计思路）
	怎样使产品的外形既美观又小巧	使用合适的尺寸测量工具，测量各模块的尺寸 根据所测量的尺寸，使用3D建模设计合适的产品外壳，各模块分区容纳，并且实现既美观又小巧	物理学科/游标卡尺、刻度尺 信息技术/3D建模、输入、打印	提出问题，获取和处理信息；认识科学本质，在理解科学、技术、社会、环境的关系基础上逐渐形成对科学和技术应有的正确态度以及责任感；从物理学科角度学习常见尺寸测量工具的使用；从信息技术中学习3D建模及打印

5.3.6　STEM项目的实施过程

1. 项目情境及挑战性任务

（1）**出示项目情境一**：智能家具已经进入人们的视野，给人们的生活带来了极大的便利。例如，智能冰箱可以远程对冰箱的运行状态进行控制和查看；智能空调可以远程设置其开关状态和运行参数，提前将房间里的温度调节到人们想要的温度，使在外奔波一天的人们进门便有一个舒适的温度；智能窗帘可以根据光线的变化自动调节窗帘的开合[14][15]。

什么是智能家居？什么是智能冰箱？什么是智能窗帘？这些智能家居是怎样利用网络进行联动的？请你查阅有关文献了解相关资料[16][17]。

（2）出示项目情境二：关于市场上自动开关的门窗，在超市的门口常见的红外感应自动门，人靠近时自动打开，远离时自动关闭。市面上，有一定量的自动窗户也受此启发被研发出来，但应用情况一直不理想。究其原因主要有三点，第一是由于这种开窗器采用了皮带传动，传动力量较小，只适用于较灵活的新窗户，在应对老旧窗户时"力不从心"，而寻常百姓家中的很多窗户却都是老旧窗户。第二是由于这种开窗器要求窗扇的滑动轨道在窗框的上方，但多数已装窗户的滑动轨道都在窗框的下方，出现了开窗器与窗户不匹配的情况。第三则是价格偏高的原因。

同时，由于高层建筑的兴起，出于安全的考虑，宾馆、办公楼、写字楼，以及小区的居民楼基本上采用推拉式玻璃窗，但是由于窗扇的重量较大，利用人工开关窗显得尤为笨重，也亟待需要一种远程控制的开窗器。

目前市场上尚较少见智能远程控制的窗户，而现实生活中天气变幻莫测，经常出现早上上班时打开窗户，以便通风换气，但在下班前天气突变需要关窗。如若从单位回家关窗会给工作带来诸多不必要的麻烦；如若不回家关窗，则家中进水，给生活又带了很多不便。每个家庭里都有多扇窗户，如果能够设计开发一个外接的开窗器，下雨时自动检测关窗，或人工远程遥控关窗，则会给人们的工作和生活带来很多便利。

发布挑战性任务：作为产品设计师，请你为这些家庭设计制作一个小巧美观的开窗器，让它能够灵活地控制窗户的开与关，并且能使用手机通过物联网实现远程操控，这样人们就不怕天气突变了！

2. 问题界定

现在市面上的自动开窗器多不多，是怎样工作的？家用的外接开窗器应该具有怎样的特点才能方便、实用？为此，以如图 5-11 所示的流程开展前期调查，以明确问题。

开展调查了解目前开

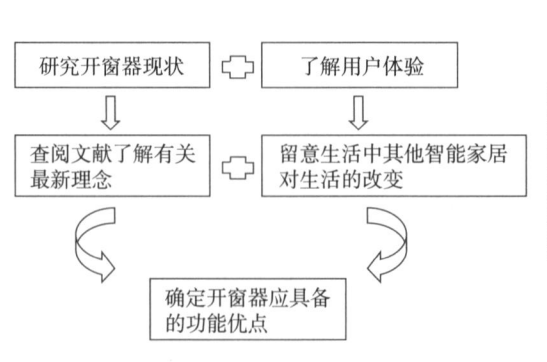

图 5-11 开展调查流程

【点评1】明确本项目可利用的资源和限制条件，便于后期利用和改进。

窗器的现状，了解适应时代要求的新型开窗器应该具备的功能。需要解决的问题很多，例如：调查什么领域？可供查阅的资源有哪些？市场中开窗器有哪些类别？各自的优缺点是怎样的？未来用户对开窗器的需求是什么？给多大面积的窗户使用？给什么开合方式的窗户使用？如何在功能和体积间进行取舍？优秀的调查报告应该怎么写？……通过查阅文献、访谈未来用户、观察多类智能家居设备的作用，甚至动手拆开已有开窗器研究结构，学生可以得到启发，构思可行的开窗器。

【点评2】体验智能家居的使用，一方面可以让学生感受到智能家居对生活的便捷性和舒适度的提高；另一方面也会增强学生对本项目的兴趣和开发决心。

头脑风暴达成共识，这个项目设计的开窗器要比传统开窗器更加自动化，这就需要选择硬件设备，设计智能控制系统，具备触发和联动的能力，以编程实现自动识别需要关窗的情况并能够发布指令完成关窗的动作。要进行远程调控，就需要设计手机 App 或者小程序来实现。这些功能的实现，需要电机驱动，以及电机的选择、适配和连接布线等设计。外形小巧美观、操作简单、成本不高、易被未来用户接受，这都需要考虑材料选择、连接和布线的"最优"综合布局，以及设计外包装的形状、颜色、大小等要素，从而符合 21 世纪智能家居理念。

3. 问题拆解与规划

开窗器的运行需要多模块协同联动，进行问题分解与规划。

（1）工作部分：可开、关窗的工作电机或伸缩杆。

计算和调试开窗电机与窗户尺寸的匹配程度。

查阅开窗电机参数，计算推力的扭矩，调试开窗电机对老旧窗户推力的匹配度。

（2）控制部分：物联网开发板及配套元件，如 Arduino 开发板、水滴传感器、电磁继电器。

学习多学科知识：C 语言和单片机、电磁学和恒定电流、电磁继电器的使用与控制（包括常开与常闭端）。

对 Arduino 开发板写入程序并调试，通过合理编程实现高、低电位的输出。

将多个电磁继电器进行合理的电路连接，分别输入高电位和低电位，调试电磁继电器做出对应动作，实现电机的正转、反转。

使用易语言编写"自动开窗器控制面板"App，实现通过手机 App 给 Arduino 开发板发送指令，开发板做出相应动作。

（3）细节优化：开、关窗任务完成后的信号反馈，通过位置传感器或限位器获取窗户目前的开关状态及开合程度。使用两个雨滴传感器检测不同位置的雨量，以雨量大小作为触发自动关窗的信号。通过 3D 建模设计产品外壳，使各元件在外壳内部集成化且外部小巧美观。

将上述功能需求转化为分模块实现，形成项目规划流程，包括找电机、设计App、开发板编程、供电和电路设计驱动电机正反转和发布智能控制指令等，如图5-12所示。

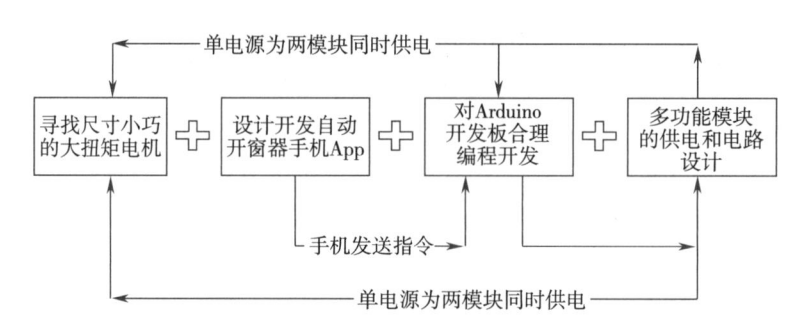

图5-12 项目规划流程

4. 统筹要素

（1）**材料的限制**：演示所用的模型窗材料和尺寸与现实中的窗户有一定差别，连接的导线在接头处出现过早老化；与Arduino开发板的连接采用插针形式，导线容易出现松动；新环境下连接网络需要重新配网，外壳的连接处有缝隙等。

（2）**可利用的资源**：开发设计过程中各模块运行原理可查阅哪些资料来获得？如何评价每一个模块的性能水平？如果遇到专业或技术问题，可以寻求哪些帮助？产品还可以借助哪些资源进行优化？例如脱离有线电源、使用电池供电。

（3）**可利用的软件**：易语言、C语言、3D one等的运用需要较强的基本功才能实现所需功能的编程。

5. 设计方案

（1）**设计开窗器概念模型**：学生去智能家居体验店体验智能家居带来的便利，细致观察智能门窗、智能窗帘的触发和联动过程，寻找设计灵感；查找相关资料分析智能门锁、智能窗帘的触发和联动机制。

学生发现，开窗器需要实现的功能比较复杂，需要有能够开/关窗的电机驱动结构、能够联网的网络模块、能够进行个性化编程的开发板、能够控制电路通断的继电器模块、能够检测到雨滴的传感器，以及供电的电源模块和手机终端App。

经过头脑风暴，创意设计开窗器的概念图，体现各功能模块及之间的关系，如图5-13所示。

（2）**设计各功能模块**：将开窗器整体概念设计拆分为多个功能模块，描述各模块的主要功能，并分组进行任务分工，如图5-14所示。

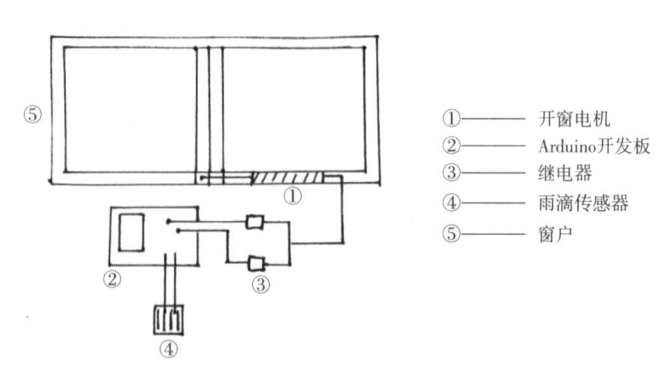

图5-13 开窗器的概念图

第 5 章 有意义的科学与工程实践

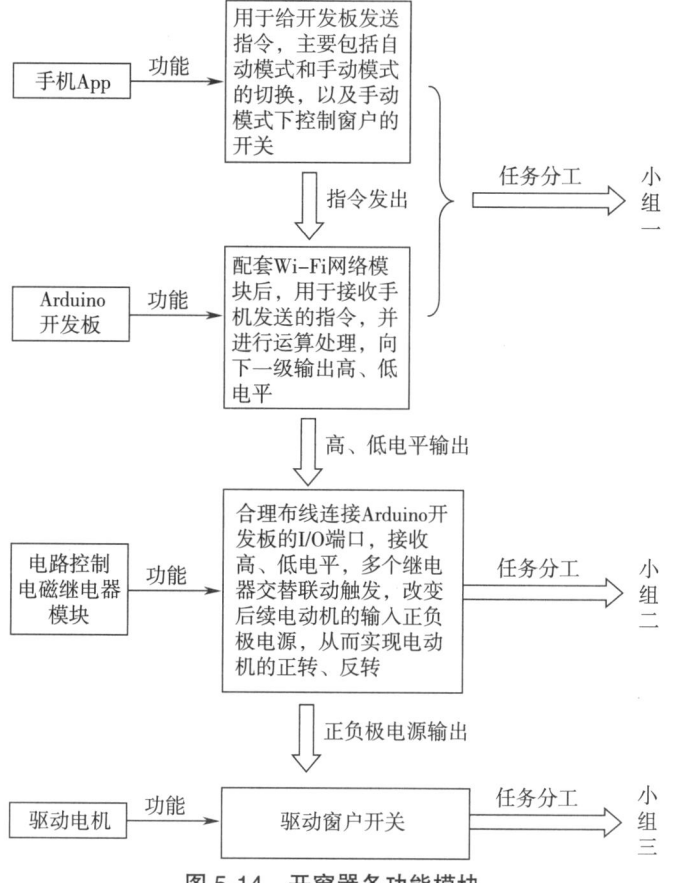

图 5-14 开窗器各功能模块

分组讨论、设计每个模块的开发方案,并进行论证,如图 5-15 所示。

（3）**寻找尺寸小巧和大扭矩驱动电机**：开窗器驱动电机应该满足哪些要求？查找资料,分析生活中所见到的智能门锁、智能窗帘的动力装置。对比分析一系列可以方便开窗的实用电机,根据性能特点选择一款既小巧美观又具有较大力矩的开窗电机。

图 5-15 方案研讨

【点评3】找电机时,可以让学生多找几种电机进行结构和参数的比较,尝试让学生通过比较发现,由于不同电机间哪些结构的差异导致了最后不同的性能参数（如电机功率、减速齿轮等）,促进学生更深入地理解和掌握学科知识。

（4）**设计开发"自动开窗器"手机控制 App**：手机 App 承担着向 Arduino 开发板发送指令的任务。在能够完成任务的情况下,要使用合适的开发环境，开发出控制面板，如图 5-16 所示。使用易语言开发软件，所设计的控制模板，需要同时具有实用、简洁的特点。

（5）设计 Arduino 开发板的智能控制系统：使用 Arduino 开发板，进行合理编程开发，使其能够接收指令完成相应任务。上述步骤中的手机信号需要单片机开发板接收，根据指令完成相关输出，将配套的网络连接模块连接到 Arduino 开发板，使其能够接收手机信号指令，对开发板写入功能所需的个性化联动程序，通过 I/O 端口输出高、低电平，以便对后续的电磁继电器进行联动。

步骤（4）和（5）是统一体，步骤（4）的手机 App 发送指令，步骤（5）的 Arduino 开发板接收指令并动作，所以这两个步骤的任务应该交给同一个小组来完成，以便进行不断的反馈。这个环节耗时较长，需要先学习一定的编程知识才能执行，同时该环节是一个循环重复的过程，编程很难一次成功，需要多次运行调试，直到在手机 App 发出指令后，Arduino 开发板可以全部做出相应的信号输出为止。

（6）设计多功能模块的供电系统和电路：在实践中，关于电源的供电问题，在各模块单独调试时，学生很难发现或者关注到各模块供电电压不同所导致的需要多个电源供电的问题。为了减小开窗器的体积，不能有太多电源，但如果只有一个电源又如何解决多个不同电压的需求呢？

图 5-16 自动开窗器手机 App 控制面板

这就需要学生具备随时发现问题、解决问题的能力。

学生在进行各模块连接时发现，驱动开 / 关窗的电机和智能控制系统的 Arduino 开发板都需要有电源供电，但二者所需电压不同。为了减小这部分模块的体积，想到的办法是采用一块电源供电，这样就要辅助装配小型变压的集成电路，来获得各功能模块所需要的电压。

此外，还需要解决关于驱动电机正转、反转的问题。由于驱动电机只预留有两根线，要实现正转、反转就需要改变连接线的正负极，如何自动化改变正负极也引发了学生的深入思考。Arduino 开发板对外只能输出高、低电平的数字信号，结合物理闭合电路的欧姆定律和电磁继电器原理，通过设计合理电路，连接三个电磁继电器，将输入的高、低电平数字信号转化为通过交换电源的正负极，使得电动机实现正转、反转的模拟信号，电路连接设计如图 5-17 所示。这一实践，大大提高了学生应用所学物理电路知识解决实际问题的能力，也有助于进一步理解"系统"中构成要素的关键性和必要性是与"功能"紧密相关的。

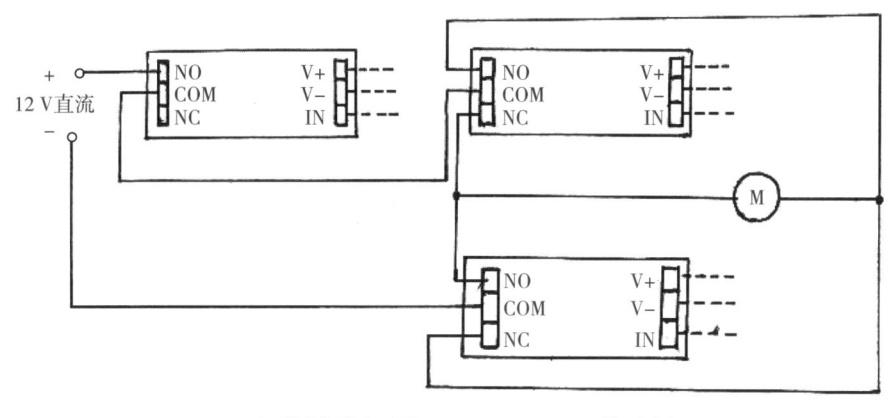

```
                    NO              V+          NO           V+
          +         COM             V-          COM          V-
  12 V直流           NC              IN          NC           IN


                                                                    M

                                                NO           V+
                                                COM          V-
                                                NC           IN
```

NO —— 电磁继电器常开端　　　　V+ …… 上接开发板V+
NC —— 电磁继电器常闭端　　　　V− …… 上接开发板V−
COM —— 电磁继电器公共端　　　 IN …… 上接开发板I/O端口
Ⓜ —— 开窗电机

图 5-17　电动机正转、反转电路连接设计

6. 搭建模型

（1）**设计自动开窗器控制模块的外壳**：外壳设计需要学生考虑绝缘和散热问题，使用 3D one 建模软件进行设计，并进行内部空间布局的整合。

由于控制部分的各模块需要集成在一起，所以需要一定的容器将它们收纳，实验过程中需要使用游标卡尺、刻度尺等尺寸测量工具测量各模块的尺寸。

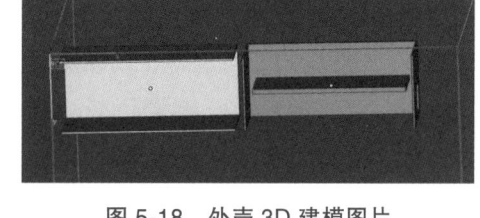

图 5-18　外壳 3D 建模图片

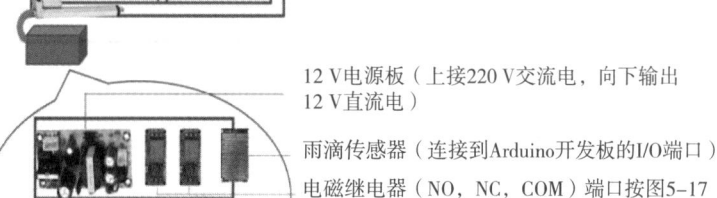

根据上述步骤所测量的尺寸，使用 3D 建模软件设计合适的产品外壳，各模块分区容纳，既美观又小巧，如图 5-18 所示。

（2）**产品总装调试**：总装环节是学生期待已久的环节，就像"变形金刚"各模组大集结一样，各小组合作将各自负责的功能模块汇集起来，进行总装配和总调试。

1）形成总装设计图，如图 5-19 所示。

2）各技术小组进行方

12 V电源板（上接220 V交流电，向下输出 12 V直流电）
雨滴传感器（连接到Arduino开发板的I/O端口）
电磁继电器（NO，NC，COM）端口按图5-17所示，电路图连接至12 V直流输出端
Wi-Fi网络模块（VCC，GND端口分别连接到Arduino开发板的V+，V−端口）
Arduino开发板
12 V转9 V调压板（上接12 V电源板的直流输出端，向下输出9 V电源连接到开发板）

图 5-19　产品总装设计图

案的汇报，交流自己小组功能模块的可行性和需要其他小组配合解决的问题。

3）电动机、Arduino 开发板、继电器各模块单独进行调试。

4）电动机驱动模块与电磁继电器、Arduino 开发板进行电路连接，进行此二模块的联动调试。

5）将电动机推杆固定到窗户上，进行电动机驱动和窗户的联动调试。

6）将电磁继电器、Arduino 开发板、电动机驱动模块、窗户四模块连接，实现系统的联动调试，如图 5-20 所示。

7）测量物联网模块及配套电源的尺寸，设计美观小巧的外壳，并通过 3D 打印技术打印出外壳。

总装调试时需要注意的关键问题如下：

1）各模块能否单独正常工作。

2）按照电路图连接电路实现通过继电器的开合来控制电机的正反转功能。需要注意区分"12 V 直流电"的正负极，同时分清楚电磁继电器的"NO""NC""COM"端口的名称、作用及原理，避免短路和错接。

图 5-20 各模块总装调试

3）各模块间如何进行有效联动，最终功能能否顺利实现。

总装调试的成功，让学生体会到了收获的喜悦，有了极大的成就感和满足感。全程参与合作，既学习和重构了多学科知识，又提高了问题解决能力和合作能力，增强了学习与现实生活的关联，提升了社会责任感。

7. 分析数据与迭代优化

窗户开关的第一轮测试取得了预想的效果。但是，在自动开窗测试时，采用了向雨滴传感器倒水的方式来模拟下雨场景，学生发现了新问题："下小雨的时候可不可以不关窗？"于是，又将雨量作为新的变量，雨量大小所用的数据作为优化依据。需要探究什么情况属于下小雨，雨量传感器判断的依据是什么，是否需要设置两个位置不同的传感器，用两个位置感受雨滴来判断雨量大小，二者如何协同等问题。

同时，测试窗户开关过程中采用了有线电源，学生提出，可否将有线电源改为新能源供电，脱离繁杂的导线和插座的束缚，满足碳中和的社会发展要求。

学生制作完成自动开窗器模型后进行展示汇报，教师和其他小组都可以提出建议，学生进一步完善和优化模型，如图 5-21 所示。

学生回顾开发过程和情境，巩固各模块的理论

图 5-21 成品展示

知识和实践能力，通过展示活动获得大家的认可，增强自信。

（1）课堂活动。通过情境再现，发现问题、探究真理、解决问题。通过合作探究和例题精析再次巩固知识。

（2）自动开窗器产品推介会。邀请同学、老师体验自动开窗器的使用，感受其便利性。

8. 运营管理

经过迭代和优化，学生拍摄自动开窗器的使用视频，制作成二维码，如图 5-22 所示。整理开窗器的设计和制作过程，在全年级进行展出、展示汇报。

a）开窗器手机控制 App 程序语言　　b）Arduino 开发板写入程序　　c）照片和视频展示

图 5-22　项目产品展示二维码

5.3.7　综评

这个 STEM 项目是基于真实需求及市场调研分析而设计的，学生可以像工程师一样参与整个项目。教师精心设计了有意义的科学探究与工程实践活动，既可以使学生体验规划、探究、开发、评估、设计、搭建、测试等实践过程，又明确贯通了物理、通用技术、信息技术等多个学科的知识和思想方法，在学生的问题解决过程中，从工程问题中提取物理角度的"线速度和角速度的关系""力矩"等问题，以及通用技术角度的"模型组件之间的匹配"等问题，并对项目任务进行了整体规划，形成工作流程。每个关键问题既有解决方案，又体现了问题之间严密的逻辑，学生以层层递进的探究，感受和认识学科与技术关联、技术再回到相关学科的过程，有利于学生重构学科知识之间的关联，形成跨学科整合性理解。

本项目中，学生主要经历了四个主要环节，从开展调研，了解需求，到确定项目需要做的核心工作，最后形成规划流程，学生建立起对于问题解决的系统观念，知道每个环节的核心问题是如何提炼出来的。

在设计解决方案时，学生先进行概念设计和功能设计，评估方案后再进行关键部件的设计和实现，分模块解决不同角度的问题，找到满足功能的适切电机、开发手机 App、设计智能控制系统、设计供电系统，最后设计外形和进行总装，并进行调试。教师在实施项目学习时，是依问题解决路径进行的教与学活动，让学生在每个环节都是基于思考设计、探究发现，找到关键问题，并通过主动学习和合作学习解决每一个问题。因此，学生始终进行的都是有意义的探究实践，促进概念建构，也促进概念之间进行关联，理解学科知识和相关技术在解决真实问题时的作用，形成真实、复杂的工程问题解决的系统性和筹划性思维，理解工程思维和科学思维的价值。

第6章 高水平的数据素养

6.1 导引6：高水平数据素养是STEM项目学习深入探究实践的依据

STEM中的S（科学）、T（技术）和E（工程）是不同的领域，有着不同的思想方法、经验和规律，那么它们如何与M（数学）发生联系呢？中间的"黏合剂"和"信息素"即为"数据"。正如不同工厂的不同商品往往需要换算为货币才能相互兑换一样，来自科学、技术和工程的信息往往也要通过数据（或其间的关系）相互翻译和利用，而对于这些数据的处理正是数学所承担的任务。

正确的数据观是高质量STEM学习的基础。信息化社会的高速发展伴随着大数据时代的到来，数据分析变得越来越重要，但是由于我国的中学生在课堂上较少处理"新鲜"的、未经人工修饰的数据，往往数据处理的素养不足。因此STEM项目学习的课程教学中，教师要注重培养学生收集、整理、分析数据的能力，提升学生提取有用信息和形成结论的能力，培养学生使用数据研究问题的习惯。

6.1.1 STEM项目学习中的数据分析

数据分析是指针对研究对象获取数据，运用数学方法对数据进行整理、分析和推断，形成关于研究对象知识的素养。主要过程包括收集数据、整理数据、提取信息、构建模型、进行推断、获得结论。

一般STEM项目实施通常经历发布项目任务、界定问题、设计/再设计方案、科学探究、开发与构建模型、测试与优化模型、展示与交付及多个阶段中的评价反思等主要环节，如图6-1所示。

第 6 章　高水平的数据素养

```
发布项目任务
    ↓
  界定问题
    ↓
设计/再设计方案 ← 评价反思
    ↓
  科学探究
    ↓
开发与构建模型 ← 评价反思
    ↓
测试与优化模型
    ↓
  展示与交付
```

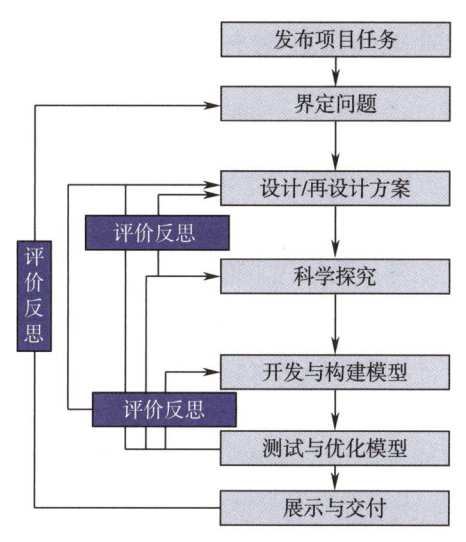

图 6-1　STEM 项目实施主要环节

STEM 项目任务一般发端于真实情境下的工程问题，需要基于科学原理和规律进行科学探究和工程设计的实践活动。科学探究既可能为设计方案提供科学原理与规律的支持，也为开发模型提供证据和参数。在科学探究中产生的大量数据，一般是通过实验探究获得的。对数据进行分析和解释，推理论证得出结论，用以找到适合解决 STEM 项目任务的产品模型的参数，便于进行工程设计。在实际的工程设计中，设计师需多次开发和利用数学模型、分析与表示数据，以产生设计想法，论证设计理念，做出设计决策。因此，在 STEM 项目学习中，数据在科学探究、开发与构建模型和测试模型等多个阶段都是重要的"证据"，用以探究论证、分析评价、测试评估、优化改进，进行问题解决方案的设计与完善、选择与决策。学生在科学数据的研究与交流中不断解决问题、发现新问题，推动探究实践在真实问题驱动下不断循环。

例如，在课例"运载火箭"中，使用图形软件创建数据线图，据此推断吸管火箭飞行距离与气动系统的气体压力之间的关系，就是将多次测定的数据通过多个物理学定律结合在一起进行建模分析，找到火箭模型发射系统中的问题，加以改进的。在课例"智能控制的火星基地食物供给单元的设计"中，使用硬件收集数据，对智能控制系统所需使用的传感器性能与真实环境特征的数据之间进行建模，比如对光强检测仪和光强传感器的数据之间建模，来预测、调控食物供给单元"最佳"条件下所需的传感器参数，为科学探究提供合适的环境条件。

学生经历这样一个较完整的 STEM 项目学习，会提升复杂真实问题的分析、解决能力，形成一般性的问题解决思路，对数据素养提升有一定的帮助；体验问题分解与抽象的过程，提升将真实环境条件和现实行为进行参数化的能力；提升图表的呈现与处理能力，以及假设与检验的意识；具备识别数据中的模式和规律的能力，提升基于数据的批判性思维能力。

6.1.2 高水平使用数据有效解决 STEM 项目任务

在 STEM 项目任务完成过程中，经常会在不同阶段针对不同的任务或问题，产生不同类型的数据，数据分析、解释与应用起到发现问题、解决问题的重要作用。

1. 使用数据发现 STEM 项目任务中的问题

在 STEM 项目实施中，如果出现指代不同变量的数据，可以通过科学知识、工程经验或生活经验来分析这些数据之间是否有关联、可能有怎样的关系，对于项目任务来说还欠缺哪些数据；之后，可以针对欠缺的数据设计解决方案，需要对解决方案进行科学探究来建立欠缺的数据之间的关系；再通过开发实物模型或虚拟模型进行测试验证，再次获得模型性能的有关数据；最后以两个阶段的数据分析结果来评估解决方案的可行性和有效性，将分析结论转换为真实情境下现实问题的解决方法，不断完善改进。

在科学探究中获得的实验数据，经常出现看似是数学其实是非数学的处理方式，比如描点连线、简单计数、比较大小等方法，这些错误方法有一个共性，就是没有利用数学挖掘实验数据所蕴含的科学原理和规律，无法找出问题的解决方法。但其实正确使用数学处理这些实验数据，会带来"非数学不可察"的效果，能够发现数据中的变量及变量间的统计关联，也能够通过数据拟合得到变量之间的函数关系模型，还能通过函数关系模型的构建，演绎出不容易用实验发现的新的解决方案。

例如，在北京市海淀区航天 STEM 课程"月球基地的食物供给和循环利用"的挑战性任务是，"作为月球基地生命保障系统设计师，如何为 50 位研究人员实现长期工作与生活所需要的生命保障系统？"学生选择了小麦、生菜等作物搭配来解决项目总任务，其中有一个子任务是"如何设计生态舱内的植物种植制度，既能满足基地 50 位研究人员的食物需求，还能产生足够的新鲜空气，以解决月球上获取新鲜食物和高质量空气的问题"。在这个子任务中，教师设计了先对单一作物小麦进行问题分析与解决，之后再进行其他作物的逐一分析，最后对所选择的作物进行综合考量，从而解决生命保障的难题。

这个子任务的限制条件主要包括：第一，小麦成熟后的存储空间不足；第二，小麦的成熟期大约为 70 天；第三，情境任务中提到 50 人这个人数用以决定小麦种植的总量和所需新鲜空气的总量。根据情境任务的描述，预测小麦的生长时间、期间能产生的氧气量与人员呼吸所需氧气量之间是有关系的，因此需要对上述三个变量的数据进行分析。教师提供了一定量小麦在 70 天成长期中产生的氧气量，以及 50 人所需氧气量，学生进行数据拟合发现小麦从幼苗期到成长期再到成熟期中的氧气变化量基本符合正弦函数的规律，再将 50 人每天所需氧气量的数据叠加到这个数据线图（图 6-2）中发现，如果小麦成熟一批后再种下一批，在幼苗期和成熟期所产生的氧气量远远不能满足生存需求，于是明确了这个子任务的核心问题，就是如何设计小麦的种植周期以满足人对新鲜氧气的需求。将其转化为数学问题就是，如何使用三角函数规律，将一个个正弦函数图像上大多数低于所需产氧量的点的数值增大到大于等于氧气量这条直线的数值。

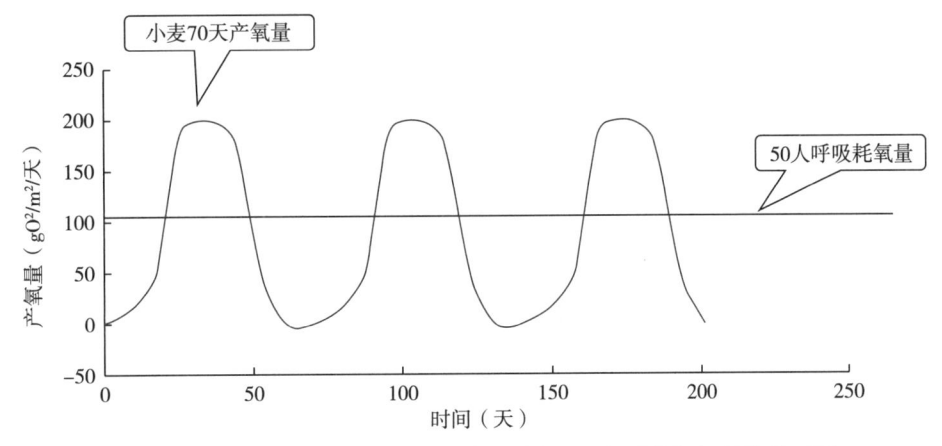

图 6-2　小麦在 70 天的周期中的产氧量与 50 人呼吸耗氧量的关系图

随后，学生使用 GeoGebra（动态数学软件）发现，进行三角函数加和，可以使小麦的产氧量逐渐趋近于直线，不再是正弦或余弦函数的图像形式。这样"逼近"直线的数据就基本上可以达到了 50 人连续耗氧量的数值，如图 6-3 所示。

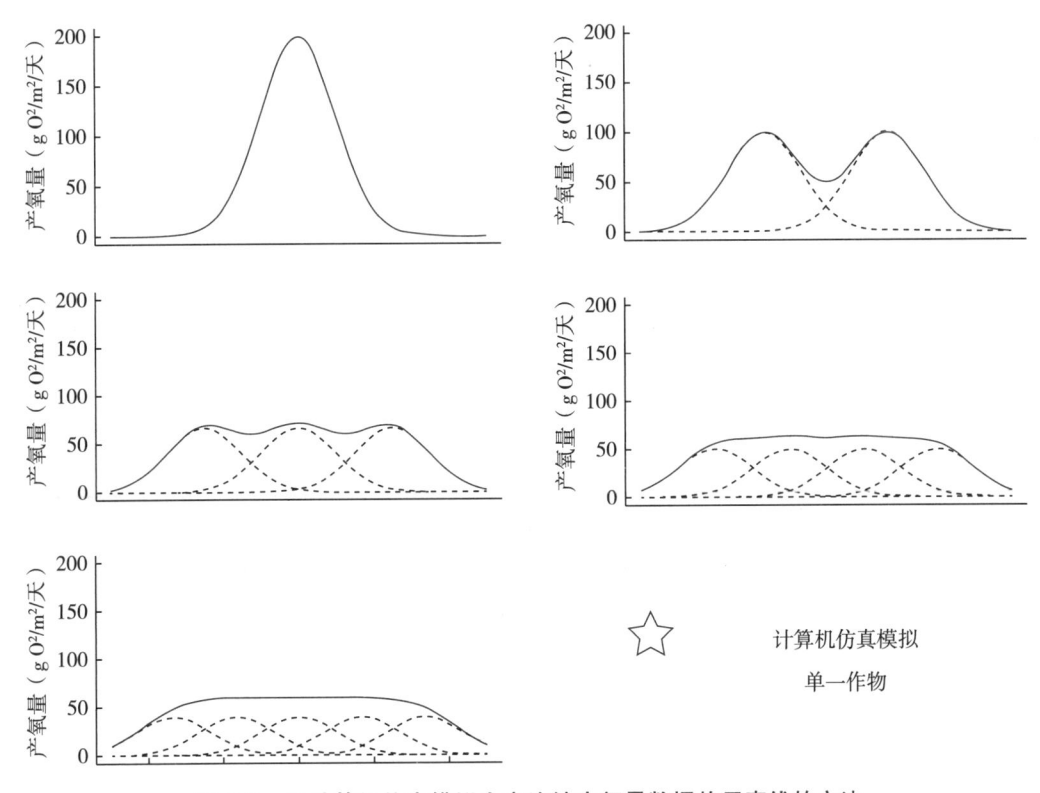

图 6-3　以计算机仿真模拟小麦连续产氧量数据趋于直线的方法

但是，这是数学验证的结果，还需要转换成解决真实问题的自然语言描述，那就是以限制条件中的小麦总量平均分配为至少四批次下种。小麦种植不是成熟一批再种下一批，而是进行"半阶梯式种植"，即第一批小麦下种几天之后，就下种第二批，以次类推。这样既可以获得持续的足够量氧气供应，也可以降低每个批次的丰收总量，减少收获和存储的工作量对人员的需求，同时不占用大量存储空间，从而解决了这个STEM项目的子任务。

上述数据拟合与分析的过程中所得到的函数模型，需要能解释最终函数表达式中各个参数的实际意义，否则即使拟合效果再好，也不见得是好的模型。反思上述课程设计与实施过程发现，STEM项目学习中经常使用的这种数据拟合方法，实际上反映了数据处理者对数据所隐含的因果关系的判断，这就是STEM项目学习期望学生获得的高水平数据素养。

2. 使用数据解决 STEM 项目开发模型中的问题

在STEM项目学习进入到开发与构建模型阶段时，测试数据将多类型、较大量地出现，测试数据往往在三个节点产生，一是产品模型调试，二是产品模型的构成组件连接，三是产品模型的性能验收。

在这三个节点处产生的数据有一个共性，都是对现有系统的运行机制进行评估或测量，此时产生的数据视具体情况不同而有不同的处理方法。

第一种情况，当模型无法正常工作时，需要通过区分测试数据中的测量误差和系统误差，帮助锚定模型出问题的位置。 例如课例"运载火箭"中，对于吸管火箭系统问题的分析、查找与确定，通过数据分析确定是系统误差，并聚焦到系统中的控制气体流速的电磁阀，以及控制电磁阀的程序中的操作时间 t 上。在这个阶段，数据分析与使用常用的数据处理方法是概率统计与假设检验。

第二种情况，当模型的各个模块连接后无法达到项目标准时，需要进行数据分析，找到连接点的问题。 例如课例"让张北的风点亮北京的灯——'绿色冬奥'场馆模型设计与制作"中，在核心子任务中需要用太阳能转化为电能，为锂电池充电，当学生连接电路进行测试后，分析数据时发现，把7.4 V的锂电池作为负载接入设计的实验电路中时，充电电压会比8.0 V小很多，不满足锂电池充电需求。分析产生这一结果的原因，一是并联上负载后分压部分的电阻减小，在整个电路中分得的电压减小；二是第二次实验时阳光不好导致太阳能电池板电动势降低，电源内阻也有变化。进而在模型迭代优化时针对性地提出改进方案，一是电路设计方面用电阻箱替代了滑动变阻器，分压接法改为限流接法；二是改变太阳能电池板与太阳光的角度。这个过程产生的数据仍然需要继续分析找问题，因此要多次修改实验方案，才能提供符合项目标准要求的充电电压和电流。

在这个数据分析与使用的过程中，最常用到的数据处理方法是最小二乘法。针对子任务"给工作电压为7.4 V锂电池充电"，可能的影响因素是锂电池的最大接收功率、太阳能板输出的最大功率等，而且太阳能板的电压和电流还随着太阳光角度、天气阴晴情况的变化而发生波动，带来更多变量，所以需要解决多个组件组合时多变量带来系统整体达不到"最优"的问题，可以使用此方法寻找近似解。

6.1.3 技术支持下的数据处理提升数据素养

数据思维和统计方法是通过客观事物的量化数据与数量特征来揭示其内在发展规律和现象本质的思维方式。中学生数据素养教育的目标在于，让中学生会运用数据的视角、数据的思维、数据的分析和批判性的眼光在真实世界中发现和提出问题、分析问题、解决问题以及评价问题解决结果。

数据素养提升是 STEM 项目学习的重要学习目标。中学生需要掌握统计方法和信息技术，在真实情境中运用数据的知识、技能和思维解决实际问题，能够通过数据的视角观察真实世界，利用数据的思维思考实际问题，运用数据的分析做出科学决策，基于批判性的眼光评价数据和统计观点。

STEM 项目学习中信息技术的角色越来越不可或缺，科学与工程实践活动需要学生进行基于证据的推理论证，在信息技术支持下的数据收集与分析结果，与其他定性证据结合，支撑起整个 STEM 项目任务的探究实践流程。信息技术提供了支持 STEM 项目学习新的设计思路和实验探究角度，成为学生探究世界的必备工具和方法。而且随着各种形式的计算设备、软件应用、传感器、虚拟环境、移动设备等的飞速发展，加强信息技术应用的 STEM 项目学习，有助于提升学生的创新性问题解决能力，形成多样化的创新实践成果。

1. STEM 项目学习中信息技术支持下的数据分析过程

在 STEM 项目学习过程中，信息技术支持下的数据分析与使用通常会经历图 6-4 所示流程。

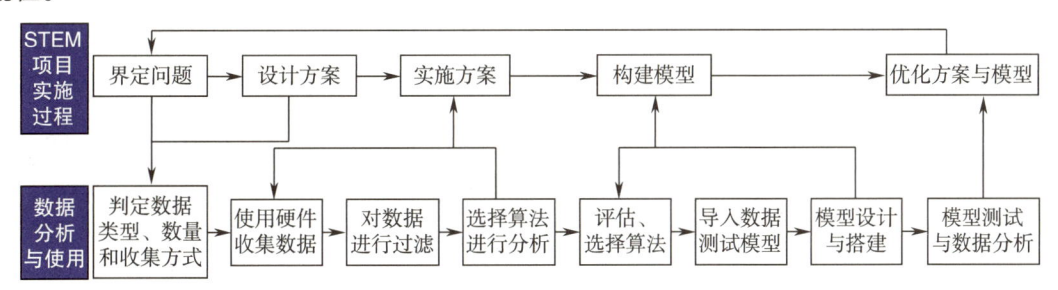

图 6-4 STEM 项目学习过程中的数据分析与使用流程

从界定问题和设计方案开始，就要判定任务解决所需要的数据类型、数量及数据收集方式，选择相关硬件和软件收集数据，然后对初步收集的数据进行过滤，再选择不同算法进行数据分析，依据分析结果对比几种算法的优势和不足，选择一种合适的算法进行模型设计与搭建，在调试好的软硬件和控制系统中，导入数据进行模型性能测试，继续进行数据分析以找出问题，进行方案的优化和模型的改进。

不过，收集到的数据并非全部都能直接使用，一般在使用之前需要进行过滤，以去除例外点、主观因素和尺度的影响，把异常数据清洗出去。但是哪些数据是异常数据呢？这往往需要根据具体情况而定，在 STEM 项目学习中经常是排除小概率事件的影响。例如当我们衡量一所大学的学生就业情况时，如果仅有极少部分的学生无法良好就业，那么这些学生就可以被看作例外。但是这样做也有风险，如果这些极少数的学生都来自同一个导师，那么就要审查这位导师对学生的职业规划是否不够关注。这个例子告诉我们，即使将某些数据作为小概率事件"清洗"掉，也要回过头看一下被清洗掉的数据是否隐藏着某种模式或规律。

2. 进行信息技术支持下的数据分析实践以提高数据素养

在课例"智慧书桌设计"中，挑战性任务是"如何设计一个适合学生站立阅读，同时也能满足不同身高学生好的阅读体验的'智慧'书桌？"

第一步，明确问题。 学生以设计师角色，针对情境任务和需求提出问题、界定问题，最终找到三个核心问题。一是高度可调节书桌的工程设计，二是设计模型和算法，预测不同学生最舒适的高度，三是将算法与硬件结合，完成智能控制。

第二步，明确行动方案，厘清数据的需求和功能。 首先，需要确定所需数据的类型、数量及样本来源；然后选择和使用智能工具（连接摄像头的树莓派）收集学生的整体图像、肩宽、身高和站立位最舒适的书桌高度；之后选择算法进行数据分析，把分析结果导入硬件，编程形成可运行的控制系统；在搭建模型之后测试性能，继续进行数据分析以找出组件连接中的问题。

第三步，依据行动方案逐一解决核心问题，深化对数据的认识。 学生通过合作学习方式，以整体方案流程图、书桌设计图、设计智能算法的工作流程框图等可视化图示成果，表达对问题的理解，呈现问题解决思路形成的过程。

组内分工，组织好数据采集的先后顺序，合作完成采集数据、评估数据和"清洗"数据，优化对数据的认识。对学生的整体图像信息进行处理，获得部分学生身高、肩宽的缺失数据。在数据建模中，各组学生选择不同算法模型，建立三个变量的函数关系，分析该函数的变量，认识生成的函数其本质是"舒适身高"与"整体图像"之间的关系。不同小组选择了不同的机器学习算法，用采集的数据进行训练，以找到函数中的参数，以最小二乘法确定其中变量的系数。使用这个数学模型进行预测，最终评估选出准确度高的算法。之后，将算法和数据嵌入可升降书桌的"树莓派"平台中，形成智能控制系统，开发实物模型进行测试，对预测准确率进行判定，评估模型的问题，并加以改进。

这个完整的过程，学生经历了数据采集、图像信息转化、选择算法模型建模、选择机器学习算法进行数据训练、使用数据模型进行预测、使用数据结果评估算法的准确度等多项数据采集、分析解释与改进模型的活动。

可以看到，当学生面对复杂问题时，数据素养能够帮助他们淡化学科形式，注重问题实质，从数据探索未知的规律，从数据规律中创造性地提出解决问题的方案，发展学生的创新意识和创造力。

6.2 课例7：智慧书桌设计

主要学科：通用技术，物理，信息技术，数学。
预计课时：10课时。
授课年段：高二。
开发教师：山东省青岛第二中学张雨晴。
授课教师：山东省青岛第二中学李希宁、闫彩霞、王海华。
指导教师：山东省青岛第二中学张雨晴。

6.2.1 项目信息

1. 涉及领域/学科及核心内容

（1）**通用技术**：结构，材料，图样表达，计算机辅助绘图，建模。
（2）**物理**：电路，力学。
（3）**信息技术**：硬件编程，智能算法，机器学习。
（4）**数学**：数学抽象，符号化，模型求解。

2. 项目实施的环境和硬件要求

（1）**专业教室的需求**：网络覆盖，电源接入。
（2）**教室空间分布**：每个教室40套桌椅。
（3）**教室内的硬件及工具**：桌椅，PAD，路由器。

6.2.2 项目情境及挑战性任务

1. 项目情境

学校教学楼每一层的中央都安排了一间开放的阅览室（也称为"书吧"），学生可以在课间或者自习时间去阅读教师和同学推荐的各种资料（书籍、杂志、报纸等）。这为同学们阅读和学习提供了极大便利。书吧内空间有限，除了坐在椅子上学习以外，一些学生喜欢站着阅读，或者当阅读的学生较多时，一些学生也被迫站立阅读。但书吧内没有用于站立阅读的书架，不方便学生长时间阅读和做笔记。如果设置固定高度的站立书桌，对于身高不一的学生也不一定方便。现在市场上有一些升降书桌，可以通过手动调节设置桌面高度，但书吧内书桌使用频繁，按钮很容易损坏。

2. 挑战性任务

作为一名设计师，如何设计一个适合学生站立阅读，同时也能满足不同身高学生好的阅读体验的"智慧"书桌呢？

6.2.3　项目整体分析

1. 知识图谱

项目整体分析的知识图谱如图 6-5 所示。

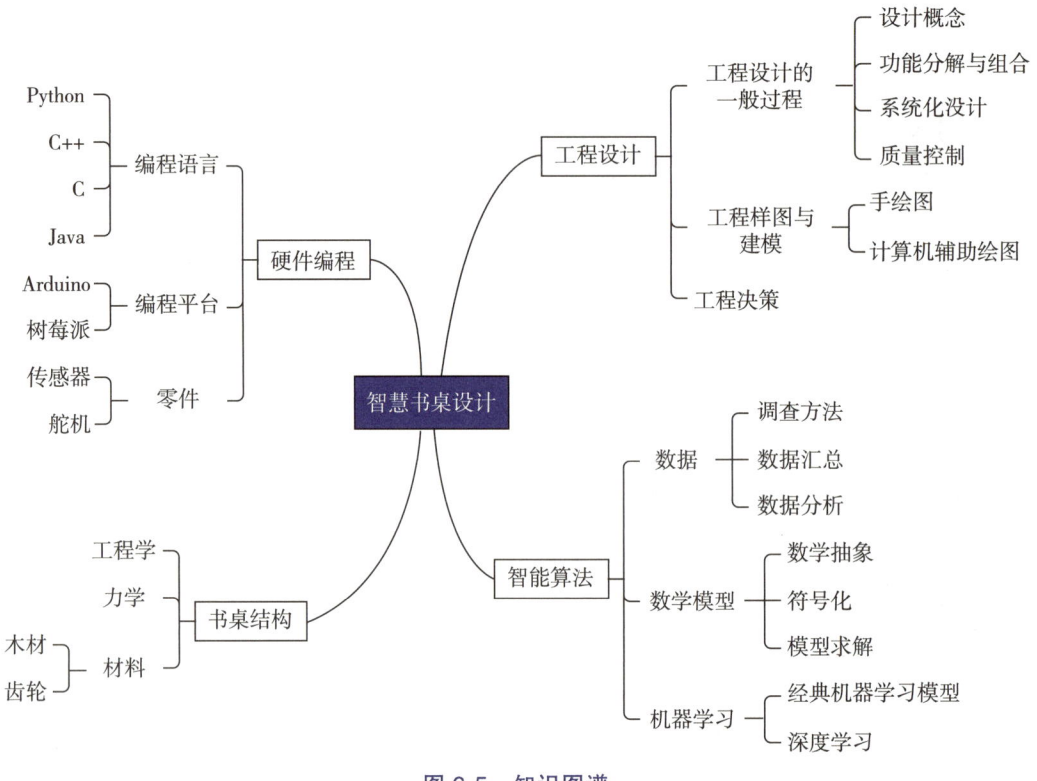

图 6-5　知识图谱

2. 问题解决路径

完成智慧书桌的设计和成品制作,需要考虑如下问题。

问题 1:怎样的书桌结构更结实,可以适应学生的频繁使用,并提供尽可能多的载重。

问题 2:如何设计工程结构,使书桌可进行高度调节。

问题 3:如何设计模型与算法,从而可根据学生的特点预测最舒适的书桌高度。

问题 4:如何将算法与硬件结合,使书桌可以自动进行高度调节。

问题 1 的解决主要涉及工程设计,需要根据工程学原理进行材料选取、裁剪和安装,使其符合基本的力学原理,此处可参考传统书桌的设计,并在传统书桌基础上进行创新。学生对该问题情境进行分析,提出设计构想,并拆解已有产品,进行逆向分析,补充现有思考,进而形成整体的设计思路,并绘制初步的设计图。

问题 2 的解决需要在问题 1 的基础上增加高度调节的功能,比如设置桌腿可以进行高度调节。为了能根据摄像头输入的信息智能调控桌面高度,并进行算法设计。算法训练过程中需要足够多的数据，所以在此之前需要寻找受访者，记录他们的图像信息，同时记录他们的身高、肩宽等数据，记录他们在进行站立阅读时认为最舒适的桌面高度，用以进行模型训练。使用机器学习算法找到最佳的预测模型，并保存下来，用于后续的硬件编程。

问题3的解决需要基于真实数据进行数据分析和建模，建立以使用者外貌（身高、肩宽等）以及舒适的桌面高度、角度为输出的数学模型。该部分需要学生综合利用数学和信息技术等知识。

问题4的解决需要学生综合利用软硬件，基于已有算法、工程设计框架及材料，编写树莓派程序，连接电路引脚、传感器、舵机等器件，使其能够自动获取使用者数据并控制书桌进行调整。

3. 学情分析

（1）前序知识经验

通用技术：工程设计的一般过程，传统机械，电子控制系统，传感器。

信息技术：Python基础操作，机器学习的概念及常用机器学习算法（线性回归、决策树、神经网络等），树莓派编程。

数学：数据收集和处理方法，数学建模的一般过程，函数。

物理：力的概念，力的相互作用。

（2）技术基础

会用使用树莓派进行简单的硬件编程，比如点亮小灯；会使用Python运行简单的机器学习算法，比如线性回归。

（3）项目学习经验

大部分学生有项目学习经验。

6.2.4 项目学习目标及阶段性学习成果设计

1. 项目学习目标

（1）通过书桌的初步设计（不含智能硬件），经历工程设计的一般流程，发展创新思维，体会工程思维；在实践过程中深入理解物理学科的重要概念，如应力、弹力、力的相互作用，以及速度、位移等；建构"运动与力的相互作用"的学科核心概念。

（2）通过数据的收集与处理，能够运用分层抽样的方法，能够进行数据清洗与描述性统计；能通过选择机器学习算法进行训练，建立数学模型（机器学习模型），提升数据分析和建模的能力，发展计算思维。

（3）通过运用智能硬件的基本原理，将算法嵌入智能硬件，使智能硬件系统可以控制桌面的调整，提升运用数字技术进行物化的能力，促进对软硬件系统的认识，拓展在智能硬件平台（树莓派）上的编程能力。

2. 阶段性学习成果

阶段一：具有角度和高度调节功能桌面的初步设计。

阶段二：收集尽量多的数据，选择合理的数学模型和算法，能构建起输入与输出之间的关系。

阶段三：智慧书桌的设计与搭建，实现自动升降功能。

6.2.5　STEM 项目学习整体规划

STEM 项目学习整体规划见表 6-1。

表 6-1　项目学习整体规划

总挑战性任务	子任务/核心问题	问题链（串）	核心知识/关键概念/跨学科概念	核心素养（包含学科/课程核心素养）
智慧书桌的设计	工程设计	设计用于阅读的桌面需要考虑哪些要素？应遵循怎样的原则 桌子的整体形态如何 需要选取哪些材料 如何让桌面可升降、倾斜角度可调节	工程设计思想 工程样图 设计要素 系统思想	工程思维 创新设计 物化能力
	数据收集及建模	需要采集哪些数据？采用怎样的数据收集方法 如何对数据进行处理？数据有哪些统计特点 如何基于数据构建数学模型表示输入与输出的关系？什么样的模型更适合该问题 数学模型的准确度如何？有没有进一步改善的方法	调查方法 数据收集预处理 数据建模 信息处理 计算思维	数学抽象 数据分析 数学建模
	智能控制系统设计	如何将算法导入到智能硬件中 需要安装哪些传感器？如何将传感器信号转化为机器学习模型的输入 如何设计控制系统使书桌能智能调节	机器人 电子控制系统 单片机 传感器	信息意识 技术意识 工程思维 创新设计 物化能力

6.2.6　STEM 项目的实施过程

1. 项目情境及挑战性任务

（1）项目情境

学校教学楼每一层的中央都安排了一间开放的阅览室（也称为"书吧"），如图 6-6 所示。学生可以在课间或者自习时间去阅读教师和同学推荐的各种资料（书籍、杂志、报纸等)。这为学生阅读和学习提供了极大便利。书吧内空间有限，除了坐在椅子上学习以外，一些学生也喜欢站着阅读，或者当阅读的学生较多时，一些学生也被迫站立阅读。但书吧内没有用于站立阅读的书架，不方便学生长时间阅读和做笔记。如果设置固定高度的站立书桌，对于身高不一的学生也不一定方便。现在市场上有一些升降书桌，可以通过手动调节设置桌面高度，但书吧内书桌使用频繁，按钮很容易损坏。

图 6-6　书吧

（2）发布挑战性任务

如何设计一个适合学生站立阅读，同时也能满足不同身高学生好的阅读体验的"智慧"书桌呢？

（3）问题拆解

小组合作可以集思广益，采用头脑风暴的方法发现更多有创意的想法。原始问题往往比较笼统，需要对情境进行简化，提炼出核心问题，并将核心问题拆解为几个子问题，以便于解决。

小组合作分析问题，将问题拆解为几个子问题，提出解决子问题的思路，并记录下来，见表 6-2。

【点评1】做好问题拆解与规划解决过程，有利于学生始终聚焦在数据采集和处理、使用的不同场景和不同方法，深化对数据的认识，提升数据素养。

表 6-2　问题拆解表

核心问题	子问题	解决思路

通常，学生在随意提问中不容易提出有深度的关键问题，有的只

考虑到升降，有的考虑到了桌面的材质，没有聚焦在最需要解决的问题上，所以教师要引导学生认真阅读情境和挑战性任务，除了使用"5W1H"的方法提问，更要找出情境任务中的关键词，基于关键词进行大量的提问。例如：阅读室、现有可升降书桌、设计师角色、不同身高的学生、读书的舒适高度、智慧书桌等关键词，可以引导学生快速多角度地提出问题，再将问题进行归纳、排序、组织，找出若干重要问题。

之后，各组学生分别介绍自己小组对问题的拆解，其他小组可以参考借鉴，并更新自己小组的问题拆解，最后达成共识，明确待解决的多个重要问题，提出的问题中有的也会聚焦在问题解决思路上。表6-3是核心问题拆解出来的子问题。

表 6-3 问题拆解结果

核心问题	子问题	解决思路（大方向）
如何设计一个适合学生站立阅读，同时也能满足不同身高学生好的阅读体验的智慧书桌	如何设计工程结构，使书桌可进行高度调节	安装可调节高度的桌腿
	如何设计模型或算法，可以根据学生的特点，来预测最舒适的书桌高度	使用机器学习算法在数据集上寻找输入与输出之间的关系
	如何将算法与硬件结合，使书桌可以自动进行高度调节	使用树莓派编程，利用传感器作为输入、驱动设备作为输出，进行高度调节

（4）规划问题解决过程

经过问题拆解，聚焦三个核心问题，确定问题之间的逻辑关系后，小组内讨论如何规划问题解决过程。明确了问题和统筹相关资源以及明确限制条件后，需要设计行动的整体方案，需要使用智能工具收集数据。收集之前要讨论确定数据的类型和数量，然后选择算法进行数据分析，搭建智能控制系统将分析结果用于硬件编程，形成可运行的软硬件控制系统。再进行模型制作与调试。模型需要包括一个带升降功能的桌子模型、智能控制系统。测试模型时，要进行观察以及数据的采集分析，找到问题，进行改进优化。最后，对解决方案进行展示交流、整体评估，针对通过的方案模拟产品运营管理。

组间交流与完善，将上述问题解决过程用图6-7所示框图形式呈现，说明阶段性目标和成果，以及所需设备与人员，便于进行项目学习的过程管理。

【点评2】做好设计算法的工作流程，始终与数据建立紧密联系。

第6章 高水平的数据素养

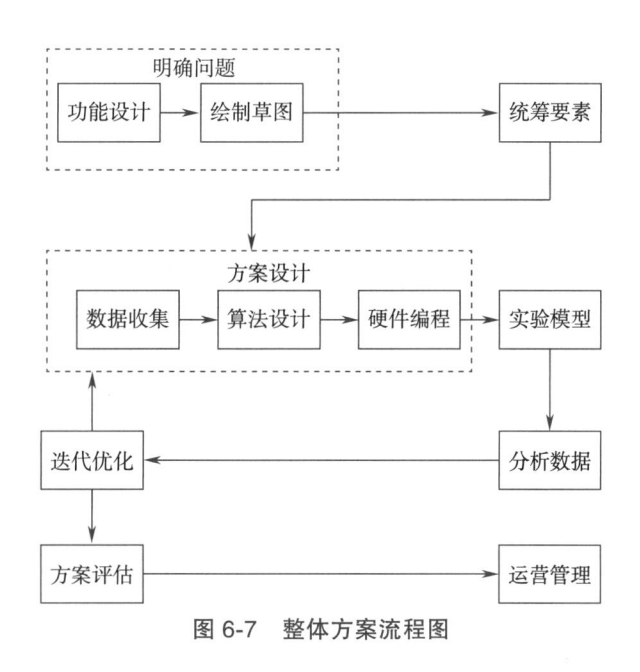

图 6-7 整体方案流程图

2. 统筹要素

小组成员讨论分析得出问题解决需要的具体实践是在树莓派中嵌入机器学习算法自动调节桌面高度，引导学生整理出可用的资源和限制性条件，从设备、材料、知识技能等方面进行资源的统整。

（1）可用资源

所需设备：树莓派、计算机、焊接等通用技术设备。

材料：板材、齿轮等。

（2）限制条件

知识技能：数据采集与分析、机器学习、Python 编程、电子电路系统搭建、树莓派编程等。

项目成本：智能控制系统组件、软硬件、可升降书桌子，成本需要在可控范围内。

项目交付时间：项目目标、项目进度管理。

3. 设计方案

（1）绘制方案草图

组内成员先各自独立、快速形成解决方案，以草图形式进行组内头脑风暴，说明想法，并进行组内评估，选择确定或整合形成一个大家认可的解决方案框架，以小组为单位绘制方案草图。草图可以手绘，也可以用计算机绘图，表达清楚即可。如图 6-8 所示是某组学生的草图，主要关注了升降桌腿、摄像头、高度传感器、控制系统，对动力系统的关注较少。

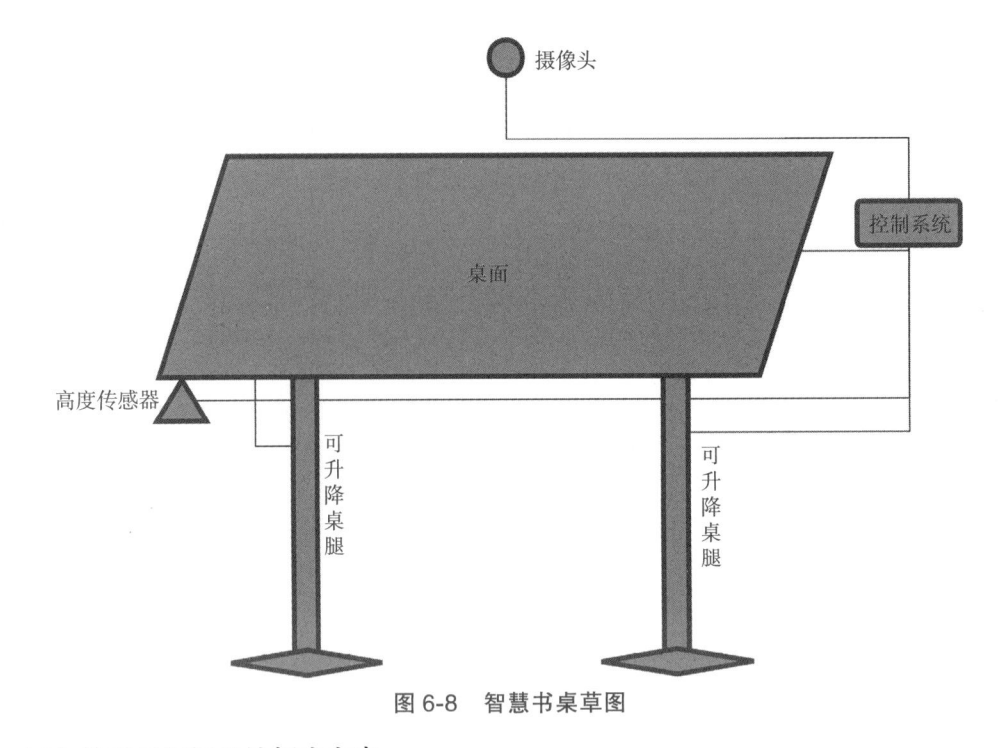

图 6-8　智慧书桌草图

（2）针对子问题设计解决方案

根据小组拆解的三个子问题进行问题解决方案设计，其中子问题 2 与 3 可以进行整体设计，明确方案进行具体化设计时首先要有使用者的大量数据，来设计智能控制系统，让最终的产品能够快速识别使用者的身体特征，根据需求做出升降处理。

1）设计智能算法的工作流程。为了让智能算法设计的工作过程清晰、简洁、系统，引导学生讨论、规划一个工作流程框图。学生提出了尽可能多的具体工作内容，之后进行归纳、整合、排序，形成大家认同的工作流程，绘制形成如图 6-9 所示工作流程图，以便在设计智能算法的过程中始终聚焦关键环节。

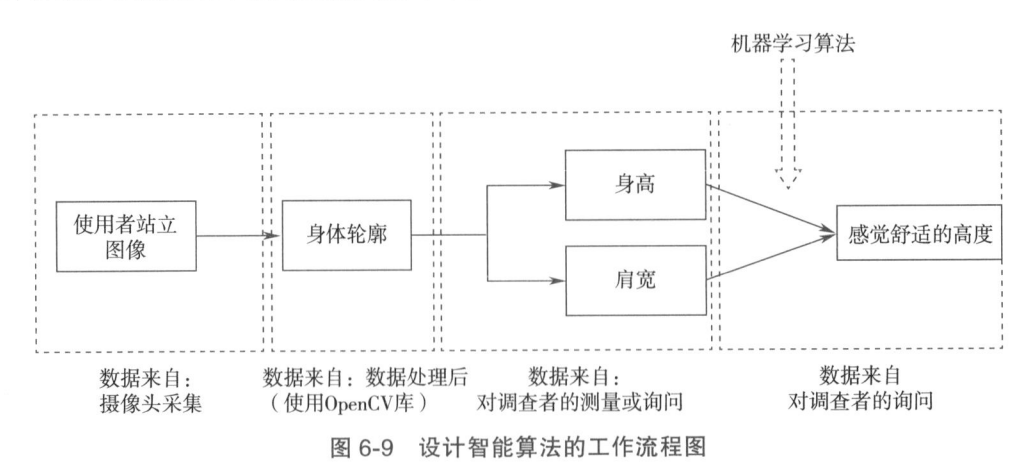

图 6-9　设计智能算法的工作流程图

经过小组研讨，确定主要需要做的工作有：对使用者身体特征和书桌高度的数据进行采集；设计智能算法确定二者之间关系模型，应用模型获取不同使用者的特征，输出书桌高度值，通过智能控制系统进行自动调节。再经组间交流，将上述工作过程绘制成设计智能算法的工作流程图。首先通过摄像头设备采集使用者的图像，在之后的实践中发现，这个摄像头与后面硬件编程采用的摄像头图像要一致，否则无法训练获得准确的机器学习模型。

【点评3】学生经历完整的数据采集、评估、过滤的过程，提升对数据的认识。

2）**进行数据采集**。学生把需要采集的数据分为输入数据、输出数据，输入数据是指使用者的身体特征数据，比如身高、肩宽等；输出数据是合适的书桌高度。讨论了如何采集数据后，决定前者数据通过测量获得，后者数据以测试、调研反馈获得。在采集时，以随机抽样的方法对进入书吧的学生进行数据采集，并确定人群数量为100人。

建议：学生最好在项目之前了解机器学习算法，并熟练掌握Python编程。

采集的输入、输出数据见表6-4。

表6-4 输入数据和输出数据

输入数据： 使用者书桌前站立图像数据 身高 肩宽 性别 年龄 输出数据： 使用者感觉舒适的桌面高度

在采集数据时，组内分工，提前计划以提高数据采集效率。开始进行采集时是人工采集，学生很快意识到效率低下，讨论后决定使用连接摄像头的树莓派进行采集，见表6-5。

表6-5 采集使用者数据

项目名称：采集使用者数据 地点：书吧 时间：课间或晚自习 设备：连接摄像头的树莓派、卷尺 组员1：负责摄像头的安装、调试、保存，指导使用者在合适的位置站立和拍照 组员2：记录使用者的身高、肩宽，询问使用者感觉舒适的位置 组员3：引导使用者，向使用者介绍项目并咨询和记录使用者对项目的建议

收集的数据是使用者图像和舒适书桌高度的数值，经过数据处理程

序，可以形成数据收集表，见表 6-6。

表 6-6 数据收集表

编号	身高 /cm	肩宽 /cm	桌面高度 /cm
1	161.7	36.4	129.4
2	179.9	40.5	143.9
3	178.4	40.1	142.7
4	187.2	42.1	149.8
5	181.2	40.8	144.9
6	168.2	37.8	134.6
7	166.1	37.4	132.9
8	155.2	34.9	124.2
9	160.7	36.2	128.6
10	167.9	37.8	134.3
11	171.7	38.6	137.4
12	162.6	36.6	130.1
13	175.8	39.6	140.7
14	164.7	37.1	131.8
15	170.1	38.3	136.1
16	167.9	37.8	134.3
17	180.4	40.6	144.3
18	168.2	37.8	134.5

采集、处理数据后，小组之间针对采集的数据进行交流、评估，发现在实际采集过程中，不同类型的数据起到的作用可能有交叉、重叠。还发现在具体实施过程中，有的数据采集难度较大，需要与真实场景相结合，厘清并组织好数据采集的先后关系。

所以，采集数据的过程使学生认识到数据类型、数量、采集方法等都会对数据间的关系产生影响，需要不断优化对数据的认识。

3）进行智能算法设计。智能算法可以有多种设计角度，这个项目中采用了数据建模的方式，这里以学生选择的一种设计方案过程为例。

先将数据采集获得的图像信息通过一个程序进行图像识别的处理，获得该使用者的轮廓，进而得到其身高、肩宽数据。再通过机器学习的算法模型找到身高、肩宽与书桌舒适高度之间的关系，形成函数：舒适桌高 =f(身高，肩宽)。

再分析这个函数中的变量，发现因为身高、肩宽是从使用者图像中推算而来的，从而认识到这个函数的本质实际是"舒适桌高"与"使用者图像"之间的关系：舒适桌高 =g（图像）。

接着要选择一种机器学习算法，使用前面随机抽样采集的数据进行训练，找到上述数学模型中的参数。可用的算法包括：多元线性回归模型、决策树模型、K 近邻模型、神经网络模型等。

以选择了多元线性回归模型的小组为例，学生找到的参数是桌高、使用者身高、肩宽，还有一个常数项及两个变量的系数 w_1、w_2，最终建立了下面的模型：舒适桌高 = w_1× 身高 + w_2× 肩宽 + 常数项。

再通过最小二乘法获得最佳系数 w_1、w_2。

不同组的学生选择了不同的机器学习算法，就形成了不同数学模型在数据集上的不同预测结果，将这些结果进行比较，判断哪个准确度最高。最终选取了准确度最高的智能算法模型部署在硬件中。

4）进行硬件编程。最终智能控制的实现要依赖电子控制系统的设计。将算法嵌入在硬件智能硬件平台——树莓派中，再由树莓派统一协调输入、输出，进而控制桌面的升降。

在树莓派平台下，传感器负责接收输入，其中两个重要的输入分别为摄像头和位置传感器，前者用于收集使用者的数据，后者用于检测桌面的高度。

输出主要为舵机的控制，使用舵机控制齿轮旋转，再由齿轮移动桌面，使其达到机器学习算法预测的指定高度。

4. 制作与测试模型

针对前述设计方案进行模型的制作与测试。搭建树莓派控制系统，嵌入已经训练成功的智能算法，二者结合之后，安装在模型书桌的桌面前侧中央位置（方便与其他零件连接，其他合适的位置也可以），然后进行测试。

测试中各组学生互为测试者进行数据采集，运用智能算法输出多组预期高度，然后与智能控制系统输出指令后桌面升高的实际高度做对比，若差值不大，则调试成功；否则返回调节算法或者程序，直到达到满意的控制效果。

学生完成搭建和模型测试后，装配样品如图 6-10 所示。

【点评4】基于测试数据分析寻找模型结构问题、算法问题、程序问题，有利于促进学生提升基于证据的分析、推理、论证的能力。

5. 分析数据与迭代优化

学生结合调试时观察到的现象，结合测试模型时获得的数据，进行分析、推理、论证，发现可能的原因，及时进行优化。

（1）**设备无法正常运行**。可能是传感器与控制器之间连接错误、控制器与输出设备连接错误，或者控制器设置参数存在问题，需要逐一排查，进行改进。

（2）**调节到的高度并非理想高度**。引导学生认识到输出的结果出现这种情况很常见，算法并没有给出准确预测，认识到算法往往无法达到百分之百的准确度，预测存在误差是正常的。但是预测的准确率也不能太低，否则解决方案就是不成功的，需要重新反思、优化改进。进而引发思考与讨论，如果准确率不是凭经验确定的，那么应该如何判断？促使学生共同学习常用的评估模型准确度的方法作为判决系数（R^2值），其计算公式如下：

图 6-10　装配样品

$$R^2 = 1 - \frac{\sum_i (\hat{y}_i - y_i)^2}{\sum_i (y_i - \bar{y})^2}$$

其中，$\hat{y}_i$是预测值，y_i是实际值。R^2值越大，预测效果越好。

准确率低的原因可能来自样本量不够、模型不合适，对应的调整方法就是增加采集的数据，以及对数据进行进一步挖掘，找到更有预测力的特征或者算法。

（3）**调节速度缓慢**。这个问题可能与输出设备的型号有关，也可能与硬件中的算法参数设置有关。所以需要继续选择其他型号的设备进行对比分析，还要重新调整硬件中嵌入的算法中的多种参数，进行输出结果的对比，找到最佳参数设置值。

6. 方案评估与运营管理

学生以小组为单位进行展示交流，回顾项目任务解决的完整过程，分享对智能算法设计的理解，反思以树莓派硬件控制系统实现项目目标的关键问题，重点介绍本组设计的智能算法有哪些独到之处，并以一份产品说明书指出本组产品的优点，见表6-7。组间对产品进行互评,并基于建议进行改进设计。

表 6-7　产品说明书

产品名称:
产品示意图及要素编号:
产品功能:
故障排除:
其他:

6.2.7　综评

课例"智慧书桌设计"是以学校图书馆阅读桌的不便利而提出来的,来源于学生的真实生活,吸引了很多学生参与持续的问题解决,并主动进行新知识的学习,运用到问题解决中,对于高阶思维发展有积极作用。

这个课例从发布挑战性任务开始,通过收集、征集学生的大量问题,教师引导学生聚焦核心问题,提炼出三个重要的子问题,并组织、规划了问题解决的先后顺序和过程。难能可贵的是,学生通过讨论、分组交流、分析判断,达成问题解决流程的共识,形成整体方案流程图,清晰明了,对项目实施过程和阶段性成果一目了然,既有利于项目学习的高效实施,又可以用于小组自主检验是否达到阶段性结果的标准,便于自主监控小组的进度和产出。

在不断深入的讨论中,学生认识到,首先要明确升降书桌的结构和升降功能的实现方法。其次需要知道如何让书桌自动感知使用者特征,并判断书桌升降程度,因此需要进行数据收集,要确定收集哪些数据。接着需要进行数据处理,学习用哪些算法能将采集的数据进行处理。紧接着,发现不可能对全校学生进行全样本采集,只能通过抽样采集数据,将数据处理结果用于自动采集数据的算法。之后进行机器学习训练,这就要知道可以选择哪些算法来得出算法模型。最后,把算法嵌入书桌模型使用的控制系统中进行测试,对更多的数据进行进一步分析,以调节算法或程序。一个高挑战性的任务,通过头脑风暴、自主学习研究,积极调用已有知识与新知识建立联系,规划的工作方案和工作流程越清晰,对数据分析得越透彻,对数据的作用认识得也就越深刻。

在任务之初,学生就已明确目标和需要的数据,以及数据处理,因此,在每个环节都以数据为中心,以算法为工具,以模型为载体,有利于形成高水平的数据素养。

建议此类项目不仅要规划项目进度,更要将评价与之相辅相成,通过评价来促进学生不断进行反思性活动,从反思中认识数据观的自主建立过程。

第7章 有效的模型建构

7.1 导引7：有效的模型建构促进高阶思维的发展

《义务教育科学课程标准（2022年版）》以及学科课程标准指出，从小学开始，学生需要通过开发模型、分析和解释数据、参与证据论证和评估信息来进行批判性思考和科学推理。这些能力可以迁移在其他学科中学习和使用，也可以迁移到现实世界中，帮助学生成为负责任的公民，能够在各种重要问题上做出理性决策。

模型和建模是科学教育中科学与工程实践的重要内容，也是理科课程标准规定的重要内容。《普通高中化学课程标准（2017年版2020年修订）》中把学生建立认知模型、运用模型解释化学问题的要求列入"证据推理与模型认知"学科核心素养中，这与STEM项目学习中"开发与使用模型"这类科学与工程实践活动的目标是一致的，需要学生构建模型来设计、测试和改进问题解决方案，体验以模型进行交流、推理、权衡与决策，以及在多次反思性活动中，深化科学概念的理解，优化问题解决思路，具备系统观，发展批判性思维和创新思维等高阶思维[18]。

7.1.1 STEM项目学习中常见的模型建构

模型是对复杂事物的简化表征，有实物、观点、概念、过程、系统等不同类型，在STEM项目学习中，模型通常用来提供解释、预测现象的因果关系、说明系统中各个组成要素之间的关系以及运行机制，一般有科学概念模型、数学模型和实物模型三种常见模型。科学概念模型包括了与自然科学相关的知识、原理与规律等形式，实物模型包括图纸、图标、地图、三维立体结构、物理比例模型、计算机模拟等形式，这些模型会展现出系统的重要组成部分和关系，可以帮助学生更深入地理解科学的本质。

模型建构是动态过程，通常包括构建、应用、分析评估和优化等过程，这个过程需要学生承担STEM项目中的设计师或工程师角色，对问题情境和需求进行分析，从不同角度审视工程项目任务或问题，产生想法和构思，结合前序科学知识、工程经验和生活经验，提炼出任务中关键的科学问题，并通过探究实践形成科学概念模型，能够说明和解释假设与预测。随之将科学模型通过数学工具建立数学模型，进行分析与计算，对科学概念模型成立与否进行推理论证，如果成立则可以设计、搭建实物模型或仿真模型，进行测试、评估与优化；如果不成立，则可能需要回到项目任务的情境，重新进行分析、提炼科学概念模型和数学模型，也可能需要以模型的测试数据结合科学规律进行进一步的分析，针对实物模型的各个组成部分之间的关系进行逐一评估，找到问题进行改进，如图 7-1 所示。

以课例"旋转椭球体的奥秘"为例，为了解决"杰尼西亚的耳朵"难题，以声音的传播原理为科学概念模型提出猜想，将关押囚犯的山洞抽象为一个三维的椭球体，设计、制作实物椭球体模型

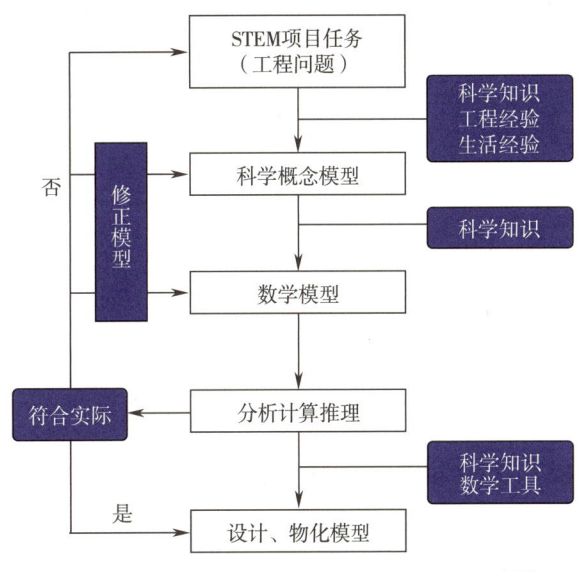

图 7-1　STEM 项目学习中的常见建模过程[19]

进行交流，用 GeoGebra 软件作为数学模型计算和论证的工具，通过分析证明猜想，说明解释问题的本质原因，为"囚犯们"的计划提供解决方案。

因此，科学概念模型可以帮助建立起对于自然现象的解释和理解，超越了人类可观察或者想象的界限。实物模型帮助分析模拟系统的缺陷，测试可能发生的情况，改进和提升系统的缺陷，从而解决问题。

7.1.2　有效的模型建构支持高阶思维的发展

高阶思维是一种系统的思维模式，体现为学生能够在一个新情境下具备思考和推理的能力，这是基于学生能够将系统性的认识，如科学概念、规律、思想方法等，内化到认知当中，依据新任务或问题进行调取和使用的能力。因此，前序知识经验是问题解决的基础，学生依据真实情境的任务进行问题情境的分析，在新旧知识间建立联系，对不同维度的信息进行综合，不断调整认知结构，在此基础上产生创新性的认知。

因此，STEM 项目学习中应该设计有效的模型建构任务，引导和支持学生通过分析、综合和创造，不断拓展知识和概念，在基于模型进行的交流讨论中修正、重构知识之间的联系，在基于模型的反思性实践活动中，在前序知识经验和新信息之间建立关联，从而处理不确定性的情况或者解决没有特定答案的问题，最终形成对此问题的整合性、创新性的

认识，促进学生发展高阶思维发展。

以课例"旋转椭球体的奥秘"中的建模过程为例。

首先，以类比思维将前序知识经验与问题情境建立联系，界定问题，形成科学概念模型。

在问题情境中，关在山洞里的囚犯们商量逃跑计划时总是被山洞中另一个屋子里的狱卒发现，但囚犯中并没有告密者，这是为什么？后来那个囚犯是怎么发现问题的？能不能找出更好的办法商量计划？学生对问题情境中的关键点进行分析，类比天坛公园回音壁的声学原理分析，知道声音发出后，在某个角度以内的声波不全发散，一直沿曲面经多次反射传给听者。天坛公园里的墙壁非常坚硬平滑，声音在墙壁上反射几乎不受损失，所以传到听者这一端的声音仍然很响。进而提出猜想，囚犯们在商量逃跑计划的时候，声音可能通过山洞墙壁的反射传到了狱卒耳朵里。

为什么能刚好传到狱卒所在的位置呢？通过研究山洞的空间构造，发现山洞的形状并不像天坛的墙壁那样围成圆形，声音可以在曲面上多次反射，而是一种像橄榄球一样的椭球体形状，从而继续将问题聚焦于椭球体，从数学角度认识椭球体的特征。进一步提出新的猜想：椭球体有两个焦点，囚犯和狱卒所在位置刚好在这两个焦点处，两个焦点与椭球体球面上的任意点形成的夹角就是声波反射角，满足声波反射定律。

之后，选择简单材料，设计和搭建椭球体的实物模型，以光的反射实验类比声音的反射，检验上述猜想的合理性。

学生设计、绘制旋转椭球体的三视图，合作动手搭建简易立体模型，设想在椭球体球面上粘贴一小块镜面，将激光从一个焦点处发射向镜面，观察光线反射的位置是否在另一个焦点。开发实物模型的过程中，学生会类比已有的椭圆知识，从三维立体角度认识椭球体，认为椭球体是无数个相同数学特征的椭圆叠加而成的一个球体，椭圆的焦点特征在椭球体上是成立的。通过讨论交流，以波的物理规律将声波类比光波，使用光的反射定律对椭球体的焦点反射进行验证，推理声波的反射是成立的。

接着，使用 GeoGebra 数学工具设计、构建椭球体虚拟模型，模拟真实空间特征，验证前述猜想，给出解决方案。

在 GeoGebra 中采用多种模拟方法验证猜想，比如在椭球体上选择球面定点做切面，模拟声波的反射；或在椭球体中经过两个焦点做切面得到一个椭圆，在椭圆中进行调参模拟；或通过椭圆模型进行数学推导，也可以得到证明。基于此结论，给囚犯们提出一个更换囚室的方案，或者，更精准地指出哪些位置不会出现这种现象，在那些位置进行交流，可以避免被发现。

在课例中，学生依次递进地构建科学概念模型、实物模型和数学模型，从猜想到证明，从分析到推理，从实物模型的定性分析到仿真模型的验证、数学模型的严格推导，学生多次运用类比在新旧知识之间建立联系，在椭圆的基础知识上发现椭球体的新特征，在展示交流中能向他人强调椭球体的特定数学特征，从"杰尼西亚的耳朵"问题解决中形成了新的知识结构。

如上，在 STEM 项目真实情境下的挑战性任务中，学生通过合作性的建构式学习，经历猜想、推理、论证、计算与分析、交流研讨，进行有效的模型建构，对复杂的问题进行多角度认识，形成创造性解决方案，发展了高阶思维。

7.1.3 多样化教学策略引导有效模型建构

STEM 项目学习一般以 NGSS 提出的八种科学与工程实践活动来设计学生的学习路径。NGSS 中对于 9~12 年级的高中生提出了"开发与使用模型"的学习进阶要求，具体内容如下：

在 K-8 年级经验的基础上开发与使用模型，要求进一步应用、综合、开发模型以预测并表达出不同系统的变量与自然、人工世界的各组成要素之间的关系。

（1）评估两个不同模型对于所要表达的工具、过程、机制或者优势与不足，能选择或完善一个模型，使其成为适合项目标准的"最优"方案。

（2）能够设计一个模型测试方案，确定模型的有效性。

（3）基于证据完善一个模型，并应用模型描述和预测不同系统或某一系统各个组成部分之间的关系。

（4）开发与使用多种模型以解释系统的运行机制、预测现象，评估不同模型优势与不足，并选择一个适切的模型。

（5）开发一个复杂模型，以操作、检验一个过程或一个系统。

（6）开发与使用一个模型，对形成的数据进行分析，以解释、预测现象，或分析系统问题并加以解决。

STEM 项目学习主要针对一个项目任务或问题，需要学生能够做到完善、评估与使用已有模型，或者开发、使用、评估一个新模型以预测现象和检验一个系统。"开发与使用模型"能够促进学生理解抽象的科学概念和规律，有助于学生自主建构更多的概念间联系，主动建构立体化知识结构，不断以反思性活动形成问题解决思路，在复杂的模型建构过程中发展高阶思维。

教师通常需要多样化教学策略引导学生进行有效建模。例如，外显科学概念、规律、思想方法等背后隐藏的科学模型；引导学生借助信息技术展示模型建构过程，直观、形象地认识科学概念和规律；激发学生主动开发实物模型和仿真模型，基于模型进行可视化表达；以学生自主发现的高水平问题为驱动创造性开发模型等教学策略，都可以提高学生模型建构的能力和开发模型的有效性。

在课例"给车安上一双眼睛"中，挑战性任务是"设计智能车辆控制系统，以传感器等硬件与智能算法软件相结合为车辆安上一双眼，让车能够发现障碍物并完成避障"。这是一个典型的利用信息技术手段进行建模与测试、调试的高挑战任务，学生即将开发一个复杂模型来实现项目目标，教师采用了多种教学策略支持学生自主合作学习，来构建模型、调试、分析和优化。

首先，引导学生基于已有科学与技术的知识经验进行任务分解，形成清晰的问题解

决流程。依据《STEM 与工程思维》一书中改编的 CDIO 工程教育模式，引导学生在面对如此复杂的挑战性任务时，头脑风暴提出大量问题，创造性地形成"**分组团队建设——明确问题——统筹要素——设计方案构建模型——新知探索——完善方案与模型——测试模型——分析数据——迭代优化模型——评估方案——延伸设计**"的问题解决流程，明确在 STEM 项目学习中构建模型、完善模型、测试模型、优化模型等开发与使用模型的环节。促进学生在建模过程中学习和应用新知识，不断关联已有认知，对问题解决思路方法进行有效迁移。同时为了保障项目的顺利实施，教师设计、准备了有利于 STEM 项目学习的环境、硬件、材料、线上课程和资料等学习资源。

其次，**以游戏化学习方式促进学生快速认识车辆感知危险的复杂性，明确构建模型的关键问题**。教师团队研发了"角色扮演"的头脑风暴法，设计了 5 种不同角色还原交通事故的场景卡、5 种行驶场景卡、7 种事故信息卡（并做了冗余设计，预留两种卡以备更多需求），学生通过游戏规则抽取 3 种卡完成游戏任务。组内成员以车辆设计师身份分析事故原因，讨论车辆提前感知危险的装置或提前响应的方法，填写方案设计卡。至此，一个游戏环节结束。学生在游戏过程中可以以多种角色观察、分析、解释、说明交通事故现场的问题，以明确车辆已有的感知危险方案及不足，合作分析、讨论评估可能的方案。这样的游戏化学习方式，将一个复杂系统的多样化影响因素建立了明确的关系，促使学生快速认识和明晰了为危险感知系统和智能控制系统开发模型时，可能需要解决的关键问题。

再次，**以复杂度和难度逐级递进的多项任务，促进学生自主构建方案与模型，经过多轮次分析，评估解决方案，不断优化改进，实现模型功能多元化**。将学习新知与多功能设计相结合，在自动驾驶方案设计的任务驱动下，从单一传感器到多传感器融合测距，以教师直接讲授、学生自主学习、动手实践、观察实验现象、绘制系统工作流程图等多种信息提取整合与应用实践的教学策略，协助、支持学生搭建新旧知识之间的桥梁，形成初步方案和单一功能的简单模型。在无人驾驶的智能控制方案设计的任务驱动下，学习、评估 3 种方法，从与超声波传感器相融合和匹配的角度，选择合适的智能控制方法来优化方案，选择硬件与材料，搭建小车模型，实现小车的智能控制。引导学生在开发模型的过程中，以多次反思性活动审视、评估每一个解决方案与模型的有效性，不断将模型功能从单一形式发展为多功能协同。

以上任务都需要学生以小组形式进行高效合作、有效互动，共同评估信息，权衡、选择项目任务的解决方法，形成本组特色解决方案和模型。

最后，**在测试迭代模型的学习任务中，教师以引导和支持的方式促进学生不断评价、反思、优化模型**。教师针对学生的设计及优化后的方案，以专家角色提出两个重要问题，"智能控制的空间范围"和"如何控制避障"，引导学生将模型的功能进行细化和技术实现，并进行测试、调教。引导学生对测试数据进行分析，从车辆结构、多传感器协同和控制系统中找到模型中的问题，完善控制程序，提高控制系统的性能。支持学生在模拟道路中测试模型时使用控制程序源代码，匹配小车模型的特征，进一步完善模型的性能。

7.2 课例 8：旋转椭球体的奥秘

主要学科：地理，物理，信息技术，通用技术，数学。

预计课时：7 课时。

授课年段：高三（高二年级也可以开设）。

开发教师：湖南省永顺县第一中学王菊香、麻秋霞，湖南省永顺县大坝九年制学校张虎臣。

授课教师：湖南省永顺县第一中学王菊香。

指导教师：湖南省湘西土家族苗族自治州教育科学研究院杨军，清华大学附属中学申大山。

7.2.1 项目信息

1. 涉及领域 / 学科及核心内容

（1）**地理**：人文地理。

（2）**物理**：声波反射定律。

（3）**信息技术**：软件 GeoGebra 的基本操作，设计制作椭球体、椭圆。

（4）**通用技术**：设计图，手工折纸。

（5）**数学**：数学抽象，符号化，逻辑推理，椭圆，椭球体。

2. 项目实施的环境和硬件要求

（1）**专业教室的需求**：多功能录播室和信息技术的机房。

（2）**教室空间分布**：教学区、自主学习区（制作作品区）、作品展示区。

（3）**教室内的硬件、材料及工具**：多功能多媒体录播室、五台笔记本电脑、多张 16K 画纸、多张圆形彩色纸、三角板、直尺、铅笔、橡皮擦、水彩笔、草稿纸、多枚磁扣、20 米铜线、4 把钳子、毛线、彩纸、双面胶等。

7.2.2 项目情境及挑战性任务

1. 项目情境

传说很久以前，意大利西西里岛叙古拉帝国暴君杰尼西亚把他的囚犯关在一个山洞里，囚犯们多次密谋逃跑，但是每次计划总是被杰尼西亚发现。起初，囚犯们以为是狱友中有内奸，他们互相指责、怀疑、私下调查，始终没有发现任何一个囚犯告密。于是，囚犯们把这个山洞诅咒为"杰尼西亚的耳朵"[20]。

2. 挑战性任务

为什么在这个山洞里，狱卒能听到囚犯们商量逃跑计划的声音呢？请为他们设计一个解决方案，让狱卒再也听不到他们的计划。

7.2.3 项目整体分析

1. 知识图谱和问题解决路径

知识图谱和问题解决路径如图 7-2 所示。

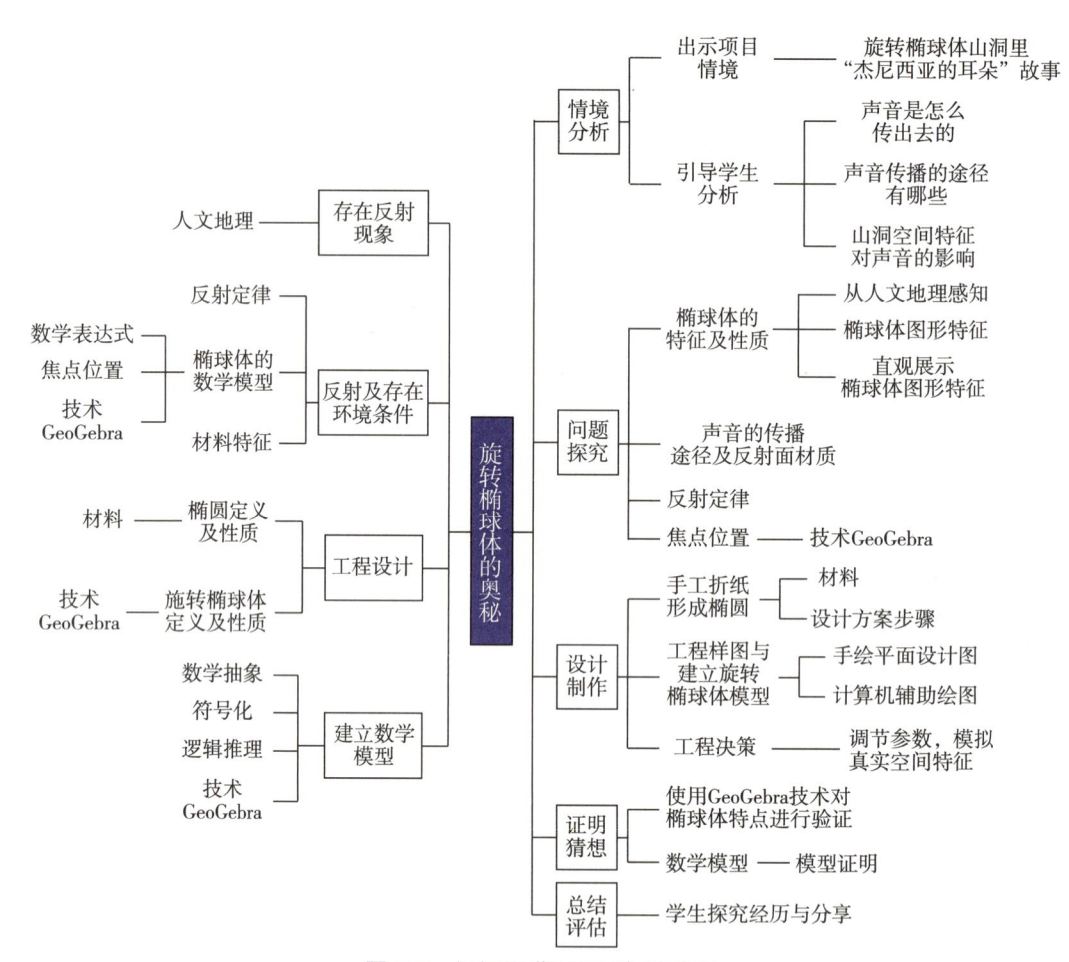

图 7-2 知识图谱和问题解决路径

2. 学情分析

学习者是高三的学生，虽然涉及的各学科知识都已经学习，但是融合起来学习是第一次，特别是技术和工程思维意识的培养，软件 GeoGebra 的灵活应用和创新较难；用数学知识证明其原理难度较大；手工设计合理的图纸和制作好旋转椭球体模型难度大，材料的选取和结构的精准是最大的困难。因为手工制作选取材料有限制,需要增加计算和仿真模型的设计与调试。

7.2.4 项目学习目标及阶段性学习成果设计

1. 项目学习目标

(1)通过探究旋转椭球体山洞的特征,提出声波反射定律的猜想,并以天坛回音壁的现象进行类比分析,找到问题的科学原理,体现科学精神。

(2)通过使用软件 GeoGebra 仿真模拟椭球体,提炼旋转椭球体的定义及性质,并与椭圆的定义及性质进行类比关联,抽象出数学问题,推理证明声波猜想,拓宽解决问题的方法,发展抽象能力、建模能力和逻辑推理能力,认识数学将工程与科学融合起来的重要作用。

(3)通过绘制旋转椭球体的三视图,制作旋转椭球体模型,并类比光波反射原理,进行验证,解释自然现象,发展科学素养。

(4)学生在分工协作中,通过有效合作与交流、协作设计与实践,提出猜想并进行多角度探究与推理论证,提升合作交流能力和问题解决能力。

2. 阶段性学习成果

(1)核心词汇导图。

(2)自我评价表、小组互评表。

(3)设计三视图和手工折纸模型。

(4)虚拟仿真模型。

(5)小组反思总结单。

7.2.5 项目学习整体规划

项目学习整体规划见表 7-1。

表 7-1 项目学习整体规划

总挑战性任务	子任务 / 核心问题	问题链(串)	核心知识 / 关键概念 / 跨学科概念	核心素养(包含学科 / 课程核心素养)
为什么在这个山洞里,狱卒能听到囚犯们商量逃跑计划的声音呢?请为他们设计一个解决方案	分析情境,明确问题:"杰尼西亚的耳朵"原理	囚犯们被关押在"椭球形"的一个"焦点"处,"光滑坚硬的洞壁"会把他们的"声音传到"另一个焦点处的狱卒耳朵里。用引号的词语,你理解吗可能有哪些现象及原理可以类比这种现象	声波	类比思维

（续）

总挑战性任务	子任务/ 核心问题	问题链（串）	核心知识/关键 概念/跨学科概念	核心素养（包含 学科/课程核心素养）
为什么在这个山洞里，狱卒能听到囚犯们商量逃跑计划的声音呢？请为他们设计一个解决方案	探究原理是什么？从数学、物理的角度探究故事里的"关键词"	关于"声音传到"与"光滑坚硬"问题怎么解释 旋转椭球体图的数学特征有哪些 关于"焦点"有哪些问题 如何设计制作实物模型和仿真模型来解释说明声音传播原理	声波反射定律 方程与图形 三视图 实物模型 仿真模型	区位认知 科学思维素养 数学直观想象 信息意识 图样表达
	如何论证"杰尼西亚的耳朵"原理	使用 GeoGebra 软件如何验证原理 可以直观展示椭球体的类型，验证猜想结论，是否能够帮助我们解决项目研究的问题呢 如何使用数学进行证明	信息技术学科与数学学科融合	数字化学习与创新素养 数学抽象、逻辑推理

7.2.6 STEM 项目的实施过程

1. 明确问题

（1）出示项目情境

传说很久以前，意大利西西里岛叙古拉帝国暴君杰尼西亚把他的囚犯关在一个山洞里，囚犯们多次密谋逃跑，但是每次计划总是被杰尼西亚发现。起初，囚犯们以为是狱友中有内奸，他们互相指责、怀疑、私下调查，始终没有发现任何一个囚犯告密。后来，又关进了一个有些科学知识的囚犯，在囚犯们又一次密谋逃跑时，这个囚犯劝告他们别白费力气了[21]。

（2）发布挑战性任务

为囚犯们提出一个解决方案，让狱卒再也听不到他们的计划。

（3）提出问题

引导学生分析情境和任务，梳理关键词汇，围绕关键词提出系列问题，形成问题清单。

如"光滑坚硬""声音传到""旋转椭球体图形""焦点""杰尼西亚的耳朵"等关键词是构建科学概念模型、数学模型的重要信息。

2. 统筹要素

（1）明确任务的限制条件

山洞所处环境的特点、空间形状的特殊性、山洞中人员数量、制作模型的材料有限和计算机仿真程序不熟悉等。

（2）分析项目资源

引导学生思考、开展研究的过程中，进行猜想假设所需要的信息可能有哪些？如果需要制作模型，可以有哪些方法既快速又有效？如果将这个项目得出的结论进行拓展应用，可以有哪些做法？

3. 设计方案

（1）探究"杰尼西亚的耳朵"原理。

1）提出猜想：声音是怎么传出去的？

"声音传到""光滑坚硬"实际上是声波传播的问题。在空气中声波传播主要有四种方式——直线传播、反射、折射和衍射，旋转椭球体山洞里的囚犯们只注意了直线传播问题（不能到达狱卒耳朵），而忽略了声波反射的科学原理。光滑坚硬的洞壁刚好适合做反射曲面，且反射声波的效果好。类比我国明代建筑——天坛回音壁的声波反射现象，进一步强化分析山洞里声波反射现象的科学猜想。

分析囚禁囚犯的山洞的空间特征，发现它相当于一个椭球体，囚犯们的关押地刚好在椭球形的一个焦点处，狱卒办公室地点刚好在椭球体形的另一个焦点处，光滑坚硬的洞壁刚好像椭球体形的表面，能把囚犯们的声音通过光滑表面传到狱卒耳朵里。所以囚犯们的秘密计划就不是"秘密"了，狱卒把听到的计划报告给杰尼西亚，就没人能逃出去。于是，囚犯们把这个山洞诅咒为"杰尼西亚的耳朵"。

2）探究"旋转椭球体"特点。

首先，类比地球这个椭球体并分析成因，以及对地球上存在的各种椭球体进行分析，初步了解椭球体的特点。

然后，从数学角度表达椭球体的图形特征。引用数学方程 $\frac{x^2}{a^2} + \frac{y^2}{b^2} + \frac{z^2}{c^2} = 1 (a, b, c \in \mathbf{R}^+)$，使用信息技术软件 GeoGebra，根据方程中 a, b, c 的不同取值直观描述不同类型的图形，并从数学特征上对椭球体进行分类，如图 7-3 所示。

【点评1】软件 GeoGebra 的学习可以常态化。GeoGebra 给学生开启了解决问题的另一扇门，可以快速验证和发现猜想。

$\frac{x^2}{a^2} + \frac{y^2}{b^2} + \frac{z^2}{c^2} = 1 (a, b, c \in \mathbf{R}^+)$
当 $a=b=c$ 时，为球体。

$\frac{x^2}{a^2} + \frac{y^2}{b^2} + \frac{z^2}{c^2} = 1 (a, b, c \in \mathbf{R}^+)$
当 a, b, c 仅有两个相等时，为旋转椭球体。

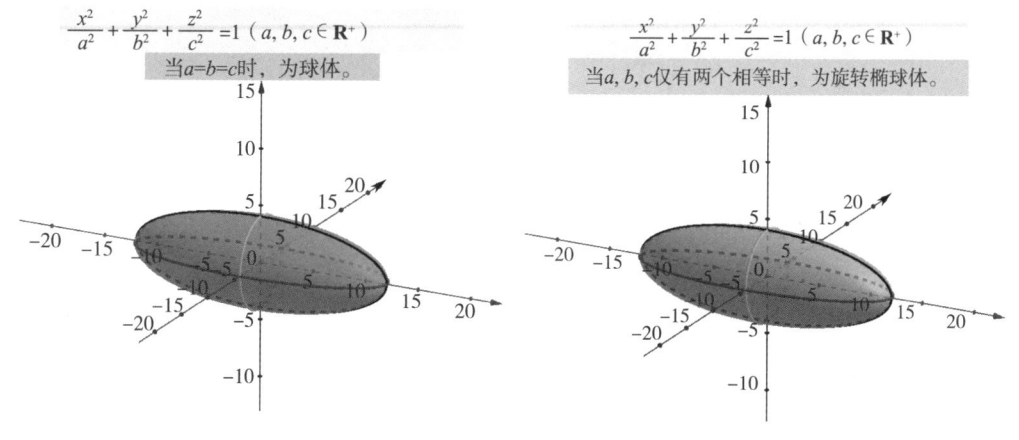

图 7-3　各种椭球体

$$\frac{x^2}{a^2}+\frac{y^2}{b^2}+\frac{z^2}{c^2}=1\ (a,b,c\in \mathbf{R}^+)$$

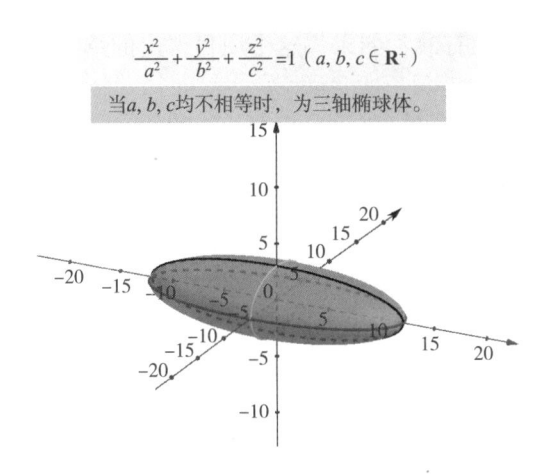

当 a,b,c 均不相等时，为三轴椭球体。

图 7-3　各种椭球体（续）

再者，旋转椭球体有两个焦点，根据前述猜想：声音从一个焦点处发出，通过光滑坚硬的洞壁，反射到了另一个焦点处的狱卒耳朵里，则需要证明这两个"焦点"形成的声波反射角度应该满足声波反射定律。

（2）设计制作模型

以椭圆与旋转椭球体模型呈现上述推断。

1）手工折纸：椭圆模型。

准备材料：1 张圆形纸片，1 支铅笔，1 把直尺。

操作步骤：如图 7-4 所示。

第一步，如图 7-4 a 所示，确定圆心 O，在圆内任取一点 F（与 O 不重合），在圆上任取一点 A。

第二步，如图 7-4 b 所示，将纸片翻折，使得点 A 与点 F 重合。

第三步，如图 7-4 c 所示，折痕 GE，用铅笔涂上颜色。

第四步，如图 7-4 d 所示，继续步骤三，绕圆心一周。

第五步，动手做，按照设计图折出所需作品，如图 7-5 所示。

【点评 2】学生用了六种数学方法推理证明了原理，这是设计之前没有预料到的，学生的思维很活跃。

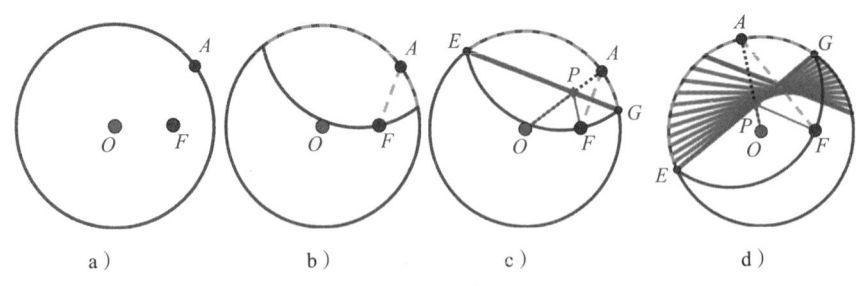

图 7-4　折纸设计图

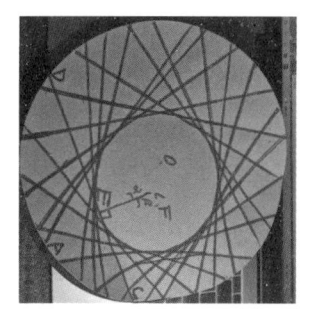

图 7-5　折纸作品

2）设计、绘制旋转椭球体三视图，如图 7-6 所示。

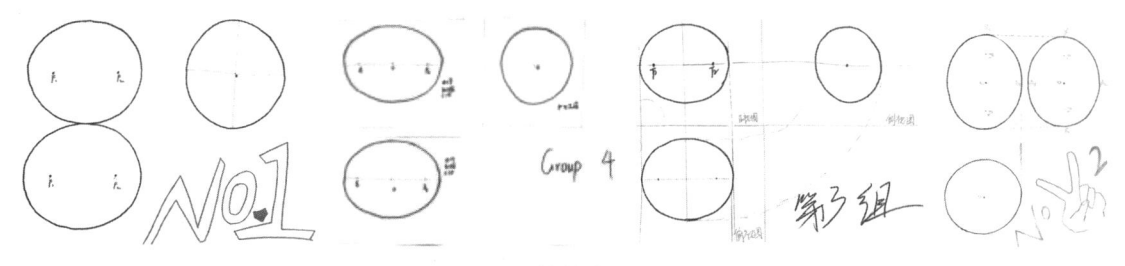

图 7-6　旋转椭球体三视图

学生提出声音传播不好验证，可以实现实物模型后，在旋转椭球体内利用光的反射实验来类比声波传播，验证猜想。

3）使用 GeoGebra 设计椭圆及旋转椭球体模型。

要将问题所涉及的科学原理进行直观展示，需要学生掌握 GeoGebra 技术的简单应用。学生学习该软件的基本操作：画向量、线段、直线、三角形、矩形、椭圆、圆、平面、椭球体等基本图形，如图 7-7 所示。理解在软件中进行数学图形设计与表达的思路，以及图形与数学表达式之间的对应关系。

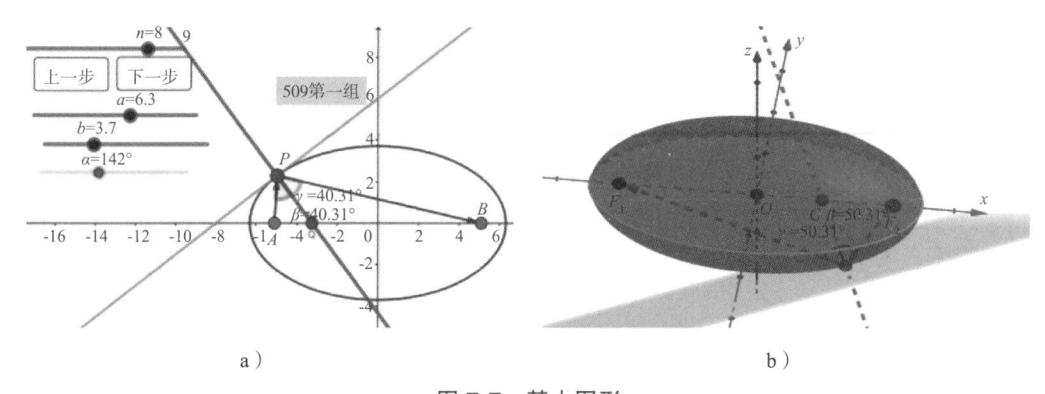

a）
b）

图 7-7　基本图形

4. 搭建模型

学生分组使用软件 GeoGebra 设计、制作二维椭圆模型和三维椭球体模型，调节参数，模拟真实空间特征，验证"杰尼西亚的耳朵"原理的猜想，并展示和交流。

（1）使用 GeoGebra 从椭球体特点进行模拟验证。

如图 7-8 所示，在 GeoGebra 中，从旋转椭球体焦点 F_2 作焦半径 F_2A（任意性），连接 F_1A，过点 A 作球面的切面，过点 A 作曲面的垂线交坐标轴于点 C。通过 GeoGebra 进行模拟，得知 $\angle F_2AC = \angle F_1AC$。从而可以推断，如果声音从点 A 发出，则通过球面过 A 点的切面一定反射到另一个焦点 F_1。证明上面的猜想是符合声波反射定律的，是正确的。

（2）使用 GeoGebra 从椭圆特点进行模拟验证。

如图 7-9 所示，从椭圆焦点 F_2 作焦半径 F_2A（任意性），连接 F_1A，过点 A

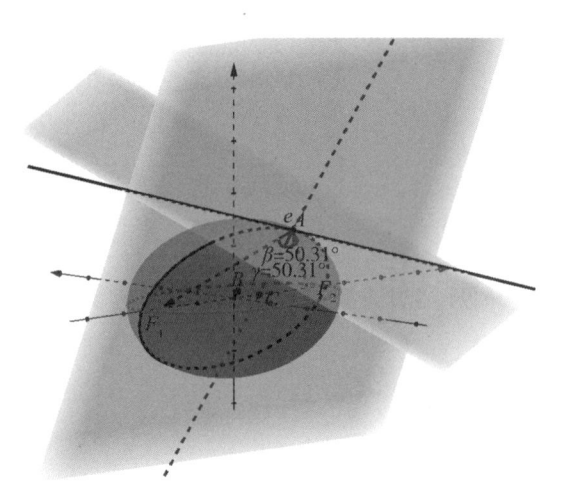

图 7-8 旋转椭球体曲面的反射→旋转椭圆曲线的反射

作曲线的切线，过点 A 作切线的垂线交坐标轴于点 C。通过 GeoGebra 进行模拟，都有 $\angle F_2AC = \angle F_1AC$。从而可以推断，如果声音从点 A 发出，则通过曲线上过 A 点的切线一定反射到另一个焦点 F_1。同样可以证明上面的猜想是符合声波反射定律的，是正确的。

（3）从数学角度推导证明。

首先将真实问题抽象出数学问题：如图 7-10 所示，椭圆 $\dfrac{x^2}{a^2} + \dfrac{y^2}{b^2} = 1(a > b > 0)$ 的左右焦点分别为 F_1, F_2（即真实问题中狱卒位于点 F_1，囚犯位于点 F_2），点 P 为椭圆上任意一点，直线 m 为过点 P 且与椭圆相切的直线，直线 l 是过点 P 且垂直于直线 m 交 x 轴于点 Q。证明：$\angle F_1PQ = \angle F_2PQ$。

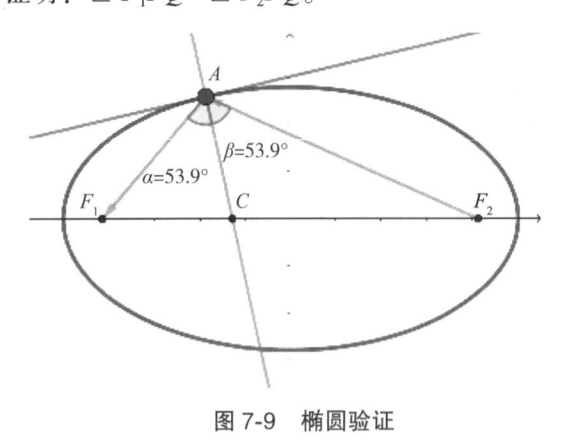

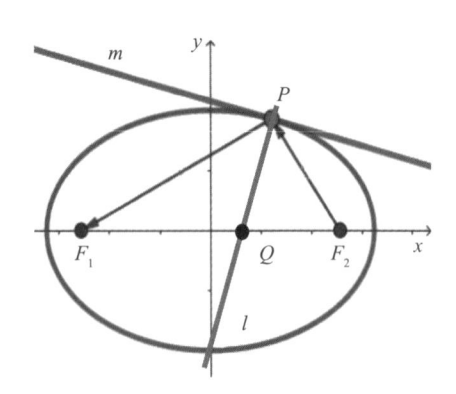

图 7-9 椭圆验证

图 7-10 数学推导

5. 总结反思

第一组：面对大众化的解法，我们小组巧妙改用未知数，展现独特的风格。通过折椭圆活动，我们不仅增强了动手能力，还发现了椭圆与圆的联系，想出使用折椭圆的方法解题。经过这次活动，STEM 将课堂知识与科学技术、手工制作结合起来，使书面知识活了起来，激发了学生更大的学习积极性和创造性。

第二组：特色是"二"，即做每一道题目都想出第二种甚至更多的方法。经过这次活动，我们充分认识到了团队合作的重要性，体验到了跨学科学习的好处，激发了创新思维，开拓了新课堂，领会了新理念。通过动手设计，我们对这一几何图形隐藏的原理有了更深的了解。

第三组：我们善于在折纸中寻找数学奥秘，乐于将数学理论用到实践活动中，又将有趣的活动转化为数学知识。组长是我们这组的核心大脑，组员中有实践操作担当者、重量级选手、演讲能手、总结高手。该活动分成多个环节，老师制作的微视频生动形象，以传说故事引导我们每个人循序渐进地了解了旋转椭球体的相关知识。折纸环节不仅能够提升我们的创新意识，也能增强我们的科学精神，还有 GeoGebra 软件为验证数学结论提供了方便。

第四组：我们组分别从人文历史、信息技术及数学逻辑中探究了椭球体的奥秘。虽然我们探究得可能远远不够，但相信未来的我们能学到更多。组员中，有智慧担当者，有讲解担当者，有技术担当者，有制作担当者，大家齐心协力，共同解决问题。

7.2.7 综评

本课例是王菊香老师在高三年级实施的，在紧张的高三复习阶段，通过这样的跨学科整合式学习，支持高三学生经历将真实问题抽象出物理原理与数学问题的过程，进行三视图设计折纸形成实物模型，学习软件将数学模型进行虚拟模型的可视化表达，运用软件的数字化模型进行问题分析与解决的实践验证，用数学知识进行进一步严格的证明。

在学习过程中，教师通过引导和使用工具，鼓励高三学生从任务的分析中与自己丰富的学科知识建立关联，用学科知识与真实情境和任务中的关键词联系起来提出多角度的问题，并能够抽象出蕴含的学科问题和学科原理，建立解决问题的思路。在建模时绘制三视图，既进行了实物模型建构，也构建了仿真模型。在验证和证明时，既使用软件模拟，也通过数学证明来互相佐证，巧妙、恰当地融合了数学、物理和信息技术的交叉点。

本课例用有意思的问题迅速激发了高三学生的兴趣，用程序实现设计与构想很符合智能时代教育发展与变革的要求，让高三学生重新认识真实问题与学科学习的关系，激发了他们改变学习方式的勇气和对未来学习的期待。

7.3 课例 9：给车安上一双眼睛

主要学科：通用技术，信息技术，美术，数学，语文。
预计课时：15 课时。
授课年段：高一，高二。
开发教师：中国人民大学附属中学丰台学校金鑫、郭子叶、何涛。
授课教师：中国人民大学附属中学丰台学校金鑫。
指导教师：北京教育学院于晓雅。

7.3.1 项目信息

1. 涉及领域 / 学科及核心内容

（1）**通用技术**：结构设计，工艺及方案实现，流程设计，系统设计，控制设计，电子控制系统，传感器，信号处理，技术交流与评价。

（2）**信息技术**：流程设计，程序撰写，程序调试，信号处理。

（3）**美术**：外观设计，布局优化，概念设计，PPT 设计。

（4）**数学**：信号处理，算法模型。

（5）**语文**：技术文档格式，用词及撰写方法。

2. 项目实施的环境和硬件要求

（1）**专业教室的需求**：本项目课程需在普通多媒体教室、专业教室及活动教室进行。教室内需配备多媒体设备，如台式计算机、多媒体白板等；专业教室需配备专业设备，如 3D 打印机、激光切割机、焊台、小型机床等；活动教室配备圆桌椅，方便小组内学生进行讨论，老师进行指导。

（2）**教室空间分布**：教室能容纳 4~6 组学生，每组学生 4 人，能满足学生小组讨论及开展活动。

（3）**教室内的硬件、材料及工具**：学校为学生准备了项目课程需要的超声波传感器、前置课程学生们已经完成的 MEV 小车、Arduino 单片机套件（含各类传感器模块、蓝牙模块、LED 显示模块、语音模块等）、面包板、杜邦线及各类电子电工工具。耗材及数量见表 7-2。

表 7-2 耗材及数量

耗材	数量
Arduino UNO 单片机套件	6 套
超声波传感器	20 个

(续)

耗材	数量
电子电工工具箱	6套
笔记本电脑	6台
MEV小车	6台
电池组	12套
备用零件	若干
杜邦线	若干
扎带	若干
焊锡丝	若干
学案	6组
A4复印纸	500张

7.3.2 项目情境及挑战性任务

1. 项目情境

道路交通意外出现的最大诱因是车辆在突发情况时的失控，包括人为的错误车辆操作、人为的紧急避障操作及对行人的紧急避让操作。在突发情况下，人的反应速度不足以在高速运行的车辆上响应。研究表明，如果给驾驶员增加 0.5 s 的反应时间，可减少 60% 的交叉路口车辆碰撞事故和 30% 的汽车前撞事故。因此智能驾驶技术也应运而生。

但是由于智能驾驶技术的不成熟，现行的无人驾驶车辆并不能真正达到替代人类完成驾驶操作的水平。在这种情况下，我们需要研究出一种辅助驾驶技术，来完成有人驾驶到无人驾驶的过渡。所以，为车辆安上一双眼睛，让车能够发现障碍物并完成避障，成了值得学生们探究的课题。

2. 挑战性任务

作为一名无人驾驶汽车的设计师，以人为感知中心，进行多传感器融合为辅助感知的智能人车闭环系统研究，通过人车协同驾驶，在闭环系统中加入人为操作，改善现有智能车出现错误判断的情况，为有人车辆到无人车辆的跨越建立新的桥梁。

7.3.3 项目整体分析

1. 知识图谱及问题解决路径

本项目基于真实的生活情境，以交通事故为切入点引出真实问题。团队老师根据课程要求和驱动任务，构建出本项目的知识图谱并开展教学，如图 7-11 所示。学生通过自主参与项目式学习,在亲历实际问题探究、调研分析、方案设计、项目实施、结题汇报等环节,经历了完整项目的设计与实现过程,学会通用技术、信息技术、美术、数学等相关的知识,养成了运用科学思维进行思考的习惯,有效地提升了学生科学探究的能力。在针对社会实际问题进行探究,以及收集和分析信息的过程中,不断提高自身的技术意识。在项目实施过程中,认识工程思维的规律,学会用工程思维弥补理想与现实之间存在的差异,提高工程思维的水平。通过有技巧的教学,提升学生发现问题、解决问题的能力。通过技术支持材料引导学生利用数字化资源,提升学生计算思维、系统设计和控制设计与实现的能力,使学生能够完美发挥并展现他们的创新思考和设计能力。运用所学的知识,能够完成解决实际问题的设计作品,并且此项目立足点为社会问题,同时能够展望和期待未来智能控制的发展。

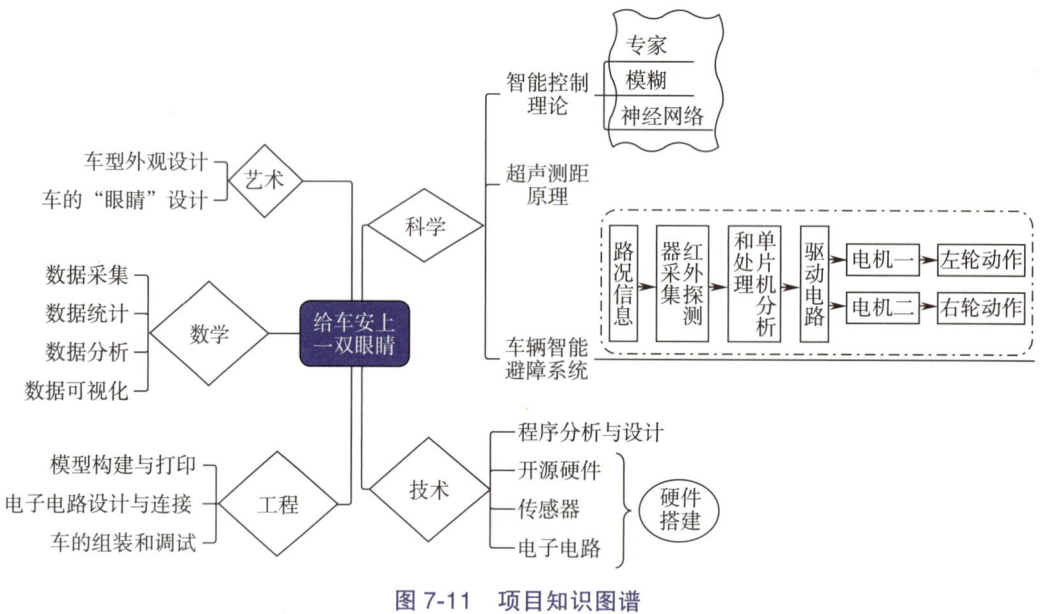

图 7-11 项目知识图谱

2. 学情分析

项目在高一年级和高二年级实施,在该项目实施之前,学生已经进行了通用技术、信息技术必修一和必修二两本教材的学习,学到了设计的一般流程,包括但不限于外观设计、布局优化、概念设计、工艺及方案实现、技术交流与评价、三维模型设计、三维打印技术应用,也学到了结构设计、流程设计、系统设计、控制设计、电子控制系统、传感器、信号处理。在信息技术课程上也学到了计算机解决问题的一般过程、程序撰写、程序调试等内容,都为本次项目课程奠定了坚实的基础。

7.3.4 项目学习目标及阶段性学习成果设计

1. 项目学习目标

（1）在解决车辆危险感知问题中，了解红外、视觉、雷达、超声四种检测方法，并能够进行难度分级；能够依据技术手册挑选合适的传感器型号和电路，并解决多传感器融合的问题。

（2）在解决车辆智能控制问题中，了解智能控制车辆的多种方法，以及各自的应用场景和设计方法，通过自主程序设计，实现车辆遇到障碍物停止及转向的功能；能利用智能控制算法模型进行车辆控制并能够解释说明原型。

（3）在车体上使用 Arduino UNO 单片机和红外传感器，搭建智能控制系统，自主学习自动控制原理和信号处理的方法，具备系统观。

（4）能够在模拟道路上进行测试，通过数据的采集与分析对程序进行参数调整，实现智能控制。

（5）在递进的任务中，以高效的合作学习，运用文字、图表、视频等多种形式，清晰呈现和交流每个设计方案。

2. 阶段性学习成果

阶段性学习成果见表 7-3。

表 7-3 阶段性学习成果

阶段成果	成果形式	成果要求
阶段成果一	调研分析报告，思维导图	学生团队调研相关资料文献，检索找出多种已存的方案进行分析；调研并总结出各种课例的优缺点及存在的问题；根据分析绘制出解决问题的思维导图
阶段成果二	初步方案	根据阶段成果一绘制的思维导图，总结并分层次设计出学习方案；协作探究出如何用超声波传感器解决相关问题的实现方案
阶段成果三	电路原理图，算法描述，流程描述	根据阶段成果二的方案，选择多方法进行对比分析，完成方案的传感器布设、智能控制及流程设计
阶段成果四	传感器电路，控制程序	根据阶段成果三的电路原理图及算法流程，完成方案的电路搭建、程序调试和样机试制，并初步验证系统的正确性
阶段成果五	产品说明书，项目结题报告	根据前面四个阶段成果，编译程序、记录数据并分析实验现象，完成产品说明书及项目结题报告，同时回顾整个"为小车安上一双眼睛"探究学习的全过程
阶段成果六	汇报PPT，评价表	基于整个项目结题，使用多种形式如PPT，进行项目展示汇报，小组自评与互评，教师点评，总结反思并提出展望

7.3.5　项目学习整体规划

项目学习规划见表 7-4。

表 7-4　项目学习规划表

总挑战性任务	目标	子任务/核心问题	问题链（串）	核心知识/关键概念/跨学科概念	核心素养（包含学科/课程核心素养）
设计智能车辆控制系统并通过传感器等硬件与智能算法软件结合进行实现	了解车辆感知危险的方法	子任务一：如何让车提前感知到危险并响应	车祸如何发生？带来哪些危害 如何提前感知	信息检索 文档撰写 思维导图绘制	社会责任 技术意识 科学探究 信息收集加工
	学会使用超声波传感器融合电路感知危险	子任务二：如何通过机械/硬件方式感知危险	什么感知方案可行 超声波感知如何实现 多传感器如何冗余	技术交流评价 传感器 电路搭建 流程设计 程序编写	工程思维 工程设计 科学探究 物化能力 展示表达
	了解智能车辆控制的3种方法	子任务三：车辆智能控制有哪些方法	无人驾驶存在什么问题 你对智能控制了解吗 如何实现智能控制 使用哪种方法能更有效地运用超声波传感器	控制设计 流程设计 信号处理 电子控制系统 技术交流	工程思维 工程设计 科学探究 图样表达 展示表达
	实现简单的小车控制	子任务四：如何让车看世界	车辆智能控制需要哪些硬件 如何确定控制范围 遇到障碍物怎么办	系统设计 流程设计 控制设计 概念设计 结构设计 信号处理 程序编写 程序调试	工程思维 工程设计 科学探究 创新设计 物化能力 项目管理
	学会使用模糊控制算法控制车	子任务五：车辆如何思考问题	车辆如何智能控制 控制存在什么问题 如何优化改进	布局优化 信号处理 程序编写 程序调试 外观设计 技术文档撰写	计算思维 工程设计 项目管理 科学探究 技术意识
	汇报展示，交流反思	子任务六：智能驾驶哪家强	如何展示自己的设计 项目是否还存在优化空间	PPT设计 技术交流评价	技术意识 展示表达 价值认同 合作共情

7.3.6　STEM 项目的实施过程

本项目的实施过程基于 CDIO 工程教育模式，并进行了相应的调整，形成了 CDERIE 模式，以使得模式更适合于项目开展，如图 7-12 所示。

第7章 有效的模型建构

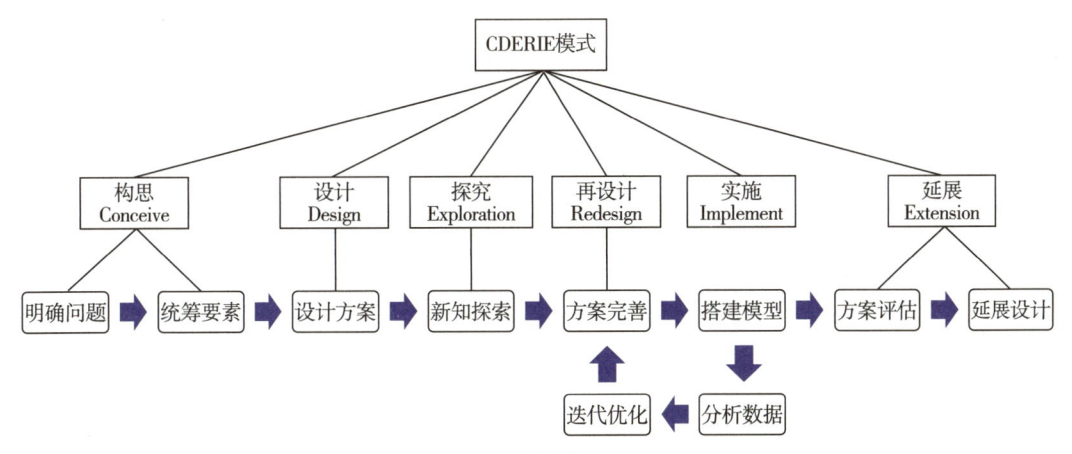

```
                    CDERIE模式
      ┌───────┬────────┬────────┬───────┬───────┐
     构思     设计    探究     再设计   实施    延展
   Conceive Design Exploration Redesign Implement Extension
      │       │       │         │         │        │
   明确问题→统筹要素→设计方案→新知探索→方案完善→搭建模型→方案评估→延展设计
                                        ↑         ↓
                                      迭代优化←分析数据
```

图 7-12 CDERIE 教育模式

通过"团队建立——明确问题——统筹要素——设计方案——新知探索——方案完善——搭建模型——分析数据——迭代优化——方案评估——延展设计"的实施流程，使学生通过项目学习形成知识和方法的有效迁移。

同时为了保障项目的顺利实施，对项目实施的环境和硬件也有一定的要求。

环境要求：本项目课程需在普通多媒体教室、专业教室及活动教室进行。教室内需配备多媒体设备，如台式计算机、多媒体白板等；专业教室需配备专业设备，如 3D 打印机、激光切割机、焊台、小型机床等；活动教室配备圆桌椅，方便小组内学生进行讨论，老师进行指导。

硬件要求：本项目课程需为学生准备 MEV 智能小车套件（可用简易小车套件代替）、Arduino 单片机套件（含各类传感器模块、蓝牙模块、LED 显示模块、语音模块等）、面包板、杜邦线、各类电子电工工具及金工类工具等（若学生有能力基于图像识别开发，可选用 jetson nano 小车套件完成项目研发）。

1. 团队建立

为了学生团队能更好地开展项目分工，扮演不同的角色体验项目设计的全过程，为学生的职业生涯规划做铺垫。项目开展的第一个任务，教师需要引导学生根据个人兴趣爱好及技术特长选择合适的角色，并按照角色分工的不同有序地完成队伍组建。团队角色分配可参照表 7-5 进行（教师可按照个人理解自行设计角色）。

【点评1】教师创造性改编了基于 CDIO 模式改进的 STEM 项目任务解决的学习路径，有利于发展基于人工智能解决复杂真实问题的能力，发展工程思维。

【点评2】团队建立的目的是为了让学生能更有效地开展活动，独立的个体无法完成这个复杂项目，让学生体验团队的力量。

表 7-5　团队角色

角色名称	姓名	角色职责
项目经理		负责团队工作协调、任务安排、进度监督及项目汇报等工作
项目秘书		负责项目资料整理、会议记录、文案撰写等工作
电子设计师		负责项目设计中电子部分的方案调研、设计与实现工作
结构设计师		负责项目设计中结构部分的方案调研、设计与实现工作
程序设计师		负责项目设计中程序部分的方案调研、设计与实现工作

2. 明确问题

◆ **子任务一：危险感知**

（1）创设情境

1）播放《车祸瞬间》视频片段，学生通过真实的事故现场认识车祸的危害，引发思考和讨论。

2）提供交通事故材料阅读。

材料一：2019 年 9 月 28 日 7 时许，长深高速公路江苏无锡段发生一起大客车碰撞重型半挂汽车的特别重大道路交通事故，造成 36 人死亡、36 人受伤，直接经济损失 7100 余万元。

材料二：2021 年 7 月 26 日 14 时 05 分，驾驶员李红杰驾驶豫 AX5006 大型普通客车搭载 63 人，行驶至青兰高速平凉市泾川段 K1487＋100 处时，车辆在向左变更车道过程中，与中央隔离带护栏发生碰撞后，向右急转撞毁右侧护栏驶出路外，左侧翻于路基边坡。由于车内大部分人员（57 人）未按规定使用安全带，部分人员被甩出车外，并被侧翻大客车碾压。本起事故共造成 13 人死亡、44 人受伤，直接经济损失约 2119 万元。

3）提出问题：车祸的发生，会带来怎么样的危害？

4）引导学生分享团队分析的各种车祸的危害，进一步理解本项目课程的重要意义。

（2）发布任务

作为设计师，通过人车协同驾驶，在闭环系统中加入人为操作，改善现有智能车出现错误判断的情况，为有人车辆到无人车辆的跨越建立新的桥梁。

（3）开展调研

1）提出问题：哪些方式能够让车辆提前感知危险并进行响应？

2）学生以小组为单位，在教师的引导下，利用互联网查找关于"如何能让车提前感知危险""如何让车辆提前响应制动"等问题的解答，找出现阶段车辆具备的感知危险方案，如图 7-13 所示。

【点评3】有效的合作学习一定是"非合作不可完成"的任务。提升学生的合作推理、合作创新的能力。

【点评4】通过视频和材料创设情境后，快速引导学生展开资料调研，不对视频进行过多的解说，发挥学生的主动性。

图 7-13　开展调研

（4）头脑风暴

1）教师引导学生对找到方案和课例，记录、整理、分析，评估各种方法的优缺点及存在的问题。

2）引导团队以"角色扮演"的方式进行交通事故模拟活动，讨论如何设计能提前感应出危险的设置或装备。

活动过程：

①设置扮演角色：货车驾驶者、小轿车驾驶者、非机动车驾驶者、交通警察、行人，并将角色信息填写至角色卡。②设置交通行驶场景：十字路口、人行横道、交通环岛、立交桥、施工路段，并将行驶场景信息填写至场景卡。③设置事故：剐蹭、碰撞、碾压、拖行、翻车、爆炸、坠落，并将事故信息填写至事故卡。④预留事故分析卡和方案设计卡若干。⑤团队成员按顺序抽取角色卡、场景卡及事故卡，并利用三张卡片信息构成交通事故的具象描述（如一个行人在通过十字路口时，被车辆剐蹭），描述内容可自行润色。⑥成员描述完场景后，团队整体扮演车辆设计师分析事故发生的原因，并在事故分析卡中记录。⑦团队根据事故发生的原因讨论采用何种装置能让车辆提前感知或提前响应以避免事故发生，并将讨论内容记录在方案设计卡中。⑧重复⑤至⑦活动过程，完成五个成员的角色扮演描述，形成五个交通事故模拟场景的分析讨论。

3）教师在学生学习过程中随时解答学生的疑惑，支持学生顺利开展交通事故模拟活动。

3. 统筹要素

（1）绘制思维导图。

团队根据方案设计卡中的信息，完成"汽车如何感知危险，提前响应"思维导图的绘制。

【点评5】角色扮演的方法为自主研发的升级版头脑风暴法，通过活动能让学生从更为真实的场景下思考问题，比单纯意义的头脑风暴效果更佳。角色扮演设置的内容可以根据需求进行修改。

【点评6】游戏化学习方式的探索很有意义，对于游戏要素、要素间关系、游戏规则的设计，与真实任务相匹配，激发学生建立复杂的、容易应用的知识结构，同时有利于发展系统思维。

（2）展示汇报交流。

邀请优秀团队进行思维导图的展示汇报，为其他小组打开思路，在课下进行思维导图的优化完善，确定团队准备尝试的"为车安上一双眼睛"设计方案。

4. 设计方案

◆子任务二：认识机械

（1）评估形成可行方案

1）团队分享优化完善后的"汽车如何感知危险，提前响应"思维导图。

2）团队互评，分析、评估"为车安上一双眼睛"初步设计方案的优劣，讨论并明确可行性方案。

3）团队根据方案进行任务规划，确定各项任务完成时间节点及任务负责人。

【点评7】利用学生的思维导图引出新知探索，这样有助于学生更深入地分析调研的资料。

（2）初步设计系统方案

1）团队根据讨论的可行方案展开初步设计，运用前期查阅调研的材料并结合生活认知，对车辆的危险感知系统和智能控制系统进行功能设计。

2）教师主要作为讲解者，对学生不理解的知识进行讲解，引导学生完成系统的原理设计。

（3）选择危险感知探测方案

1）教师提供多种可行方案的材料供学生阅读参考。

①摄像头方案：特斯拉秉持"仿生"原理，Model 3通过配置8个摄像头模拟人眼视力，摒弃多颗毫米波雷达等非必要冗余措施，提升成本效率；理想ONE同样采用1颗毫米波雷达，配置5颗摄像头，略低于特斯拉。②激光雷达方案：Waymo发挥谷歌资本实力，配置5颗昂贵激光雷达、6颗毫米波雷达，并加持29个摄像头，总体价格昂贵，装配于捷豹；奥迪A8配置1颗激光雷达、5颗毫米波雷达，此类ADS硬件仅奥迪顶配车型预埋。③毫米波雷达方案：除理想、奥迪外，国内造车新势力及BBA车企均采用"多颗毫米波雷达+摄像头"的硬件配置。其中小鹏P7、蔚来ES6、宝马X5采取保守路线，均配备5颗毫米波雷达，以示多重冗余。小鹏P7传感器总个数高达30颗，仅次于资本充足的纯科研部门Waymo。④红外热成像方案：高德红外的红外热成像避障系统，能检测到道路上的行人和车辆，实现报警、避让等高级辅助驾驶功能。红外热成像技术可以在完全无光的情况下，穿透烟和雾，探测

到十几公里乃至上百公里以外的目标，特别适用于交通夜视和自动驾驶领域。⑤超声波方案：自动驾驶中，超声波雷达是必不可少的四大传感器之一，特别适合应用于自动泊车场景，以及在驾驶过程当中的短距离感测，而这些应用是自动驾驶最先落地的应用场景，也是刚需，特别是自动泊车。

2）观摩体验摄像头方案和激光雷达方案。

3）引导学生评估五种可行方案，并进行难度分级，分析五种方案的技术难度和可实现性，为选择方案做铺垫。

4）讨论形成选择方案的标准：使用技术难度低，且可实现性高。因此，选择超声波传感器作为危险感知单元进行项目设计（学生可根据团队实际情况选择其他方案，设计过程与以超声波传感器为感知单元的设计过程一致）。

（4）研究超声波传感器

1）教师为学生提供微视频学习包，学生自主合作学习超声波传感器的相关知识。

2）学生团队检索超声波传感器相关信息，掌握传感器的使用方法，填写学习手册。

3）学生合作研究教师提供的超声波传感器测距电路原理图，利用 Arduino 套件进行电路搭建，烧录已有源代码，进行测距实验，记录、分析实验结果。

【点评8】超声波传感器的视频不宜过长，会让学生感觉乏味，3~5分钟比较合适。

（5）研究多超声波传感器融合测距

播放汽车自动驾驶的视频，引导学生归纳概括车辆自动驾驶的方法。教师讲解超声波传感器的使用方法，完善、深化对自学知识的认识。学生查阅、整合、分享多传感器信息融合技术的信息，教师引导学生进行归纳总结。教师展示简易的多超声波传感器融合测距电路原理图，学生合作搭建多超声波传感器融合电路，如图7-14所示。搭建过程中，教师做回应和指导。

【点评9】多超声波传感器电路的解析一定要清晰，让学生形成正确的认识。

学生观察：搭建好的多超声波传感器融合电路的实验，记录、分析实验现象，绘制系统工作流程图，进行展示分享，如图7-15所示。最后学生讨论完善结论，掌握多超声波传感器融合电路

图 7-14　电路搭建

的搭建方法。

图 7-15 展示分享

◆ 子任务三：车辆的智能控制

（1）认识智能控制

提出问题：你对智能控制是如何理解的？

播放汽车交通事故课例的视频，引导学生分析无人驾驶车辆存在的问题以及人在闭环的重要性。阅读自动驾驶技术的分级材料，分析现阶段无人驾驶技术所处的等级，如图 7-16 所示。

【点评10】对智能控制的引入不一定要通过无人驾驶车辆，可以从衣食住行不同的方向引导学生思考智能控制。

L1	L2	L3	L4	L5
·自适应巡航控制 ·自动紧急制动 ·车道保持 汽车 或者 驾驶员	·半自动泊车 ·交通拥堵辅助 ·紧急刹车和转向 汽车 驾驶员	·半自动驾驶 –Highway chauffeur自动驾驶辅助系统 –自动泊车 ·驾驶员可重新获得控制权 汽车 驾驶员	·在特定驾驶模式下的自动驾驶 ·驾驶员可以不响应干预请求 汽车 驾驶员	·在所有驾驶模式下均可实现完全自动驾驶 ·不需要驾驶员介入 汽车 驾驶员 —

对车辆的安全驾驶负责　　整车控制　　转向控制　　车速控制

图 7-16 自动驾驶技术分级

（2）学习智能控制三种方法

结合实际生活中的课例，教师介绍智能控制的三种方法，专家控制、模糊控制、神经网络控制，以及三种方法的应用场景和设计方法。

（3）完善设计方案

完善方案阶段的核心问题是：分析评估哪种智能控制方法能更有效地运用超声波传感器。

学生学习使用模糊控制实现车辆智能控制的方法作为备选方案，学生也可以按照自己的设计进行后续研发。各团队基于原有设计方案，利用智能控制算法及超声波传感器来完善方案，实现人在闭环的车辆智能控制。

展示分享优化方案，主要说明传感器布设、智能控制算法选择、控制流程图等。

> 【点评11】需要把握好知识的难度，用课例的方式讲解三种智能控制方法较为合适。

5. 搭建模型

◆**子任务四：搭建智能控制系统模型**

核心问题：各团队设计的车辆智能控制方案需要哪些硬件来搭建？

（1）搭建模型

学生讨论后确定使用 Arduino UNO 单片机作为大脑，超声波传感器作为眼睛，使用前置课程完成的 MEV 小车为车身，根据控制流程完成小车智能控制系统的搭建。

（2）实验模型

核心问题：一是如何确定小车执行智能控制的空间范围？二是当空间范围内遇到障碍物时小车该如何控制？

学生团队根据问题进行任务分解与细化，检索相关资料寻找问题的解决方案，整合信息，合作设计小车控制流程，并撰写简单的控制程序，实现车辆遇到障碍物停止及转向的功能。将控制程序烧录至单片机中，进行实验，验证小车智能控制系统的功能正确性。

> 【点评12】教师需要全程解答学生的问题，帮助学生提出建设性意见，不直接给学生排查问题，让学生发挥自己的主观能动性。

6. 分析数据

各团队根据实验数据分析，对小车的控制性能进行评估，总结归纳设计中存在的问题，讨论提高性能的方法。

教师指出实验中学生未找到的问题，保障学生团队后续工作的顺利开展。

> 【点评13】学生开始测试前，教师需帮助学生检查车辆是否存在问题，以免损坏车辆。

7. 迭代优化

学生团队根据实验数据的分析结果，对小车的控制程序进行优化完善，再次烧录并测试，检验优化效果。并进行展示分享，为其他团队参考。

8 拓展实践

◆**子任务五：让车学会想问题**

（1）再次搭建、试验新模型

教师提供简易控制的程序源码，学生合作进行程序烧录，并在模拟

> 【点评14】需严格控制团队展示时间。其次，需要引导学生如实填写评价量表。组间评估要有评价量规为依据，进行基于证据的评估说明和解释。

道路上进行实验。对实验现象进行观察记录，分析教师提供的程序存在的问题。

（2）再次完善方案

教师继续提供并讲解模糊控制程序源代码，指导学生根据团队搭建小车的特征，修改模糊控制程序源代码，继续进行实验，记录实验数据。

（3）再次分析数据

学生团队对小车的模糊控制效果进行评估，总结归纳设计中存在的问题，讨论提高性能的方法。教师辅助指出实验中学生团队未分析出的问题，保障学生团队后续工作的顺利开展。

（4）再次迭代优化

学生团队根据实验数据的分析结果，对小车的模糊控制程序进行优化完善，再次烧录和测试，检验效果。优秀团队分享成果，提供课例参考。

【点评15】模糊控制程序的讲解要简单，将需要具体调节的参数部分为学生留白，方便学生完善程序。

9. 展示交流

◆ 子任务六：汇报展示

（1）展示交流

团队推荐汇报人（项目经理）进行展示汇报，汇报内容要回应挑战性任务以及问题解决过程，包括调研分析、方案设计、系统搭建、优化调试等。其余成员辅助汇报人进行作品展示，如图7-17所示。

图7-17 智能感知小车学生作品

（2）组间评估

其他团队对汇报小组进行提问和质疑，教师对学生的汇报进行评价和指导，提出改进意见。

（3）延展设计

教师引导学生团队对项目进行思考和展望，思考基于超声波传感器和模糊控制算法的车辆危险感知系统的技术迁移可行性。学生团队若愿继续深入研究，课程结束后由教师指导进行延展。

7.3.7 综评

课例"给车安上一双眼睛"与课例"智慧书桌设计"有相似之处，它们都是基于人工智能解决真实问题的典型课例。如果说课例"智慧书桌设计"更加凸显了数据的核心作用和发展学生高水平数据素养的作用，那么，课例"给车安上一双眼睛"的情境任务具有解决从有人驾驶到无人驾驶过渡阶段的安全问题的高挑战性和高复杂性工程问题的特点。

首先，从情境任务中能挖掘的问题不是点状的、零星的，因此采用角色扮演的游戏化学习方式，形成五个交通事故模拟场景的分析，找出多个维度影响车辆自动感知和避障任务的核心因素。

其次，问题解决建构的模型不能是一蹴而就的，并非一次建模、一次测试优化就能够解决复杂的系统性问题，而是对模型的构成要素逐一进行模块化探究，从单一到多个要素的分析、探究，再连接整合为整体模型。

要素1：为了选择车辆的感知系统采用的方案，通过研究、学习五种方案的原理和方法，并基于低难度和可实现的标准对比、评估，选择某种感知单元的方案。

要素2：匹配这个方案选择硬件搭建电路，烧录现成的程序进行测试。继续学习多传感器融合的技术，搭建多传感器融合电路。

要素3：学习、选择智能控制方法。与多传感器结合协同工作，调试、完善方案与模型设计。

要素4：为智能小车选择合适硬件搭建智能控制系统。以空间范围控制、避障为目标，编程实现这个"高阶"功能。

在项目实施过程中，教师全程支持学生在复杂情境下，多角度、多层次地发现问题并进行清晰、完整的表述，鼓励学生通过自主学习产生创新想法，帮助学生应用新知识和新方法去实践创新想法，引导学生以合作学习、合作推理、合作实践来体验层层递进的建模过程，并认识到这样循序渐进的过程真正促进了高挑战性任务的有效完成，从阶段性结果和总成果都能够充分观察到学生在每一个建模阶段都在不断发展高阶思维和问题解决能力。

第8章 适切的学习支架

8.1 导引 8：适切的学习支架支持合作与自主学习

多数项目学习课程的周期跨度大，学习内容通常是跨学科综合性问题或者任务的解决。学生在学习过程中由于课程开展的形式、挑战性任务解决需要的知识与技能、沟通交流等原因，会遇到多种问题，比如项目学习过程中教师无法同时关注所有学生、学生如何实现有效沟通与表达、学生如何在团队合作中实现共同成长助推项目规划和有效实施等。学习支架作为学习过程的辅助，承载支持学生学习建构，帮助学生理解和表征问题，自主探究分析问题、合作解决问题的功能。

8.1.1 学习支架的内涵

"支架"一词是从英文"Scaffold"翻译过来的，也译为"脚手架"，原是建筑行业中的一个术语，具体指建筑楼房时搭起的暂时性支持，这种支持会随着楼房的建成而被撤掉。美国心理学家伍德沃斯（Woodworth）最先借用了"学习支架"这个术语来描述同行、成人或有成就的人在另外一个人的学习过程中所施予的有效支持。

这其实是从维果斯基的"最近发展区理论"出发，教师通过搭建"脚手架"的方法，不停地将学生的智力从一个水平提升到另一个更高的水平，真正做到使教学走在发展的前面。为学生搭建"学习支架"的教学方式，本质上属于建构主义教学方式，很多研究也证实了借助"学习支架"的教学更有利于学生产生有效的学习和知识迁移，能够显著提升学生的学习成绩和问题解决能力。

8.1.2 学习支架的类型与作用

不同学者对学习支架的分类标准不同，因此学习支架的分类呈现多元性。在项目学习中，尤其是STEM课程中，教师更加强调学生在学习过程中的创意设计、动手实践、问题解决等能力。因此，结合 STEM 课程学习的特点，我们将学习支架分为 6 种类型[22]。

1. 情境型支架

教师通常在一个项目的启动阶段，为学生创设一个真实的情境或者面向未来的情境，促进学生进行沉浸式学习，强化情境理解，有利于学生对挑战性任务的兴趣和持久探究的动机。比如"智能控制的火星基地食物供给单元的设计"课例中，教师在项目启动时设置的情境为"中国国家航天局决定对已有的火星前哨站进行升级改造……"挑战性任务是"如何合理设计食物供给与循环利用系统，既能保证 50 名科研人员每天有新鲜的食物供给，还能最大程度实现植物不可食用部分的循环利用"，并同时播放国家航天局"天问一号"着陆火星的模拟视频，创设了一个相对"真实"的情境，助力学生快速进入课程学习。

2. 资源型支架

学生在项目实施过程中，经常会遇到由于学习资源不足而无法推进项目进行的情况，这时就需要教师为学生提供相关资源，助力学习进行下去，从而实现知识的调用、关联，以及提高学生提取信息和主动学习的能力。在课例"老桥改造"中，教师组为学生提供了苏教版《建筑机器设计》《城市桥梁设计规范》、桥梁匹配游戏网站、百度地图网站等支架，有效补充了学生对桥梁知识的不足和相关资源的缺乏。

3. 任务型支架

教学活动中为了进行任务拆解，需要让学生明确项目实施的整个流程，任务型支架能够帮助学生更有效地开展活动，促进学生认知的发展和思维进阶。课例"运载火箭"中，系列导学案、任务单及实验报告等，能够让学生在较短时间内对整个课程实施有初步且具象的了解。

4. 策略型支架

项目实施过程中，教师为学生在学习过程中遇到的问题提供设计、实验流程等策略型支架，帮助学生顺利完成学习任务，促进学生形成问题解决思路。课例"月球城堡磁防护"中，教师组提供了制作"云室"的详细流程，帮助学生将物理教材中的抽象场景转化为实际产品模型，帮助学生深入认识宇宙射线与各种辐射。

5. 交流型支架

教师与学生在项目学习的全过程中，必然要进行师生、生生之间的信息交流与互动。在课例"创意微拍 1+1"中，教师组设计的意见反馈单、共享文档编辑，为学生提供了交流的机会和方法，使学生理解并认同与他人相互协作学习的重要性。

6. 评价型支架

学生在项目学习的过程中，为检验学生的学习效果并对其进行反馈，使学生能够准确地了解与达成目标之间的距离，教师需要为学生提供自评或互评的方法。课例"智能控制的火星基地食物供给单元的设计"中的系列"学习评价方案及量规"，使学生能够从初入项目任务就有明确的学习目标、评价量规做引导，在项目的每个阶段，都明确了解所在小组与目标的距离和实现的可能性，促进学生及时反思和有效迭代。

8.1.3　适切的学习支架促进合作学习与自主学习

上述 6 类学习支架，在不同的 STEM 课程中，教师可以根据需要进行组合设计。教学实践中，根据课程实施时间在学校课表中时间和课后学习时间的比例，我们将课程分为强—教室场域型自主与合作学习型（大于 5∶1）、弱—教室场域型自主与合作学习型（小于 1∶3）。STEM 课程是复杂情境下的综合问题解决，因此课程通常会采取团队合作的形式完成。而在弱—教室场域型自主与合作学习型课程中，学生的学习时间主要在课下，包含学期中和假期中，教师组如何确保学生能够按照项目规划有效推进项目的进行并最终达成目标呢？这时就需要设计适切的学习支架来支持学生的合作学习与自主学习。

下面我们主要以课例"创意微拍 1+1"中的几个典型关键环节为例，与大家探讨。

"创意微拍 1+1"要求学生依据科技发展的历史和一般规律，畅想并描绘未来 50 年某项科学技术发展的前景以及对当时社会产生的重要影响，用舞台短剧的形式向同学、老师、家长、全市的居民展示某项科学技术发展的全过程，达到以中学生视角进行科普活动的目的。项目要求学生具备调研科技发展的历史、撰写剧本、学习拍摄等能力，这些均需要投入大量的时间和精力，课表中的时间是校本课程的时间，每周上课时间有限，且项目持续时间长，会持续到假期，属于弱—教室场域型自主与合作学习型课程。

团队组建环节：教师组提供了 2 个支架，一个为"优秀团队"画像，另一个为"团队名片"。"优秀团队"画像的设计主要用于学生在进行合作学习前，帮助学生理解团队的含义。"优秀团队"画像工具中包含"看上去是什么样？成员之间如何进行分工与合作？为什么需要进行合作？成员间的交流采取什么方式？项目如何有效推进？"学生通过对"优秀团队"画像的多角度探讨，最后形成本团队的"优秀团队"画像。"团队名片"包含团队名称、团队口号、团队成员、各成员的角色及工作职责、团队公约（奖惩、完成任务的约定）等。本环节设计的 2 个支架，有效地推动学生对团队合作的认识和价值认同，是完成剧目展演的基础。合作是当今社会的主要生活方式，人们在浏览社交网站、参与多人在线游戏、在线关注重大新闻事件和发展趋势时，大家互动、分享、合作、协调和创造，学生对此形成共识。

任务拆解与规划环节：教师组提供了 2 个支架，一个为"经典课例"分析，另一个为"项目实施规划"。"经典课例"的设计，旨在通过观看"经典课例"视频，让学生组内队员通过宣读个人观后感，团队讨论经典课例并尝试进行任务拆解过程，对任务拆解有初步的认识。"项目实施规划"包含针对本组选定项目的所有的阶段子任务的分析，合理规划各子任务的分工、参与人员、项目实施甘特图等，这对于高效完成项目极为关键。经过研讨后，各组需要提交任务分解与分工表，绘制本组选定项目任务的实施甘特图。本环节学习支架的设计，同时强化了学生的团队合作意识，明确了个人分工任务，在培养团队文化和团体感的同时，也注重了团队成员的个人发展。

剧本创作环节：教师组提供了 2 组支架，一组为"剧本分析"，另一组为"项目日志""合作学习评价量表"与"奖励量表"。教师组提供了《茶馆》《流浪地球》剧目的剧本,学生自主阅读学习。"剧本分析"的设计,旨在让学生表达出值得借鉴的心得,有助于学生在后续剧本创作的过程中恰当选择剧本主题;选择经典时间节点,要能以小见大,见微知著;且注意剧本台词要符合人物和时代特点。这是后续团队剧本合稿时的基础,剧本分析和合稿讨论也是团队合作学习的体现。通过"项目日志"的记录,强化团队成员专注于一个共同目标的信念和对项目进度进行管理的习惯。"合作学习评价量表"的设计,旨在确定良好的团队合作所必需的具体行为,该项目教师组将量表进行了分级设置,并且告知学生合作学习要纳入项目最终的评估中。"奖励量表"是依据团队内学生的工作量和完成度,帮助教师额外合理加分,有助于组内和组间的评定,也能促进问责和团队交流。由此可见,本环节2组支架的设计,建立起"合作学习"与"自主学习"的有效联系,保证各组在选定科技传播项目后能够按时、高质量完成剧本的创作。

表演与录制环节:教师组提供了2组支架,一组为表演练习过程中道具制作与服饰设计、表演练习、PPT制作与舞台设计的讨论表,另一组为正式表演与录制的效果量表。第一组支架的设计,旨在通过线上或者线下合作学习讨论,将原本考虑不够严谨周密的环节转化为相对合理的想法和实践。具体做法是,团队中每个成员均需针对上述环节发表想法或建议,前一个学生说出想法后,后一个学生需要在肯定前一位同学的观点上增加自己的想法,直到所有成员完成发言。这样保证了最后的正式演出质量。第二组量表的设计,旨在促进全班的交流与互动。此处教师组借鉴了"Think-Pair-Share"和"鲜花鸡蛋法"教学工具提供给学生作为组间项目评估的支架。Think表示学生需要独立思考,Pair意在学生与同伴进行交流,Share指在班级内进行分享;"鲜花鸡蛋法"用于给对方组2~3个方面的肯定及1个方面的建议。有效地使用上述工具,将学生的个体思考层面与合作思考层面结合起来,能够很好地体现学生从个体的、独立的思考到团队的交流及班级的讨论。

"创意微拍1+1"最终的产出为剧目展演,又因其教学实施活动的主要时间在课后,属于典型的弱—教室场域型自主与合作学习型课程。适切的学习支架在课程实施过程中保证了学生个人的自主学习和团队的合作学习,推动了项目有质量地完成,该学生项目在全国的未来工程师大赛中也获得了优秀的成绩。

2017年版2020年修订版高中课程方案及课程标准和2022年版义务教育课程方案及课程标准中明确提出了跨学科学习。国内外教育领域的专家学者也形成共识,STEM教育从本质属性上聚焦于科学技术的应用与创新,它特别关注学生创新精神和实践能力的培养,是世界课程改革的新方向。在自主学习和合作学习占比高的项目学习中,有效地搭建适切的学习支架,帮助学生跨越专业知识、实践技能、交流沟通等鸿沟,是STEM教育能够有效实施的重要途径之一,也是教师以学习者为中心理念的重要体现。

8.2 课例 10：创意微拍 1+1

主要学科：通用技术，语文，历史，美术。
预计课时：18 课时。
授课年段：高一，高二。
开发教师：吉林省吉林市第五中学王粤敏、姜曙光、刘阳。
授课教师：吉林省吉林市第五中学杨海英、王粤敏、张静。
指导教师：中国教育科学研究院刘志刚，北京市八一学校原牡丹，北京市海淀区教师进修学校陈咏梅、张乃新。

8.2.1 项目信息

1. 涉及领域 / 学科及核心内容

（1）**通用技术**：技术意识，工程思维，创新设计。
（2）**语文**：语言建构与运用，思维发展与提升。
（3）**美术**：图像识读，美术表现，创意实践，文化理解。
（4）**历史**：时空观念，历史解释，家国情怀。

2. 环境和硬件要求

（1）**专业教室的需求**：普通教室与演播厅相结合。
（2）**教室空间分布**：讨论、交流、资料查询等在普通教室，10 人一组，分 5 组，围坐式桌椅排列效果更佳，多边形、圆形均可。

舞台设计、分镜头排练、整体排练、录制等活动建议在演播厅进行，没有演播厅的学校，可以在比较宽阔的场地进行。

（3）**教室内的硬件、材料及工具**：教室所需硬件、材料及工具见表 8-1。

表 8-1 教室所需硬件、材料及工具

名称	规格	用途
计算机	笔记本电脑（常见办公软件、视频编辑、音频编辑、图片编辑等）	查阅文献、撰写剧本、图片编辑、制作 PPT
舞台	分镜头排练、整体展示、视频录制	排练、展示、录制场地
LED 屏	与排练舞台匹配（也可以用投影或教室电子屏替代）	播放 PPT（将观众带入特定时空、渲染氛围）
手机、摄像机等	AVI\MOV\DVCPRO50\DVCPROHD\DVCOM\BETACOM\BETAHD	拍摄微视频
打印纸	白色 A4 纸	讨论、思路外显、标记
图画纸、水彩笔	4 开图画纸；12 色以上即可	讨论、设计舞台、绘制海报

(续)

名称	规格	用途
制作道具材料设计演员服饰	根据学生所选的技术和对未来的畅想，准备相应的道具制作材料。例如木工工具一套、PVC板、泡沫、纸壳、丙烯涂料等	制作道具，设计演员服饰
便利贴	76 mm×76 mm	讨论、修正、表示

8.2.2 项目情境及挑战性任务

1. 项目情境

相关资料显示：中国公民关注和参加与科技有关的公共事务的城镇居民仅占16.3%，农村居民为8%。而根据自己兴趣参观科普场所的城镇居民仅为9.1%，农村居民为4.5%。然而，科技以及科技创新能力对整个人类社会的发展都起着至关重要且不可替代的作用。小到我们每个人的日常生活，大到世界各国综合国力的竞争，科学技术以及科技创新能力都起着决定性作用。

为了全面提高吉林市居民的科技普及率，吉林市政府决定聘请吉林市第五中学的学生作特聘科学技术普及讲解员，负责设计并演绎鲜活、生动的"创意微拍1+1"项目，对吉林市所辖居民进行别开生面的科学技术普及活动。

2. 挑战性任务

请你依据科技发展的历史和一般规律，畅想并描绘未来50年某项科学技术发展的前景以及对当时社会产生的重要影响。用舞台短剧的形式，向同学、老师、家长和全市居民展示某项科学技术发展的全过程。

用轻松愉快的方式，将观众带入到某项科技从起源、现状、未来发展趋势的全过程，沉浸式体验科学技术对人类社会产生的巨大影响，引领观众关注科技发展、认识科技创新的重要性，激励部分市民积极投入到科技创新的行列。既向身边的人们宣传某项科技，也让他们见证我们为某项科技的未来发展做出的不懈努力。

要求：体现团队合作，每个团队10~12人，自由组合。舞台剧表演时长不超过10分钟，一般以7~10分钟为宜。上交作品包括微剧本、创意说明、宣传海报、微剧视频。

8.2.3 项目整体分析

1. 项目整体分析

本项目是参考全国未来工程师大赛中"创意微拍1+1"项目设计的，基于真实情境的任务。团队教师依据高中多学科的学科核心素养以及中国学生发展核心素养，构建出本课程的知识图谱和素养主线。

借助跨学科知识与必备技能的紧密融合，解决真实问题。依据项目知识图谱，按照解决问题的流程，引领学生对项目进行拆解，构建出项目任务解决的路径。

项目的特点有三个：一是体现了科学技术与艺术的结合；二是突出团队合作以及自我管理；三是项目门槛低，对教师、学生要求不高，资金总投入少，适合全国各地区开展。本项目的实施需要学生在掌握一定的知识、技能和创新精神的基础上进行。因此，我们建议在初二到高二年级的学生中开展。

2. 知识图谱与问题解决路径

知识图谱与问题解决路径如图 8-1 所示。

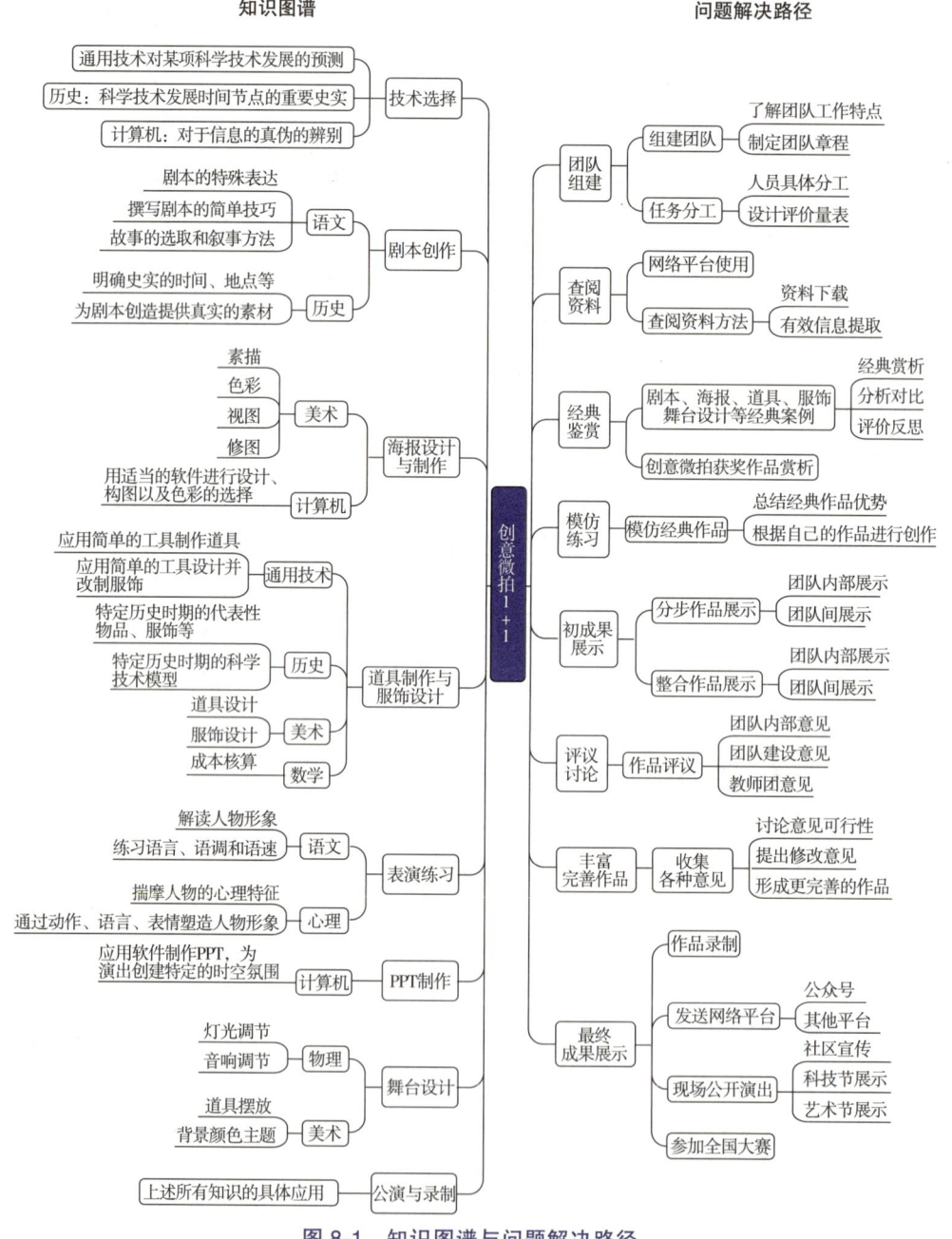

图 8-1 知识图谱与问题解决路径

3. 学情分析

（1）有一定的团队合作经验和自我管理意识。

（2）知道科学技术创新对人类社会进步的重要意义，可以综合分析各种因素对技术发展的影响。

（3）学习过一些简单的戏剧知识，知道几个简单的戏剧创作技巧，有欣赏国内外经典戏剧的经验；具有一定的舞台表演经验，例如演讲、歌舞、乐器演奏等。

（4）掌握简单的绘画技能，知道用图形、色彩的变化和搭配表达作者情感；能够建立道具、服饰与历史年代之间的关系。

（5）能够简单使用电子设备布置舞台、制作PPT、录制视频等。

8.2.4 项目学习目标及阶段性学习成果设计

1. 项目学习目标

（1）通过对一项科学技术起源、发展以及对未来的畅想，用艺术的形式讲述科学技术的发展过程，体验科学与艺术的融合，认识到科学技术发展对人类社会进步的重要作用。运用联想和想象，构想未来发展方向，增强对技术应用和创新的认识。

（2）通过项目学习，应用统筹思想规划项目的工作流程，在团队合作中提高自我管理能力，学会合作探究，形成健全的人格。

（3）通过使用时空观念标记时间节点的方法，制作某项科技发展的历史地图；搜集某一项科技发展历史资料，学会使用趋势分析，解读史料，建立因果关系，提升信息意识，建构历史观，领　悟社会责任和人文情怀、理性思维。

（4）通过撰写剧本，解读特定历史环境下的人物形象，设计突出人物特征的台词和动作，提高灵活运用语言的能力，运用口头语言和书面语言进行生动、有逻辑的交流沟通，增强对现实生活和文学形象的理解。

（5）通过用舞台剧、宣传画等方式讲述一项科学技术的产生、发展和对未来社会发展产生的重要影响，提升审美情趣、文化理解和创新思维。

2. 阶段性学习成果

（1）团队工作章程及项目推进进度表、各阶段工作日志组间研讨意见稿。

（2）重要时空历史图，附该技术创新发展中融合的技术和学科知识。

（3）分剧目剧本。

（4）本组剧目海报。

（5）表演服饰。

（6）演出PPT及舞台设计原型。

（7）演出视频及观后感。

8.2.5 项目学习整体规划

项目学习整体规划见表 8-2。

表 8-2 项目学习整体规划

总挑战性任务	目标	子任务/核心问题	问题链（串）	核心知识/关键概念/跨学科概念	核心素养（包含学科/课程核心素养）
团队组建	组建团队	填写调查问卷 制定团队工作章程 对于奖惩制度达成共识 设计一份学生工作评价量表 简介创意微拍项目要求 观看经典创意微拍1+1案例，撰写观后感	向团队简单介绍自己的特长和爱好 对于自己和团队有什么期待 团队工作需要哪些组织纪律 你认为什么样的奖惩制度更有利于团队工作 你认为从哪些角度评价伙伴的工作更合理 微拍案例可以分解为哪些部分	创设团队意识 了解团队工作的模式 共建奖惩制度 评价量表设计 构想科学与艺术融合	社会责任 自我管理 理性思维 健全人格
任务解读	项目解读	了解项目的构成 分解任务 设计高效工作流程	创意微拍的内涵及表现方式 创意微拍作品中涉及哪些学科知识 怎样的工作流程更有利于作品的完成 团队工作的主要工作时间节点有哪些 怎样分工更有利于团队工作	通用技术 语文 历史 美术 物理 化学 生物 地理 计算机 数学	理性思维 批判质疑 自我管理 问题解决
任务实践	选择技术	锁定某项科学技术 学习绘制时空图，准确清晰地表达某项技术的发展关键点 尝试结合历史背景研究技术发展的因果及趋向	你们为什么选择这项技术 你是怎么记录技术发展的重要时空节点的 你觉得哪几个时空节点特别重要 关于这项技术的未来发展，你有怎样的期待和畅想？你的依据是什么 实现畅想需要哪些知识和技能 列举演绎这项技术的历史和未来，你已有的知识和需要学习的知识	绘制历史事件时间轴和历史地图 根据科技发展历史畅想未来模型 已有学科知识 还需要学习的知识	技术运用 理性思维 信息意识 社会责任 问题解决

第 8 章　适切的学习支架

（续）

总挑战性任务	目标	子任务/核心问题	问题链（串）	核心知识/关键概念/跨学科概念	核心素养（包含学科/课程核心素养）
任务实践	创作剧本	什么是剧本 知道剧本的要素和常见写作手法 明确微拍剧本的立意和主题 撰写剧本设计意图 反复修改剧本	你认为好的剧本应具有哪些特征 根据你选择的技术重要时空节点，你想创建怎样的立意和主题 你想用怎样的方式撰写剧本 剧本中你将运用哪些手法渲染环境 你将怎样刻画主要人物的形象 怎样的动作配合台词更合适	剧本的要素 立意与主题 剧本写作手法 细节描写的作用 重音对语句意义的影响	人文情怀 审美情趣 勇于探究 家国情怀 语言建构与运用 思维发展与提升
	海报设计制作	设计海报 制作海报 撰写海报设计意图 素描、色彩等绘画基础 计算机修图、绘图等简单的设计软件	你知道海报与传统画作有哪些不同吗 海报有哪些类型，其作用有何不同 你最想突出的是微拍作品中的什么内容 怎样设计更能凸显你想表达的内容 你选择用哪种方式制作海报	海报的类型 海报的构图 海报的意义	审美情趣 美术表现 创意实践
	道具制作与服饰设计	知道道具的种类和作用 知道不同历史时期、不同民族、不同地域的服饰特点 根据剧情需要从成本、效果等角度思考如何设计并制作道具 根据剧情、风俗、人物身份、历史特征，从成本、效果等角度思考如何设计并制作表演服饰	你想怎样带领观众穿越时空 设计制作呈现古代和未来道具时，你都需要考虑哪些问题 你认为怎样使用材料更合理 你是怎样在保证效果的同时降低成本的	道具设计和制作 服饰设计和改造 常见材料的性质与价格 选择适合的材料 成本计算	理性思维 勇于探究 勤于反思 劳动意识 技术运用 工程思维
	表演练习	学习舞台表演基础知识 在结合剧情、历史分析人物性格特征的基础上表演 根据人物性格特征，练习诵读台词，并结合人物特征，标注台词的重音以及配合的表情动作	你想通过哪些元素表现人物的性格 尝试变换重音位置读同一句话，体会用不同重音读出的同一句话，其含义有何不同 请你想象肢体语言在表演中有哪些作用 你是怎样将台词与肢体语言融合的	语音和语调 肢体语言 情绪表情 台词与肢体语言的完美融合	语言建构与运用 思维发展与提升 创意实践 文化理解 审美情趣

（续）

总挑战性任务	目标	子任务/核心问题	问题链（串）	核心知识/关键概念/跨学科概念	核心素养（包含学科/课程核心素养）
任务实践	PPT制作与舞台设计	制作PPT 设计舞台	你认为PPT在创意微拍中的作用有哪些 在你们的微拍作品中，PPT哪些地方需要淡化，哪些地方需要突出 你认为舞台设计需要考虑哪些因素 灯光和道具对你们表演的意义是什么	PPT制作 音频编辑 视频编辑	技术意识 工程思维 创新设计 创意实践 审美情趣
	演出录制	彩排 演出 录制 灯光、道具摆放 上下场 前后台配合 收音设备	你认为彩排对演出有什么意义 预测并解决演出中可能出现的问题 你认为彩排时应注意哪些问题 你认为让演出更连贯的做法有哪些 如何解决前台演出和后台PPT配合问题 你选择哪种工具和软件录制作品，它的优势有什么	彩排 统筹 合作 PPT制作 录制设备与软件	创新设计 创意实践 美术表现 问题解决 自我管理
评价反思	评价与反思	如何才能公平、公正地评价每一位学生这段时间的工作 如何才能公平、公平地评价每一个作品 设计一份学生工作评价量表 设计一份作品评价量表	在实践和反思的基础上修改你的评价量表 填写调查问卷（关于自己和团队） 对比组建团队时与完成作品后的调查问卷 你认为怎样的评价才能充分体现每个人在项目工作中发生的变化以及做出的贡献	表达交流 评价反思 增值评价	质疑判断 自我管理 勤于反思 信息意识 勇于探究
投票推选	作品推选	根据大家制定的评价标准评选各种奖项 投票推选代表班级参加校级评选的作品	你认为哪个剧本最佳，理由是什么 你认为哪个海报最佳，理由是什么 你认为哪位同学的表演最佳，理由是什么 你认为哪个PPT效果最佳，理由是什么 你认为哪部作品的舞台设计最佳，理由是什么 你准备推选哪个作品代表班级参赛，理由是什么	评价 增值评价	理性思维 批判质疑 勇于探究 健全人格 自我管理 社会责任

8.2.6 STEM 项目的实施过程

1. 明确问题

用"创意微拍1+1"的形式向居民展示一项科技发展的历史、现状并畅想未来。在普及科技的同时感悟科技创新在国家综合国力竞争和人类命运共同体发展中所起的重要作用。

（1）出示情境

为了全面提高吉林市居民的科技普及率，吉林市政府决定聘请吉林市第五中学的学生作特聘科学技术普及讲解员，负责设计并演绎鲜活、生动的"创意微拍1+1"项目，对吉林市所辖居民进行别开生面的科学技术普及活动。

用轻松愉快的方式，将观众带入到某项科技从起源、现状、未来发展趋势的全过程，沉浸式体验科学技术对人类社会产生的巨大影响，引领观众关注科技发展、认识科技创新的重要性，激励部分市民积极投入到科技创新的行列。既向身边的人们宣传某项科技，也让他们见证我们为某项科技的未来发展做出的不懈努力。

（2）发布挑战性任务

作为创作团队，请依据科技发展的历史和一般规律，畅想并描绘未来50年某项科学技术发展的前景以及对当时社会产生的重要影响，用舞台短剧的形式，向同学、老师、家长和全市居民展示某项科学技术发展的全过程。

要求：体现团队合作，每个团队10~12人，自由组合。舞台剧表演时长不超过10分钟，一般以7~10分钟为宜。上交作品包括微剧本、创意说明、宣传海报、微剧视频。

2. 统筹要素

分解项目任务，用问题驱动引领学生运用跨学科知识和技能进行自主、合作、探究学习。重点培养学生的科技创新、自我管理、社会责任等中国学生发展核心素养。

总结由学生团队根据自身实际情况填写完成项目的限制因素。

团队怎么工作？

如何安排时间？

没有舞台表演经验。

没写过剧本。

……

【点评1】项目实施前，教师引导学生厘清限制因素，有助于项目的有效实施与达成。

不同的团队困难不尽相同。本着解决问题的态度与学生进行平等的对话，赋予学生真实、有意义的任务，在兴趣和责任的共同影响下，激发并激励学生战胜重重困难，对项目的顺利实施具有特别的意义。

3. 明确问题

（1）团队组建

组建创作团队，进行人员分工和制定合作公约，将团队工作以备忘录形式记录下来，见表8-3。

表8-3 团队组建工作备忘录

全队名称	
成员名单	
座右铭	
工作章程（成员自定）	
全体成员承诺签字	

【点评2】本项目的实施主要在课后，学生自主学习及小组内合作学习完成，因此在团队组建时对"学习小组"及"团队工作"的理解至关重要。

知道"学习小组"与"团队工作"的区别，制定团队成员都必须遵守的制度是后续团队和谐工作的基础，而庄重地在制度书上签字，既是对团队的承诺，也是对自我管理的决心。

（2）明确问题

针对挑战性任务，师生共同分析任务、提出问题、明确目标，形成完成任务的流程，认同做好项目的前提是准确理解规则，对项目实施进度管理意义非凡。①选择一项科技；②撰写一个剧本；③绘制一张海报；④设计制作道具；⑤设计改制服饰；⑥反复练习表演；⑦制作一个PPT；⑧录制发布作品；⑨讨论、评价同伴和作品。

【点评3】教师与学生进行任务解读的研讨，有助于学生对整个项目流程及目标达成共识，一定程度上避免了在实施过程中对任务理解偏差导致的实施障碍。

4. 项目实施

（1）选择一项科技

查询某项科技的发展历史，记录科技发展的重要节点，大胆地畅想这项科技的未来走向和技术成果对人类社会产生的重要影响。

提示：未来生活的方方面面，如衣、食、住、行；工业、农业、生活；学校、医院、商场；交通、能源、通信等。

（2）创作剧本

以科技发展创新为主线，用3~5个故事展示科技发展创新对国家综合国力竞争和人类命运共同体发展所起的重要作用。

你猜猜：以下故事串是以哪项技术为主线的？

故事一：马拉松的由来

故事二：一骑红尘妃子笑

故事三：物流时代的快递

故事四：人的意念与 AI 无障碍连接的物资传送

……

剧本的写作手法和立意，不仅能体现剧本的品位，更能激发学生的科技创新意识、社会责任和家国情怀。故事的选取要以小见大，故事的讲述要感人至深。

（3）**海报设计与制作**

设计突出剧本主题、构图精细美观、图文并茂的海报，宣传你们的创意微拍作品。图 8-2 是海报草稿。

【点评 4】借助海报制作的可视化表达，进一步促进学生的自主学习和团队的合作学习。

a)　　　　　　　　　　b)

图 8-2　海报草稿

海报的功能是让观众知道创意微拍结合了哪项技术，讲述什么故事，展示了怎样的未来生活。

（4）**道具制作与服饰设计**

用最少的钱做最好的道具和服饰，将观众们瞬间带入到过去和未来。把握时代脉搏，了解不同时空人的风俗习惯对道具和服装设计制作非常重要，如图 8-3 所示。

成本核算要建立在质量保障基础上。与选定技术匹配的道具和服饰，不仅可以使观众有代入感，而且可以促进学生"真实"

图 8-3　道具和服饰

体会科技进步的必然性及带动社会发展的必要性。

（5）表演练习

确定舞台表演特色，用抑扬顿挫的台词、大胆夸张的动作、细致入微的表情，展现一场惟妙惟肖的表演。声音洪亮、动作夸张、情绪饱满……是舞台剧表演的鲜明特征。要想让表演细腻、真实感人，润物无声地直击心脾，需要演员们认真研读剧本、勾画人物形象，以及反复练习，如图 8-4 所示。

a）

b）

图 8-4　表演练习

（6）制作背景与舞台设计

制作演出背景 PPT 与舞台设计，主要是营造氛围、配合演出，如图 8-5 所示。背景与舞台的完美契合，主要是为了增强代入感，带领观众穿越时空，再现经典，展示未来生活。

图 8-5　演出背景

恰当的背景设计和舞台设计，能够有效促进学生对选定技术在不同时空范围内的深入理解，以及体会技术对人类社会生活产生的影响。

5. 成果展示与评价

（1）彩排与演出

反复彩排，发现并解决问题。彩排中需要不断调试机器，调整舞台背景、灯光、配乐、道具、服装等。

（2）反思与评价

在一系列的工作中反思团队工作的特点，思考如何公平、公正地评价团队工作以及每一位成员的学习和工作表现。

团队工作评价可从作品质量、工作效率、工作氛围、团队成长、个人成长等角度开展。

个人学习、工作评价，不仅要考虑工作能力、工作热情、负责程度、个人贡献，还应该考虑项目中的个人成长、心理变化、情感等因素。

（3）投票与推举

投票项目、投票程序、投票效率和推举原则，均先由团队制定，再由班级集体审议、通过。投票程序决定效率，而程序的制定涉及数学、工程、技术等问题，需要教师特别重视。

6. 运营管理

对各班级推举出来的作品进行再次完善后，在各平台上演出、展示。

到社区进行宣传；在学校艺术节上展示；择优代表学校参加全国未来工程师大赛；走出国门与其他国家的学生和专家进行交流、展示和学习。

8.2.7 综评

课例"创意微拍1+1"基于学校的实际情况，进行了跨学科项目的学习和教学实践，课程按照工程实践的流程，在教师和学生共同研讨学习的基础上，使用恰当的学习评价工具（项目推进表、评价量表、他组意见稿等），推动项目顺利圆满完成。本项目中潜在的"教学难点"在于大多数课程学习与实践是在课后完成，教师不能使用传统课堂教学中的管理模式，而该教师组选择给学生提供恰当的学习支架和资源来促进学生学习，转换了课后的教学管理模式，值得借鉴。

建议：本项目借助戏剧表演的方式，对特定的科学技术进行传播，教师组经资料查询后是否可以将近10年的国内外相关科学技术进行分类，助推系列课程建设；另外，项目的最终产出以戏剧展演为主，是否可以考虑与戏剧教育相关内容进一步融合，邀请语文、音乐、美术等学科教师加入课程开发团队，助推学校跨学科教师团队的建设。

第9章 指向目标的表现性评价

9.1 导引9：表现性评价促进基于证据的STEM项目学习

基于核心素养的课程改革，意味着在"核心素养—课程标准（学科素养／跨学科素养）—单元设计—学习评价"这一连串层层递进的环节中落地生效。而评价则是这一链环中决定核心素养是否能落地的关键，它是课程与教学的"路标"。

指向核心素养的评价要为学生提供展示学习证据的机会，体现核心素养的学习结果需要高阶的思维、复杂的认知能力以及在真实情境中解决问题的能力，这就需要表现性评价的设计与实施，来评估、反馈、引导综合性素养结构的发展。

9.1.1 表现性评价的意义

表现性评价是对能力（或倾向）的行为表现进行直接评价的方法。通过客观测验以外的行动、作品、表演、展示、操作、写作等真实的表现，能够展示学生口头表达能力、文字表达能力、思维能力、创造能力、实践能力及学习成果与过程的测验。

1. 表现性评价与核心素养发展

大量的证据表明，表现性评价适合检测高水平的、复杂的思维能力，深化学生对关键内容、方法的理解，促进学生的高阶思维和学习迁移，例如批判性思维、问题解决、协同工作、沟通能力和元认知等。同时能支持更具诊断性的教学实践，促进课程与教学[23]。

2. 表现性评价与教学实践

表现性评价本质上是一种"基于证据的推理"过程，即根据学习者在少数特殊情境或任务中的种种表现作为证据，将原来"看不见"的思维过程转化为"看得见"的学习行为，推断其实际具有的知识、技能或成就。表现性评价是一种结构化的评估工具，是对学生学业表现中学习行为、知识、态度等学习过程，以及各种学习成果（如作品、口头报告、研究报告、论文等）的一组标准评估。不仅要利用评价和评价结果来追踪学生学习的进程，还要利用它们来帮助教师改善教学，教师可根据评价的结果来调整教学计划。

例如，在课例"智能控制的火星基地食物供给单元的设计"中有这样一个前测任务，"设计一个爬行动物蛋保护装置，以保证蛋的温度和安全。初步打算根据一些化学原理，用化学材料之间的化学反应产热，为蛋保温。"针对该任务有两个问题需要学生思考并表达，一个是有哪些解决问题的多样化角度，另一个是分析并描述这个任务有哪些限制条件。这样的前测任务，就是在分析判断学生的科学知识起点，以及工程思维水平，能够为教师设计学习目标和整合课程内容提供证据。

表现性评价能促进和改善学生的学习。表现性评价中清晰界定的目标为学生阐明了期望他们达到的学习结果，为学生提供有效的反馈信息，学生利用评价指标和标准了解自己的进步，评判自己的水平，清楚自己要到哪里，现在在哪里，距离完成还有多少，接下来要做什么……他们在多个STEM项目学习过程中，逐渐内化评价的标准，明晰自己的弱点和长处，能主动利用所学的知识有效改善自己的表现，提升自我监控能力，真正成为学习的主人。

3. 表现性评价与STEM项目学习

针对STEM项目学习目标而设计的表现性评价任务嵌入项目学习活动中，成为教学活动的一部分，确保表现性评价在课堂教学中的实施，它就是学习本身，而非额外添加，学生学习的历程和作品通常是评价的重点，因而是一种契合项目化学习特点的评价方式。

嵌入STEM项目学习的表现性评价，不仅促进学生的深度学习，还能更好地体现"目标—评价—实践—成果"的一致性，促进"课程—教学—评价"的一体化[24]。在STEM项目中，要以项目总目标为靶向，提炼关键阶段性和总结性学习结果，设计、转化为表现性评价，将其嵌入STEM项目学习任务中。

9.1.2 表现性评价的要素

华东师范大学周文叶提出了表现性评价的核心要素是学习目标、表现性任务和评分规则，并研究形成了表现性评价促进深度学习的课堂表现性评价实践模型，如图9-1所示。提倡应当采用并丰富"能检测学生的认知思维和推理能力以及运用知识去解决真实的、有意义的问题的能力"的表现性评价。

1. 表现性评价目标

表现性评价的关键是学生经历真实情境中的任务解决过程，并利用评分规则来引导和反思学习。不仅评价学生"知道什么"，更重要的是评价学生"能做什么"，以及"到了哪里"；不仅是对某个学习领域、某方面能力的评价，更重要的是对学生在STEM项目中综合运用已有知识、链接学习新知识进行实践的能力评价。

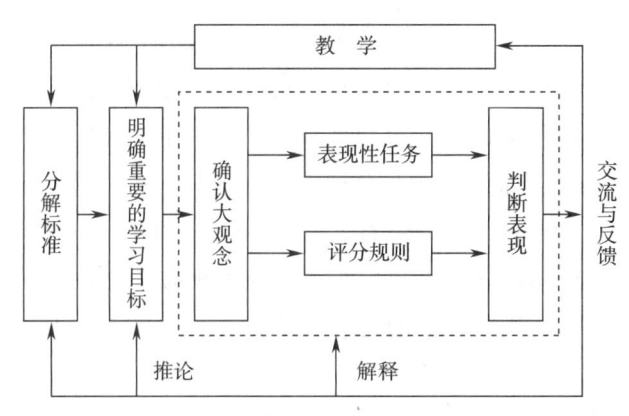

图 9-1 促进深度学习的课堂表现性评价实践模型

（1）明确评价的目的

要考虑评价信息的使用者是谁，是学生还是教师？或是家长、校长或其他教育行政管理者等？评价是为了促进学生的学习，还是对学生的学习进行评价？或者二者兼有？评价的目的不同，会在很大程度上影响评价目标的确立。STEM 项目学习具有很大的开放性与自主性，学生需要时时通过教师的反馈了解自己距离成功的标准，因此大多数评价信息的使用者为学生，且评价的主要目的是为了促进自己的学习。

比如课例"智能控制的火星基地食物供给单元的设计"，为了评价学生生物学和智能控制系统的基础、多学科知识和思路方法的水平、系统分析及统筹资源的能力等方面，为此项目任务做好的准备，以及可能的挑战与需求，提供了一个前测评价表，针对项目任务的完整过程设计了与1个总任务和8个子任务紧密相关的25个评价问题。学生通过自我评估、反思，对自己的认知水平进行全面的评价，促进学生在这个 STEM 项目中持久、深入地主动学习。

（2）筛选重要学习目标

STEM 项目中，学习目标往往是综合多样的，我们应该筛选重要的、核心的目标进行评价设计。那么应该筛选哪些知识、能力或品格来进行评价呢？

首先要参考的是各学科的课程标准，因为 STEM 项目是跨学科的，所以我们需要把相关的课程标准筛选出来。

第一，梳理概念的层级关系，向上归纳与提炼出跨学科大概念。指向大概念建构是众多表现性评价的预期学习结果之一。

在课例"智能控制的火星基地食物供给单元的设计"的表现性评价目标中指出，学生要综合运用动植物生理、数学建模、传感器与智能控制系统、生物学实践等来自生物学、数学、通用技术、信息技术学科的重要概念，从"系统与模型""结构与功能"等跨学科概念进行思考与实践，最终形成造福人类的太空产品。在具体实践中，能够形成"工程设计是基于科学原理的创意设计并不断迭代优化的过程"这一工程思维的认识。

第二，向下细化课程标准。课程标准往往很精炼，在确立评价目标时，要对课程标准中的某个内容标准描述进行逐级具体化展开，展开的具体目标一般都可以依次通过若干个不同的小任务，层层推进，通过不同行为表现形式，包括推断、归纳、解释等，依次展现学生是否达到这条内容标准。

第三，STEM 项目重点发展的能力。要清楚通用的科学探究与工程实践都包含哪些能力要点，每个能力要点有哪些具体预期表现，对于不同年龄段的孩子，不同能力的预期表现有什么差异。关于科学探究，义务教育和普通高中与 STEM 相关学科的课程标准里都有明确的能力要素、每种能力下的具体预期表现，不同学科的描述略有差异，相互补充，整体上具有一致性。

例如，在课例"智能控制的火星基地食物供给单元的设计"中明确指出了工程实践方面的评价目标，包括数据测试与方案优化能力、方案评估与决策能力，这些评价目标都能在 NGSS 对中学阶段的能力表现要求中找到相应的描述。

（3）评价过程与结果

哪些目标适合在过程中评价？哪些目标适合在结果中评价？这要在 STEM 项目的持续性评价设计时，统筹设计目标和评价方式。一般来说，如果学生在其他 STEM 项目学习中已有运用某一特定程序解决问题的体验，能清楚地说明步骤，并且在本 STEM 项目中能够收集到大部分或所有表现性证据，则侧重评价过程；如果大部分学习目标达成的证据是在结果中找到的，则侧重评价结果。

例如，在课例"智能控制的火星基地食物供给单元的设计"中，智能控制系统的设计、布局、搭建，是需要观察与评估学生的系统规划思路形成的过程，并且要评估布局搭建的技术和操作是否科学与恰当，这就不能通过产品模型的结果来判断，必须进行过程性评价。而对如何绘制设计图的过程不是该项目关注的重点，而是要关注设计图中表达出来的信息、信息之间的关系，以及如何形成这样的信息表达方式，更关注的是指向结果的评价。

2. 表现性任务

STEM 项目学习需要以学生为中心开展活动，让学生能够在真实问题解决中展示出可观测和评价的高水平、复杂的表现性行为。但需要注意的是，并非以活动形式进行的就是表现性评价，也并非学生表现了就是表现性评价。表现性任务可以是个人或小组任务，也可以是短期或长期任务，例如采访、设计、评判、科研、创意制作、汇报等真实复杂的任务。它需要情境、定义角色、展现挑战性的目标、明确项目产品以及受众。

在 STEM 项目学习中表现性任务的学习结果，可以是概念图、流程图、图表、图解等构答反应，可以是研究论文、实验报告、诗歌、艺术展览等作品，也可以是口头汇报、舞蹈、演示、表演、辩论、音视频等行为表现。目的都是为了弥补传统客观纸笔测验的不足，检测学生的高阶思维及其运用知识去解决真实、有意义的问题的能力，并在这个过程中促进学生得到自我发展。

例如，课例"智能控制的火星基地食物供给单元的设计"的表现性任务有项目任务规划、科学调查与方案初步设计、植物种植实验及评估初步方案、动物养殖条件探究及评估初步方案、实验箱空间规划及绘制设计图、实验箱布局及搭建智能系统、运行实验箱测试及优化、展示交流八个子任务，这些任务都具备表现性评价的特征，都可以以表现性任务嵌入整体STEM项目学习过程中，成为持续性评价方案中的主要组成部分。

3. 评价规则

我们可以根据表现性目标以及表现性任务来选择合适的评价工具。评价工具有不同的类型，它包括核查表、等级量表、整体性评分规则、分析性评分规则等。重要的是，学生能利用评分规则引导自己进行自我主导的学习，促进和改善表现。

以评价量规为例，评价量规描述了和标准相关、期望学生达到的表现水平，是一种描述性的评分规则，目的是为了分析学生的学习结果，它包括学习作品和学习过程。它包含评价作品的标准或所需的期望，从与目标一致的多个评价维度，描述各等级质量从优到差的标准。一般伴有成果或表现的具体例子，以阐明量规中的评分点。

在课例"智能控制的火星基地食物供给单元的设计"中，有完整的持续性评价方案，包括前测的调查问卷、分析工程任务、设计问题解决方案、工程任务的预算及项目管理四个任务。

使用学习过程中多个阶段性学习结果的评价量规，如"实验箱规划""种植方式规划""食谱设计""实验箱搭建""食物供给单元设计方案"等，帮助学生在复杂问题解决过程中始终有明确的目标和标准，引导、保障项目任务的完成。

终结性评价中有"成果设计""智能控制系统""实验箱测试与迭代""成果展示"四个维度，多个指标点和水平描述，帮助学生形成"以终为始"的学习习惯，学会目标导向的STEM项目任务解决的思维方式。

以"实验箱的设计、搭建与测试"的表现性评价为例，学生使用评价量规进行设计、引导搭建、指导测试迭代，可以很清楚地与学习目标建立联系，及时评估、讨论、调整与改进，不断建构丰富的、有深度的认识，运用密闭系统中动植物成功种养殖的生物学核心概念与"系统与模型""结构与功能"这样的跨学科概念建立联系。

后测主要通过访谈的方式，获取学生的整体收获，如"对项目学习方式的理解""核心概念建构""工程问题解决的一般思路""数据分析的认识""以人工智能来解决问题的方式""人类探索宇宙奥秘的向往"等，进行了完整的回顾和反思，进一步促进学生的自我监控学习过程与学习结果的能力。

9.1.3 表现性评价的实施

1. 评价前置，启动学生的自我系统

和传统纸笔测验不同，表现性评价需要学生完成表现性任务来展现自己的理解能力。

因此，我们要确信学生知道自己将要完成什么样的任务，有什么具体规定。学生对于他们需要获得的知识技能理解得越多，就越有利于他们确认自己在实践中需要努力的方向和应关注的学习效果。这种做法可以帮助学生更好地理解目标，朝着明确的学习方向前进，从而促进他们的表现，更有效地诊断优势和不足，发展学生自我评价的能力，使其成为学习的主人。

2. 量规伴行，指引学生进步路径

在课堂上实施高质量的表现性评价能促进学生的学习，其关键是学生经历真实情境中的任务解决过程，并利用评分规则来引导和反思学习。表现性评价在接近于现实的情境中实施指向关键能力的任务，让学生面对问题解决情境，综合运用已有的知识和经验来解决问题。就此而言，评价的过程实际上相当于一个学习过程。在这一学习过程中，学生基于任务的展开展示自己对概念的理解、思维经历以及任务解决过程。

3. 自我反馈，以评价促深度学习

学生使用评价工具来反思学习具体过程包括：观察自身表现、对比表现差距、分析差距原因、反馈改进措施。这四个步骤循环往复，螺旋式提高学生表现。

在课例"智能控制的火星基地食物供给单元的设计"中，项目任务大，学习过程长，表现性评价的任务种类多、评价量规多，学习结果和成果类型不同且作用各不相同。因此，在实施表现性评价时，就需要系统规划前置、中间给出、任务后共同形成这样三种实施阶段和方式，以及制定、解读、使用量规的类型，更需要注意评价的反馈如何进行以及何时进行。从而促进学生在项目过程中、收尾时和结束后，不断深化知识关联、问题解决思路形成和大概念建构。

9.2 课例11：智能控制的火星基地食物供给单元的设计

主要学科：生物，信息技术，通用技术。

预计课时：18课时。

授课年段：高一。

开发教师：北京航空航天大学附属实验学校中学部潘芳、吴培、韩彻。

授课教师：北京航空航天大学附属实验学校中学部吴培、韩彻。

指导教师：北京航空航天大学附属实验学校中学部潘芳。

9.2.1 项目信息

1. 涉及领域/学科及核心内容

（1）通用技术：设计图，材料，建模。

（2）信息技术：程序设计，智能硬件，软件使用。

（3）生物：人体营养，食物中的营养成分，生态系统的结构、能量流动和物质循环。

2. 项目实施的环境和硬件要求

（1）专业教室的需求：生物实验室。

（2）教室空间分布：使用生物实验室实施课程，上课时学生采用分组式的分布，学生分为三组，每组一张8人桌。

（3）教室内的硬件、材料及工具：见前言二维码中"课例11'智能控制的火星基地食物供给单元的设计'手册+附录"中的"附录一"。

9.2.2 项目情境及挑战性任务

1. 项目情境

2042年"问天十号"火箭将搭载3名男性航天员及2名女性航天员进行为期600天的火星基地建设与探测任务，为维持航天员的生命需要，运载火箭将会搭载一套完整的生物再生生命保障系统至火星。

2. 挑战性任务

请你为火星基地的生物再生生命保障系统设计一套食物供给单元，此食物供给单元在火星运行过程中须满足3名男性航天员及2名女性航天员600天的营养需求。

3. 约束条件

（1）食物供给单元应当满足航天员对脂肪、碳水化合物、蛋白质及钙、磷、镁、钾、钠等常量及微量元素的需求。

（2）为防止意外发生，作物产量应当大于需求量的150%。

（3）在满足食物供给需求的条件下食物供给单元占地面积尽可能小。

（4）作物种类在种植条件并不冲突的情况下尽可能满足更多的营养需要。

（5）实验箱由1 m×1 m×1 m透明亚克力板拼接而成，作物不得选择高株品种。

（6）光照、土壤灌溉的调节应当采用智能控制，实现精准化管理。

（7）实验箱应当实现对二氧化碳、氧气浓度及空气温湿度的数据采集。

4. 交付条件

完成火星基地食物供给单元设计图，设计方案须基于实验箱测试结果，保证完成2轮实验箱测试调整。

9.2.3 项目整体分析

从满足航天员在火星基地生存的食物需求入手，构建智能控制实验箱进行模拟测试，完成食物供给单元方案设计。

1. 知识图谱及问题解决路径

知识图谱如图9-2所示，问题解决路径如图9-3所示。

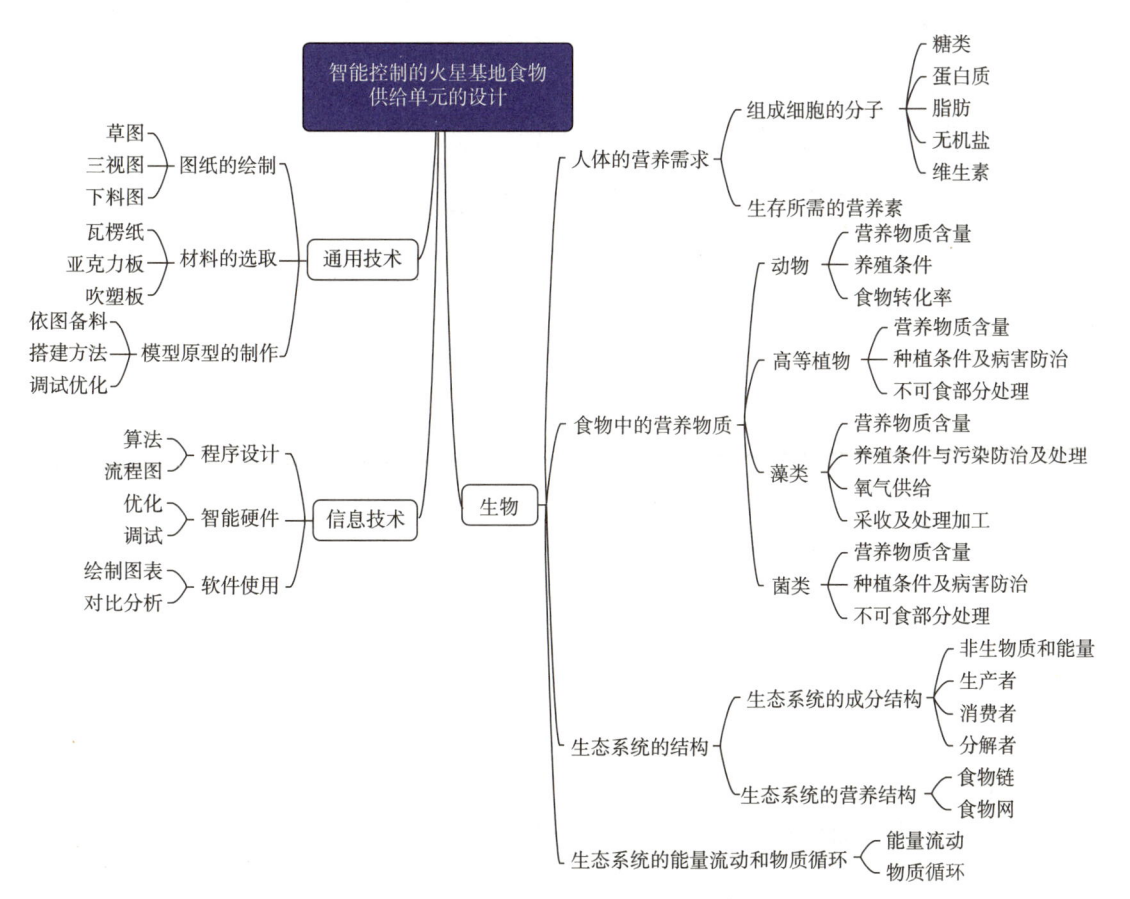

图9-2 知识图谱

智能控制的火星基地食物供给单元的设计

创设真实情境，学生接受任务书并在对任务书进行解读的过程中培养捕捉关键信息的能力。完成团队组建及项目初步规划，在过程中锻炼学生的工程思维和团队意识。本内容1课时。

学生将对上一课中选择的不同作物针对其特点采取不同的育苗方式，包括土培或者借助植物组织培养技术完成育苗。光靠植物很难满足航天员的营养需要，而昆虫可以通过食用植物的不可食部分进行成长，从而可作为食物的补充。在饲养昆虫的过程中学生设计实验，在敷料中添加不同比例的植物不可食部分，并观察昆虫的生长情况。在实验的过程中，学生的数学思维与科学思维也会得到锻炼。本内容2课时。

在实验箱的运行过程中，学生进行观察与记录，对收集到的数据进行分析，尝试解释正常或异常数据出现的原因并进行总结，根据实验箱数据的反馈结果进行调整，完成本团队的食物供给单元设计。在探究过程中培养学生归纳总结的能力和逻辑思维能力。本内容1课时。

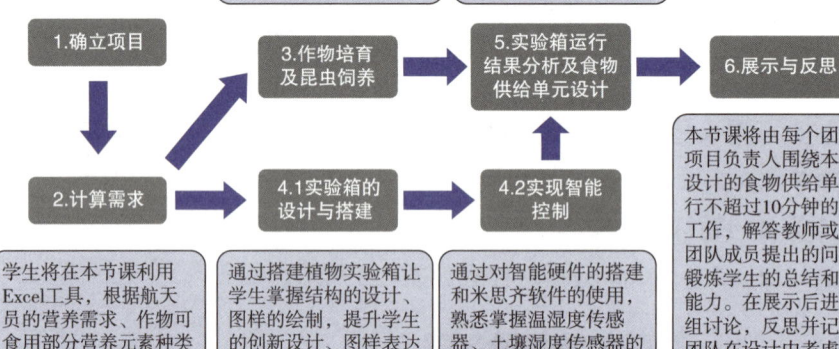

```
1.确立项目 → 3.作物培育及昆虫饲养 → 5.实验箱运行结果分析及食物供给单元设计 → 6.展示与反思
    ↓                ↑                         ↑
2.计算需求  →  4.1实验箱的设计与搭建  →  4.2实现智能控制
```

学生将在本节课利用Excel工具，根据航天员的营养需求、作物可食用部分营养元素种类及含量、亩产量、作物生长周期等参数对作物进行选型，并完成实验箱的规划。在这个过程中学生将设计公式完成计算，数学能力和信息技术能力将获得提升。本内容1课时。

通过搭建植物实验箱让学生掌握结构的设计、图样的绘制，提升学生的创新设计、图样表达的能力。通过对整体设计分析，提升学生在面对技术问题时进行要素分析、整体规划、比较权衡的能力，能够更清楚地认识到整体设计对项目的重要性。本内容2课时。

通过对智能硬件的搭建和米思齐软件的使用，熟悉掌握温湿度传感器、土壤湿度传感器的使用方法，记录植物生存环境的情况，并实时更新。通过测量实际的土壤湿度值，掌握Arduino主控板对水泵电机的控制，更好地实现喷淋灌溉功能。这个过程培养学生的工程思维、计算思维的能力。本内容1课时。

本节课将由每个团队的项目负责人围绕本团队设计的食物供给单元进行不超过10分钟的汇报工作，解答教师或其他团队成员提出的问题，锻炼学生的总结和表达能力。在展示后进行小组讨论，反思并记录本团队在设计中考虑不周之处，尝试提出解决方案。在反思与优化的过程中培养学生的迭代思维。本内容1课时。

图 9-3 问题解决路径

2. 学情分析

（1）**前序知识**：本课程面向高一年级开设，高一学生在初中阶段生物和地理学科课程中学习了生态系统、植物的生命活动以及人的生命活动需要的营养物质等相关的知识，对火星探测、空间站建设等太空探索方面也有一定的认识。

（2）**技术基础及学科基础**：高一学生在初中阶段劳技课程中，适当体验过金工、木工、种植等生产劳动，在信息科技课程中具备一定的程序设计能力。在学科学习的过程中掌握了一定的学科基础知识和科学的思维方法，也具备一定的科学探究和实践能力，但是学生缺乏综合应用多学科知识开展工程实践。因此，学生将技术与学科知识进行迁移，应用于解决真实问题的能力较弱，教师需要为学生搭建适当的学习支架。

（3）**项目式学习经验**：学生在初中阶段较少体验项目式学习，因此相对缺乏项目式学习的经验，需要教师更合理地带领学生规划项目和实施项目。

9.2.4　项目学习目标及阶段性学习成果设计

1. 项目学习目标

项目学习目标旨在提升高中学生的核心素养和发展综合实践能力。

（1）通过探究航天员在火星的生存需求、种植食物选择以及设计实验对昆虫的养殖条件进行优化，有助于形成利用合理的论证来做出判断的科学思维方式，发展严谨的科学探究能力。

（2）运用计算思维识别和分析问题，抽象、建模与设计系统性解决问题方案；在搭建实验箱过程中锻炼构建模型、搭建实验箱和实现智能控制的物化能力。

（3）通过收集和分析数据，提高科学探究和数学建模能力，增强迭代意识和工程思维。

（4）学生在科学、技术、工程学和数学整合的 STEM 项目中，较好地用生命观念认识生态平衡的重要性，形成科学的自然观和世界观。

2. 阶段性学习成果

（1）火星基地航天员营养素摄取数据汇总表。
（2）火星基地备选作物营养素含量汇总表。
（3）实验方案与数据。
（4）植物种植制度与动植物选型。
（5）实验箱及智能控制系统。
（6）实验记录、实验数据分析及解释。
（7）实验箱及程序优化结果。
（8）食物供给单元设计图。
（9）评价结果表。

9.2.5　项目学习整体规划

项目学习整体规划见表 9-1。

表 9-1　项目学习整体规划

总挑战性任务	子任务/核心问题	问题链（串）	核心知识/关键概念/跨学科概念	核心素养（包含学科/课程核心素养）
设计一套应用于生物再生生命保障系统的食物供给单元模块，为航天员提供维持生存所必需的营养	子任务1：规划项目项目流程安排及职能分工	什么是生物再生生命保障系统 生物再生生命保障系统包含哪些单元 什么是食物供给单元	生物再生生命保障系统概念	生命观念 科学思维

（续）

总挑战性任务	子任务 / 核心问题	问题链（串）	核心知识 / 关键概念 / 跨学科概念	核心素养（包含学科 / 课程核心素养）
设计一套应用于生物再生生命保障系统的食物供给单元模块，为航天员提供维持生存所必需的营养	子任务 1：规划项目 项目流程安排及职能分工	怎么规划我们的项目 一个项目实施的流程是什么样的 如何组建我们的项目团队 我们应当怎么做才能完成项目要求 如何规划项目时间安排	项目实施的一般流程	工程思维 社会责任 区域认知
	子任务 2：收集并对资料进行评估分析，对相关信息进行提取与整合 根据计算航天员营养需求，设计食谱 根据计算食物供给单元规模，初步规划实验箱	为了设计火星基地中航天员的食谱，应当通过什么方式获得相关信息 为了完成项目任务需要哪些信息或知识 这些信息或知识应该通过什么渠道获得 对于这些资料信息应该如何整理提炼出有用的信息	维持生命活动所需要的营养元素	科学探究 生命观念 理性思维
		航天员在火星基地维持生存需要吃什么 在火星基地航天员每日需要什么营养元素维持生存 哪些农作物可以提供航天员生存所需的营养元素 每种农作物需要进食多少可以满足航天员生存所需要的营养元素	维持生命活动所需要的营养元素 绿色植物为生物提供食物和能量	生命观念 理性思维 数学运算 逻辑推理
		需要什么样的食物供给单元才能满足整个项目的航天员食物需求 如何计算食物供给单元需要多大规模 如何验证计算结果的可靠性	维持生命活动所需要的营养元素 生态系统的物质循环和能量流动	科学探究 理性思维 数学运算
	子任务 3：选择合适的种植方式和栽培方法 根据选择的种植方式调整实验箱布局 开展育苗工作	有没有什么途径可以提高空间的利用率 能否通过套作或间作等种植方式提高土地利用效率 能否通过提前完成育苗工作来缩短农作物在大田内的生长时间 能否通过水培或其他栽培方法更好地利用空间以缩小食物供给单元占地面积	绿色开花植物的一生 绿色植物的光合作用和呼吸作用 绿色植物对生物圈有重要作用 种植方法 栽培方式	理性思维 生命观念 工程思维
		新的种植方式是否可以迁移至实验箱进行测试 实验箱中的设计是否可以根据确定的种植方式进行调整	种植方法 栽培方式 实验设计 立体种植	科学探究 理性思维

第 9 章　指向目标的表现性评价

（续）

总挑战性任务	子任务 / 核心问题	问题链（串）	核心知识 / 关键概念 / 跨学科概念	核心素养（包含学科 / 课程核心素养）
设计一套应用于生物再生生命保障系统的食物供给单元模块，为航天员提供维持生存所必需的营养	子任务 3：选择合适的种植方式和栽培方法　根据选择的种植方式调整实验箱布局　开展育苗工作	完成实验箱的测试需要提前准备什么　实验箱内部作物如何栽培	植物栽培技术	生命观念
	子任务 4：收集资料，提取整合信息，阐述昆虫在生物再生生命保障系统中的作用　合理调整航天员的食谱　探究各类昆虫饲养的条件	为什么"月宫一号"中的实验员要以黄粉虫作为食物　如果只以植物为食能否满足航天员的营养需要　黄粉虫等昆虫作为食物比植物有哪些优势　这些昆虫在生物再生生命保障系统中是否还有其他的作用	昆虫在生物圈中的作用　人体需要的主要营养物质　生态系统的物质循环和能量流动	生命观念　理性思维
		如何将昆虫添加至航天员的食谱中　目前航天员的食谱缺乏哪些营养　黄粉虫等昆虫有怎样的营养价值	生态系统的物质循环和能量流动	生命观念　理性思维
		如何通过实验找到在饲料中添加植物不可食部分的最佳比例，在饲养黄粉虫的同时完成对农作物不可食部分的处理　实验中需要测量或者计算哪些参数？实验如何设计	生态系统的物质循环和能量流动	生命观念　理性思维　科学探究
	子任务 5：详细规划实验箱的空间结构　设计并绘制实验箱的草图	选择的作物是否可以共同生长在实验箱中　对于间作的植物种选择怎样的种植容器可以满足其生长需求　如何将植物布局才可以满足全部植物所需的光照	结构设计　种植制度　光补偿点与光饱和点	科学探究　理性思维　工程思维
		什么是草图？什么是三视图　草图及三视图绘制的方法　如何绘制一幅好的实验箱的草图	图样的绘制，如草图、三视图和下料图	图样表达　技术意识　工程思维　物化能力

（续）

总挑战性任务	子任务/核心问题	问题链（串）	核心知识/关键概念/跨学科概念	核心素养（包含学科/课程核心素养）
设计一套应用于生物再生生命保障系统的食物供给单元模块，为航天员提供维持生存所必需的营养	子任务6：按照设计草图组装实验箱，布局动植物在实验箱中搭载智能控制模块	搭建实验箱选择哪些材料 如何对材料进行加工 如何规划主控板和线路布局使其更加合理和美观	智能控制 传感器 结构设计 算法与程序设计 数据的采集	技术意识 工程思维 物化能力 信息意识 计算思维
		什么是智能控制 智能控制有哪些硬件组成 我们通过智能控制能做什么 如何布置灌溉系统可以满足全部作物的生长需要 实验箱中的信息采集传感器应当摆放在什么位置更加恰当 结合智能控制以后实验布局是否需要进行调整	依图备料 材料的特点、加工方式及连接方式 原型或模型的制作	技术意识 工程思维 物化能力 信息意识 计算思维
	子任务7：收集实验箱运行数据并进行分析解释 调整优化实验箱内部布局 绘制食物供给单元设计图	如何解释实验箱反馈的数据 氧气传感器的数据如何解读 二氧化碳传感器的数据如何解读 温湿度传感器的数据如何解读 动植物生长状态是否正常	数据的处理与应用 数据分析 生物与环境	理性思维 科学探究
		如何调整实验箱内部规划使其更加稳定 动植物的数量是否需要调整 传感器的位置是否需要调整 是否需要添加其他工具或仪器	空间规划 立体农业 传感器	理性思维 科学探究
		如何绘制食物供给单元设计图 如何按照项目要求完成设计 完成设计需要参考哪些信息	设计图的绘制	理性思维 科学探究
	子任务8：展示汇报项目成果 反思总结及优化设计方案	如何向其他人介绍我们完成的设计成果 对于食物供给单元有哪些深度认识	食物供给单元的组成 影响食物供给单元的因素	理性思维 工程思维
		对于食物供给单元的设计还有哪些地方可以优化	食物供给单元的组成 影响食物供给单元的因素	理性思维 工程思维

9.2.6　STEM项目的实施过程

1. 组建团队

教师在课堂中采用合适的破冰活动让学生互相了解，组织学生自由组建团队，这个阶段学生互相了解的同时教师也应当着重了解学生擅长的内容和兴趣点，针对对课程不同内容感兴趣的学生因材施教。随后由小组成员自行选拔组长，为小组命名，确定各成员主要职能并填写学习手册。就往期实施经验来看，课程实施过程中存在组长事事亲力亲为的情况，教师应当在课程中明确组长的责任与义务。如果组长领导力和团队凝聚力较弱，则教师需要在团队管理和任务分配方面适当地为其搭建一些支架，同时在团队管理方面给予组长一定的支持，见表9-2。

表 9-2　团队成员分工表

成员姓名	主要职能	参与工作
方明	设计	查资料，整理实验数据，完成设计方案，绘制设计图
冯月	设计	查资料，整理实验数据，完成设计方案，绘制设计图
张昊	组长	统筹规划，协调进度，决策，各项工作均参与
侯军	作物栽培	作物栽培，作物移栽，昆虫饲养，实验箱搭建
童欣怡	智能控制	文献检索，程序编辑，程序调试，程序优化
汪石	作物栽培	作物种植，小球藻实验，配置营养液
白淼	智能控制	文献检索，程序编辑，程序调试，程序优化
胡博宇	智能控制	运行及调试程序，实验箱搭建，作物栽培

2. 明确问题

（1）创设情境

2042年"问天十号"火箭将搭载3名男性航天员及2名女性航天员进行为期600天的火星基地建设与探测任务，为维持航天员的生命需要，运载火箭将会搭载一套完整的生物再生生命保障系统至火星。作为一名参与火星基地建设的工程师，请你为火星基地的生物再生生命保障系统设计一套食物供给单元应用于生物再生生命保障系统。教师为学生创设真实的情境，可以为学生的学习和探究赋予更大的意义，培养学生的社会责任感，提高学生自主学习的积极性。

（2）发布挑战性任务

以小组为单位，为火星基地的生物再生生命保障系统设计一套食物供给单元，此食物供给单元在火星运行过程中须满足3名男性航天员及2名女性航天员600天的营养需求。

【点评1】在帮助学生理解复杂概念的过程中，应当提供更多的资源型学习支架。

（3）初步了解

通过视频和图片帮助学生了解火星基地与生物再生生命保障系统的概念，理解地球和火星基地中各要素的差异。以文献资料帮助学生了解航天员的生存需要，如图9-4所示，理解不同元素在人体内的作用，确认航天员每日应当摄取的营养，了解各种植物的营养成分及其含量[25][26][27][28]。

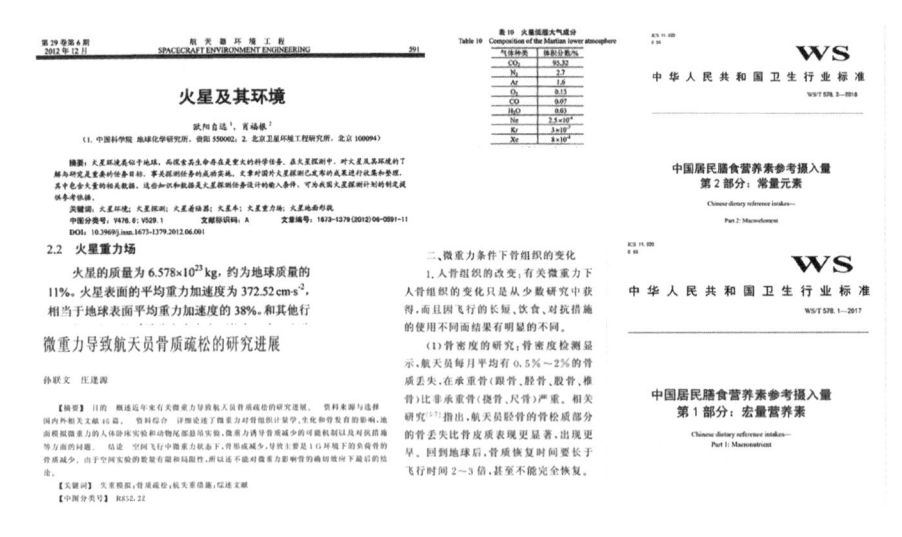

图9-4　文献资料

3. 统筹规划

引导学生将复杂的驱动问题进行拆解，拆解至学生可以理解并具有一定挑战性的次级驱动问题。随后带领学生将多个问题进行优先级的排序，对项目流程进行简单的规划。组织头脑风暴探讨解决问题所需要的条件，随后向学生介绍知网和国内外权威网站作为相关信息的获取渠道。

整理项目任务书中的约束条件，梳理出项目任务中的限制，例如实验箱高度、栽培容器土壤深度、实验箱内温度、耗材采买经费等。

（1）明确以下约束条件

1）作物种类在种植条件并不冲突情况下尽可能满足更多营养需要。

2）为防止意外发生，作物产量应当大于需求量的150%。

3）火星基地空间有限，在满足食物供给需求的条件下食物供给单元占地面积尽可能小。

4）实验箱由1 m×1 m×1 m透明亚克力板拼接而成，作物不得选择高株品种。

5）光照、土壤灌溉的调节应当采用智能控制实现精准化管理，应

【点评2】在明确项目任务流程的过程中可以将其涉及的专家知识进行外显，让学生明确自己在解决问题所需知识和技能上的不足，鼓励学生进行自主学习与探究。

第 9 章 指向目标的表现性评价

当实现对二氧化碳、氧气浓度及空气温湿度的数据采集。

（2）项目进度规划

项目进度规划见表 9-3。

表 9-3 项目进度规划表

项目内容	预计完成时间	主要负责人
查资料	9.22	方明
确定食谱	9.29	张昊
上报材料需求	10.9	张昊
育苗	11.18	汪石
搭建实验箱	11.18	侯军
编程	11.18	童欣怡
设计方案	12.9	冯月
画设计图	12.15	冯月
制作展示 PPT	12.20	张昊

4. 设计方案

首先组织学生根据航天员的营养需求表，计算各类营养元素的总需求量，并挑选多种作物摘录其各类营养元素含量，计算航天员每日各类作物的摄取量，通过搭配为航天员确定每日摄取各类作物量[29]，如图 9-5 所示。

			营养元素				单位: 克
	脂肪	蛋白质	碳水化合物	钙	磷	镁	钾
	55	65	120	0.8	0.72	0.33	2
		55					
合计	275	305	600	4	3.6	1.65	10
白菜	0.1	1.5	3.2	0.0316	0.033	0.001	0.0228
5	0.5	7.5	16	0.158	0.165	0.005	0.114
平菇	5.54	21.24	3.2	0.092	0.054	0.014	0.208
10	55.4	212.4	32	0.92	0.54	0.14	2.08
马铃薯	0.94	2.5	28	0.06	0.068	0.0023	0.0342
10	9.4	25	280	0.6	0.68	0.023	0.342
红薯	0.2	2.3	29	0.018	0.02	0.0012	0.013
10	2	23	290	0.18	0.2	0.012	0.13
大蒜	0.2	4.5	26.5	0.039	0.117	0.021	0.302
5	1	22.5	132.5	0.195	0.585	0.105	1.51
番茄	0.2	0.9	3.5	0.0008	0.037	0.009	0.163
5	1	4.5	17.5	0.004	0.185	0.045	0.815
紫背天葵	0.18	2	26.8	0.017	0.017	0.011	0.114
4	0.72	8	107.2	0.068	0.068	0.044	0.456
	205.7	10.1	-168	1.943	1.245	1.32	5.009

a）

图 9-5 航天员营养摄取计算

	营养元素		脂肪	碳水化合物	蛋白质	钙	磷	镁	钾	钠	铁	单位: 克 锌
	每日需求量		255	600	305	4	3.6	1.65	10	7.5	0.076	0.0525
	总需求量		153000	360000	183000	2400	2160	990	6000	4500	45.6	31.5
	作物名称		脂肪	碳水化合物	蛋白质	钙	磷	镁	钾	钠	铁	锌
每日摄取量	胡萝卜	营养元素含量/百克	0.2	8.1	1	0.032	0.038	0.018	0.19	0.121	0.00003	0.00023
	10	营养元素总量	2	81	10	0.32	0.38	0.18	1.9	1.21	0.0003	0.0023
		尚缺乏营养元素	253	519	295	3.68	3.22	1.47	8.1	6.29	0.0757	0.0502
	菠菜	营养元素含量/百克	0.3	4.5	2.6	0.066	0.047	0.058	0.331	0.0852	0.0029	0.00085
	15	营养元素总量	4.5	67.5	39	0.99	0.705	0.87	4.965	1.278	0.0435	0.01275
	马铃薯	营养元素含量/百克	0.9	16.5	1.8	0.0008	0.06	0.023	0.357	0.006	0.0006	
	15	营养元素总量	13.5	247.5	27	0.012	0.9	0.345	5.355	0.09	0.009	0
	苦瓜	营养元素含量/百克	0.2	3.2	0.9	0.03		0.01	0.22	0.002		
	10	营养元素总量	2	32	9	0	0	0.1	2.2	0.02	0	0
	莴苣	营养元素含量/百克	0.2	2.2	1.7	0.056	0.049	0.014	0.41	0.006	0.003	0.0002
	10	营养元素总量	2	22	17	0.56	0.49	0.14	4.1	0.06	0.03	0.002
	花生	营养元素含量/百克	25.4	13	4.8	0.008	0.25	0.11	0.39	0.004	0.003	0.002
	10	营养元素总量	203.2	104	38.4	0.064	2	0.88	3.12	0.032	0.024	0.016

b)

图 9-5　航天员营养摄取计算（续）

随后教师以马铃薯为例，根据生长周期、亩产量、株间距等参数，并结合航天员的需求量，利用 Excel 表格通过公式计算食物供给单元需设计多大面积的马铃薯种植地，才能提供项目需求的马铃薯产量[30]。

学生将本团队选择的作物用教师演示的方式进行计算，算出全部作物的种植面积。计算过程中的全部数据均由学生自主获取，在这个过程中，学生通常会选择"百度搜索，随后随便打开一个网站就采用里面的数据进行计算"的方式，教师应当培养学生自主查阅文献资料或者在权威网站获取相关资料的信息意识。在计算过程中，学生使用 Excel 表格并不熟练，教师可以提供部分公式供学生使用，并且引导学生使用 Excel 中的算法完成大量的计算，而非逐个手动计算，如图 9-6 所示。

【点评3】在构建模型进行测试的过程中，教师可以通过创设情境的方式帮助学生理解各种立体种植方式的选择对空间利用的不同。同时可以鼓励学生多查阅文献，关注专家思考和设计的思路，并迁移到课程中。

种植面积	折合种植面积	种植密度（棵/平方米）	种植数量	育苗数量
75	0.25	25	6	13
	0			
	0			
	0			
90	0.3	36	11	22
	0			
	0			
	0			
125	0.416666667	16	7	13
	0			
50	0.166666667	4	1	1
	0		3	6
40	0.133333333	16	2	4
	0		8	16
	0			
	0			
300	1	25	25	50

图 9-6　实验箱种植数量换算

在完成栽培面积的计算后，教师向学生介绍实验箱的结构和材质，以及在食物供给单元设计项目完成的过程中借助实验箱进行实验验证的必要性及意义。通过利用实验箱进行实验获取数据来支撑设计的方式，养成"基于实证"的科学观念。

最后，学生将食物供给单元中应当栽培的植物数量和种植面积按比例缩小至实验箱中。根据作物种植密度及种植面积，完成实验箱的初步规划和布局设计，如图9-7所示。

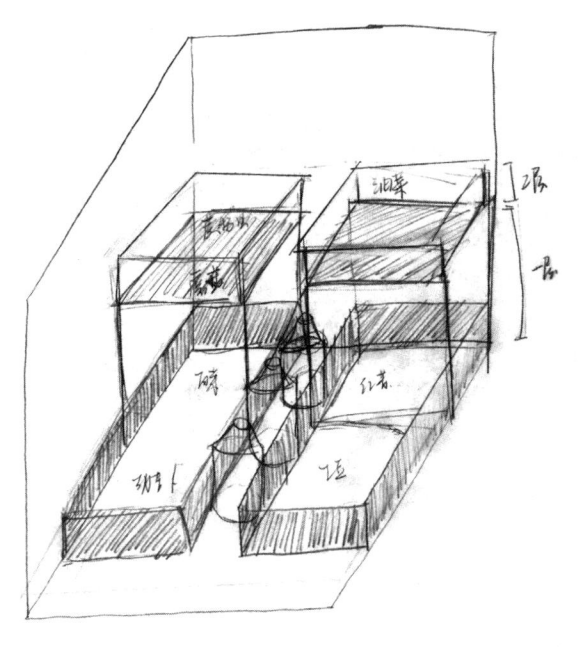

【点评4】教师提供多种育苗准备材料：沙壤土、园土、泥炭土、椰土、珍珠岩、蛭石、MS培养基供学生进行挑选及搭配。育苗穴盘，根据学生设计方案提供多种作物种子以及铲子、浇水工具等农具，有利于项目在一定程度的开放性下的完成效率。

图9-7 实验箱草图

5. 搭建模型

（1）实验箱内部作物种植

学生在这个环节中必须考虑多个要素进行决策，十分考验学生的统筹规划能力，因为实验箱内的空间有限且温度相同，学生选择的全部作物在这一温度下都需要确保能够正常生长，同时这些作物所含的营养物质还必须保证满足航天员的营养需求。学生在这个过程中需要掌握土培、水培、套作、育苗、移栽以及病虫害的防治等相关知识并应用于实践，最终完成实验箱内部植物的培养，如图9-8所示。种植容器的选择可以作为任务交由学生完成，教师为学生设下成本限制后，学生根据所选作物根长、常见种植方式等信息提交采购申请表，由教师统一进行采购。

【点评5】在开始育苗时，学生会通过知网等网站查找各种作物适宜的土壤、温度及湿度。学生也会发现符合营养需求的植物适宜的温度和湿度有时相差较大，这时根据新的信息对方案进行调整优化，在考虑诸多问题的情况下进行决策，在尽可能多地满足项目要求下寻找最优解，促使学生充分理解工程设计的权衡性。

a）育苗成果 　　　　　　　　b）作物栽培成果

c）网购水培架 　　　　　d）改造水培架使其适合实验箱

e）菌类养殖 　　　　　　f）小球藻养殖

图 9-8　实验箱内部作物种植

【点评6】 实验箱内的种植容器由学生自己选择设计制作，可利用种植箱进行土培，管式水培架、水箱等进行水培。鼓励学生提升实验箱内的空间利用率，尽可能在单位空间内生产更多食物。课程中鼓励学生进行创新，但在学生发挥想象力进行设计的过程中，也要要求学生寻找证据支持他们的设计，要求他们上交可行性分析，避免出现空想的情况。在这个长周期项目中有利于发展学生的工程思维。

（2）实验箱内部昆虫饲养

教师通过对食谱设计过程中存在蛋白质不足的情况进行分析，讲述蛋白质在生命活动中的作用。结合火星基地环境，讨论火星基地中蛋白质供给的途径。结合能量转化、植物不可食部分的再利用、蛋白质含量比例提出黄粉虫等昆虫可在火星基地作为蛋白质的提供者[31]。昆虫饲养过程中，可以组织学生对不同种类昆虫的食物转化率、不同饲料比例对昆虫体重增加及死亡率的影响等方面设计实验进行研究，这有助于培

【点评7】 真菌本身作为营养补充是相对优秀的食物，但是由于培养的空气湿度条件相对较为苛刻，很难与其他植物同时培养于实验箱中，或者需要更复杂的实验箱空间结构来使其可以共存。这也是体验工程设计中的权衡性过程。

养学生的科学探究意识。

（3）实验箱的结构搭建

教师讲授三视图及下料图的绘制方法，如图 9-9 和图 9-10 所示。在学生完成设计图的绘制后，带领学生按照设计图完成实验箱的搭建。

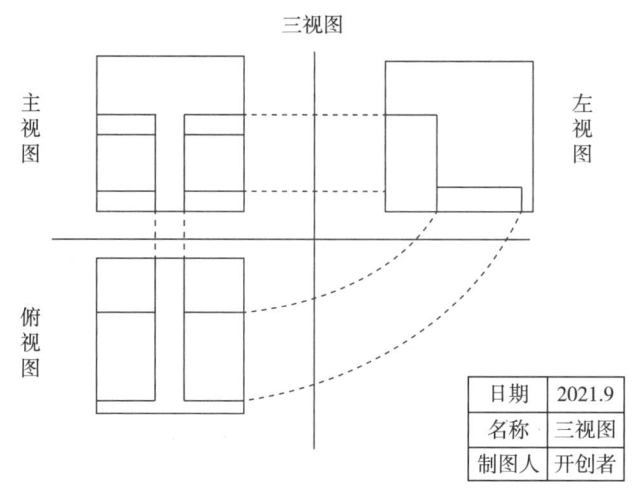

图 9-9　三视图

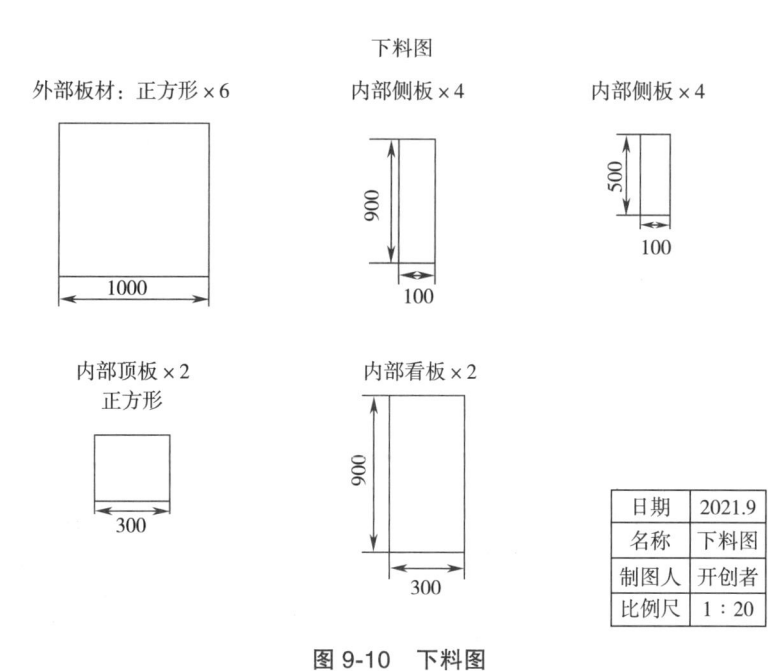

图 9-10　下料图

（4）智能控制系统的搭建

教师讲授智能控制模块各组件功能及程序编辑方法。学生完成智能控制系统的程序设计，并完成实验箱中智能控制模块的搭载[32]，如图 9-11 所示。

【点评8】在小球藻的养殖过程中，学生通过设计实验确定小球藻的采收时机及采收量，在确定食物供给单元中小球藻的养殖规模的同时了解生长曲线的绘制，并学习血球计数板的使用，经历完整的科学探究过程。

实验材料：小球藻种、营养液、培养容器（5 L 矿泉水桶）、无菌过滤透气封口膜、显微镜、血球计数板。

【点评9】实验箱密封运行过程中，监测氧气和二氧化碳含量的变化，记录数据并绘图分析。结合光周期推断变化产生的原因，根据推断对实验箱内部动植物结构进行调整，充分发展学生基于证据的推理论证能力。

a）土壤湿度传感器   b）水泵

图 9-11　智能控制模块

（5）密封组装运行

将各类传感器搭载至实验箱中，将实验箱进行封闭，模拟火星基地的密闭环境，让实验箱在密封状态下进行为期一周的试运行，同时监测并收集实验箱内部的温度、湿度、氧气、二氧化碳等参数，如图9-12所示。

> 【点评10】在根据传感器数据的解读对实验箱进行优化的过程中，鼓励学生寻找证据支撑自己的观点，基于实证发表自己的看法，进一步发展基于证据的推理论证能力。

图 9-12　实验箱外观

6. 数据分析

展示各团队实验箱运行一周后温度、湿度、二氧化碳、氧气、气压等传感器测量变化过程与最终状态，与一周前的参数进行对比，如图9-13所示。引导学生思考，得出可能导致实验箱参数变化的因素，对上述因素进行整理。对传感器检测的数据进行解读分析，并对实验箱中的现象形成解释。

同时对小球藻生长测定

图 9-13　进行二氧化碳和氧气含量监测

实验及黄粉虫食物转化率测定实验数据进行分析,如图 9-14 所示。在这个过程中教师组织讨论和分享,对于科学性的错误,教师需要及时地纠偏,对于学生的发散思维,教师不宜进行过多干涉[33]。

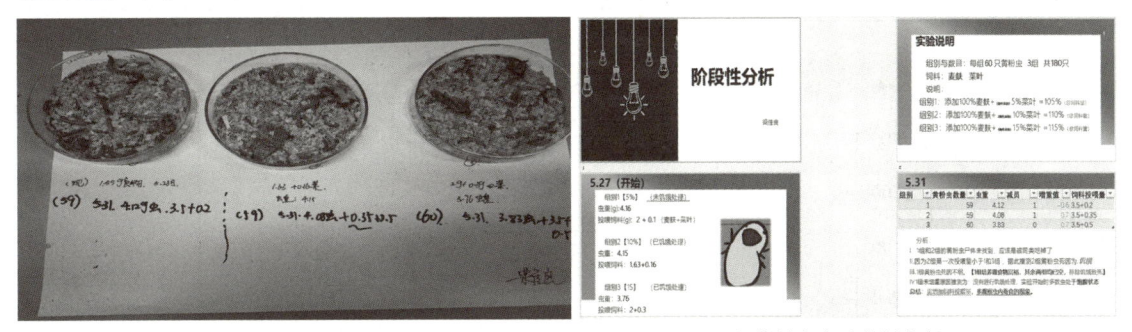

a)黄粉虫对照实验　　　　　　　　　b)黄粉虫实验数据分析

时间/天	1	2	3	4	5	6
小球藻浓度/1×10^6个/mL	2.65	5.125	9.875	22	25.43	17.3

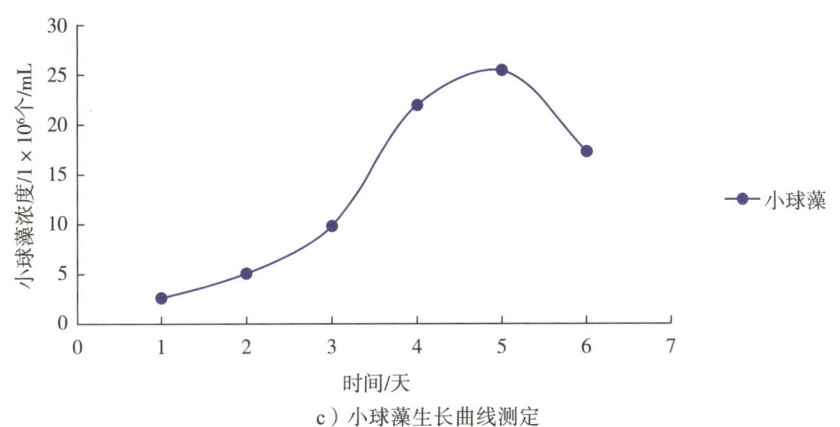

c)小球藻生长曲线测定

单盏补光灯照度与光敏传感器的值的关系								
	第一组	第二组	第三组	第四组	第五组	第六组	第七组	…… ……
照度/lux	97 000	54 000	28 000	16 500	11 000	5 000	2 400	
光源距离/cm	5	10	15	20	25	45	65	
光敏传感器的值	1 010	1 005	998	992	982	965	944	

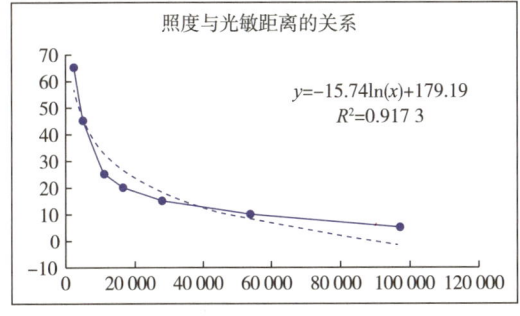

照度与光敏距离的关系　　$y=-15.74\ln(x)+179.19$　　$R^2=0.917\,3$

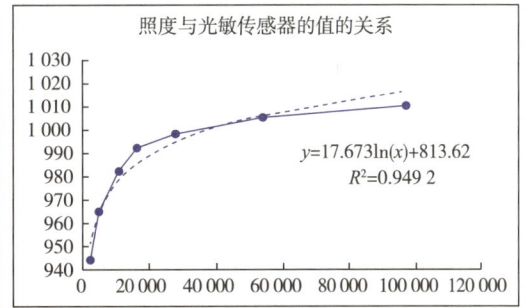

照度与光敏传感器的值的关系　　$y=17.673\ln(x)+813.62$　　$R^2=0.949\,2$

d)光照数据图表

图 9-14　实验箱种养殖实验及数据分析

同一位点土壤含水量与土壤湿度传感器的值的关系								
	第一组	第二组	第三组	第四组	第五组	第六组	第七组	第八组
土壤含水量/%	5.2	6.4	11.8	14.1	17.4	19.8	23.4	25.4
土壤湿度传感器的值	536	434	320	304	263	244	243	207

土壤含水量与土壤湿度传感器的值的关系

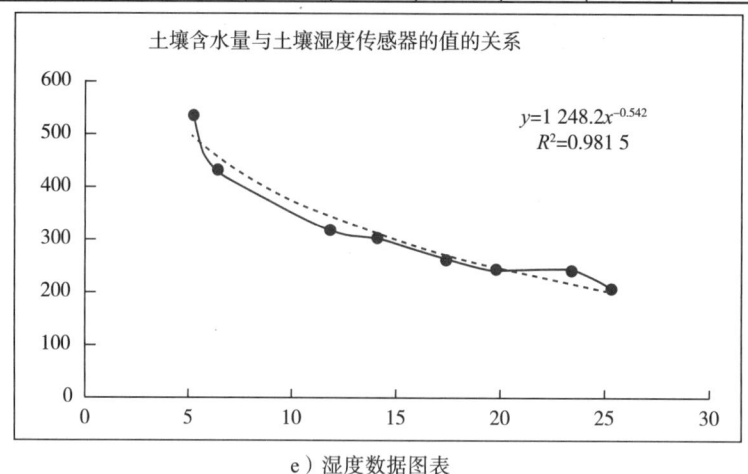

$y = 1\,248.2x^{-0.542}$
$R^2 = 0.981\,5$

e）湿度数据图表

图 9-14　实验箱种养殖实验及数据分析（续）

7. 迭代优化

教师对学生总结的影响因素进行评价和分析，提供建议，协助学生解决发现的问题。在实验箱的使用过程中，培养使用模型进行测试实践的能力。通过发现导致实验箱不稳定的因素，从而对实验箱中动植物数量和布局进行优化。在实验箱密封运行的过程中，学生发现与之前开放状态下运行不同，由于实验箱在测试过程中是密封的，运行原有浇水程序将导致实验箱内湿度过大，黄粉虫大批死亡，因此需要重新优化浇水程序，降低浇水量及浇水频率。

最后学生根据多次优化结果，如图 9-15 所示，结合最终测试数据完成食物供给单元的设计。

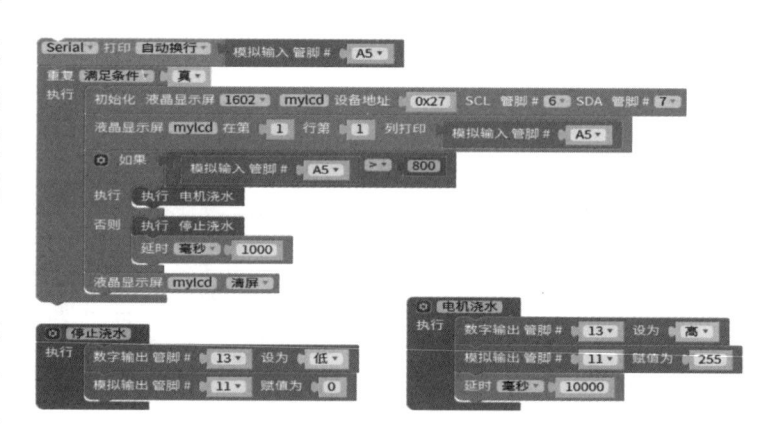

图 9-15　经过多次调试迭代后的程序编码

8. 方案评估

各组学生就本组的实验箱测试结果、故障分析以及最终的食物供给单元设计方案等进行汇总整理，并制作 PPT 进行展示。台下其他小组的学生与汇报者就其项目成果进行提问交流。随后，教师对项目成果中存在的问题进行提问，学生根据汇报者的表现填写评价表。在评价环节中，教师要引导学生关注学习目标是否达成，改变由教师单独评价的状态，鼓励学生本人、同学间、家长等参与到评价中，将评价变为多主体共同参与的活动，构建评价共同体。学生互评要淡化分数，强调关注他人的优点和长处，强调自我反思。

9. 运营管理

本课程内容距离真实运营有些远，课程最终成果为课例，"智能控制的火星基地食物供给单元"的设计方案。在课程过程中，学生需要考虑航天员对他们设计食谱的接受程度、搭建实验箱完成测试所需的成本、材料采购渠道等多种因素。同时，通过搭建带有智能控制的实验箱进行测试，学生体验了从了解需求、调研、设计构思、绘制草图，到构建实验模型进行测试获取数据，进行分析并迭代优化的产品开发流程，进一步加强了学生的工程思维。

9.2.7 综评

本课例是基于工程思维的学习模式进行的课程内容组织和学习方式变化的典型项目学习案例！

首先，项目主题是来自于航天领域的真实工程任务，对于学生很有吸引力，挑战性任务虽然是高复杂性的，但是跟学生的前序知识经验紧密关联，学生容易调用已有知识分析问题和解决问题。挑战性任务的完成虽然需要18课时，但科学探究和工程实践都是持续性活动，比如种植养殖实践寻找最佳条件、选择最佳种植方式、实验箱条件设置、布局传感器设计智能控制系统进行监测调控、实验箱环境对种养殖的影响及调节……很多学生都会在课余时间跑到实验室来观察、照顾自己组的小球藻、植物和黄粉虫。这些持续性探究实践活动相当于嵌入到学习过程中的表现性任务，实现每个阶段目标的过程和阶段性成果，都作为学习证据进行表现性评价的自评与他评，始终在复杂性任务中引导、支持学生回应总目标和总任务。为此，本课例设计了大量用于自评和他评的支架、量规等，参考本课例的附录二维码，能够更系统地进行了解。

其次，项目任务发布后，学生就像工程师一样，共同规划项目任务，讨论项目实施流程和分工职能与协作规则。这个实验箱单元的产出，经历了初步规划实验箱方案、依据种植方式调整实验箱布局、使用实验箱栽培作物、详细规划实验箱空间结构、绘制实验箱三视图和下料图、布局实验箱内的动植物、搭载智能控制模块、运行收集实验箱条件数据进行分析与解释、调整实验箱内部布局形成更稳定系统，共9个阶段的表现性任务。在这9个阶段，学生逐步认识到探究实践的过程是在创建一个"系统"，将选择动植物、在实验箱中种养殖、检测调控实验箱条件的智能模块等作为系统的组成部分，运用"结构与功能"观念对每个组成部分需要的条件、对系统的作用、相互之间的依存和影响等进行探究与论证，依据论证结果设计制作实验箱，并使用每个阶段的证据分析实验箱的不足和改进，促进了深度学习，提升了开发与使用模型的能力、数据建模能力和科学探究能力，发展了评估与决策能力，也极大地提升了系统性解决真实问题的能力。

尤其值得肯定的是，这个项目任务让学生真正理解了科学探究和工程实践的有机融合、相辅相成的关系，深刻认识到不同学科知识整合起来能有效地解决复杂问题！

第10章 发展创新素养

10.1 导引10：发展创新素养是STEM教育的必然追求

创新是人类文明进步与社会发展的根本动力，创新被认为是21世纪人才发展的关键特征，培养和发展中小学生的创新素养刻不容缓。一个具有创新素养的个体，能够利用相关信息、资源等，产生新颖且有价值的观点、方案、产品等成果，创新素养包括**创新人格、创新思维和创新实践**三个要素[34]。其中，创新人格侧重于情意因素；创新思维侧重于内在的思维过程和方法；创新实践侧重于外显的行为投入。创新素养需要这三个要素的协同作用，是创新人格、思维特质和实践行为要素交互作用的结果。

在学科融合的趋势下，STEM项目学习作为跨学科学习的一种形式，既是创新产生的环境，又是创新所需的手段，成为培养创新人才与创新能力的重要途径。STEM项目学习强调通过多学科交叉与综合促进学生建构新的知识体系，以解决单一学科无法解决或不能彻底解决的复杂问题。在此过程中，学生的创新思维得以激发，创新能力得到发展[35]。

10.1.1 STEM项目学习培养创新人格

1. 什么是创新人格

创新人格是美国心理学家吉尔福特（Joy Paul Guilford）首次提出和使用的一个概念，是指高创造性个体在创造性行为中表现出的品质类型。创新人格，即创造力的非智力因素，是人格（个性特征）在创造性活动中的表现，例如具有好奇心、开放心态、勇于挑战和冒险、独立自信等特质，即与创造性相关的非智力因素。创新人格对创新主体进行创新活动具有重要的驱动和调控作用。创新人格具有一定的稳定性，通常可以预测一个人在相关领域所能取得的创造性成就。

2. 创新人格的表现形式

国际上比较流行的对于创新人格表现形式的表述来源于吉尔福特和美国心理学家和认知

心理学家斯滕伯格（Sternberg R.J.）。吉尔福特提出创新人格有八个方面：①有高度的自觉性和独立性，不肯雷同；②有旺盛的求知欲；③有强烈的好奇心，对事物运行机制有深究的动机；④知识面广，善于观察；⑤工作中讲究理性、准备性和严格性；⑥有丰富的想象力、敏锐的知觉，喜欢抽象思维，对智力活动和游戏有广泛的兴趣；⑦富有幽默感，表现出卓越的文艺天赋；⑧意志品质出众，能排除外界干扰，长时间地专注于某个感兴趣的问题之中。

斯滕伯格提出创造力三维模型理论中的"人格特质"，包括：①对含糊的容忍；②愿意克服障碍；③愿意不断发展自己的观点；④活动受内在动机的驱动；⑤有适度的冒险精神；⑥期望被人认可；⑦愿意为被认可而努力工作。

我国学者也非常关注创新人格，北京师范大学资深教授林崇德的"创新人才与教育创新研究"课题组将创新人格概括为五个方面的特点及其表现：①健康的情感，包括情感的程度、性质及其理智感；②坚强的意志，即意志的目的性、坚持性（毅力）、果断性和自制力；③积极的个性意识倾向，特别是兴趣、动机和理想；④刚毅的性格，特别是性格的态度特征（如勤奋）以及动力特征；⑤良好的习惯。其中，申继亮分课题组提出的青少年创造性人格结构模型，包括九个维度：自信心、好奇心、内部动机、怀疑性、开放性、自我接纳、独立性、冒险性、坚持性，与STEM项目学习指向的学生创新素养发展目标是相契合的。

创新人格可以视作创新能力的"起跑线"，奠定了创新能力的发展基础，拥有旺盛的好奇心与丰富的想象力的学生无疑赢在了起跑线上。通过STEM项目学习培养学生的创新人格，**关键之一在于创设环境**，给学生一种畅所欲言、勇于思考、敢于创新的开放性教学环境，使学生敢于质疑，敢于坚持自己的见解，敢于与老师、同学讨论，最大限度地激发起学生的创新欲望，建立起自主学习氛围，支持学生主动、合作解决问题。**关键之二在于设计真实情境下的高挑战性任务**，能引发学生产生独特的见解，在独立自主中学会思考，掌握方法，获取知识，进行"再创造"的活动。**关键之三在于提供实时的支持与帮助**，触发和激励学生主动学习与深入思考，引导学生有深入、持久探究实践的耐心和坚毅品质。

例如，在课例"月球城堡磁防护"中，挑战性任务是"中国月球基地中的一个精密探测设备，面临太阳耀斑大量高速带电粒子的袭击，作为'太空工程师'们，为这台在月坑中的设备设计一套磁场保护方案"。学生面对如此陌生情境下高复杂性的高挑战性任务，始终在自主学习、产生想法、形成方案、论证评估、选择方案中保持着高昂的兴趣和强烈的创造动机，主动了解月球环境、自制云室、学习射线辐射计量与穿透力、认识地磁场、制作亥姆霍兹线圈、构建零磁空间、设计磁堡等，在各类表现性任务中都能表现出不同维度的创新人格要素。可贵的是，教师为学生准备了丰富多样的学习资源、探究实践工具与材料，预设了多个科学实验，提供给学生"天马行空"的发散思维和基于逻辑思维进行收敛内化所需要的支持与帮助。在这样的学习环境下，学生在不断提取出新概念、需要深入探究知识背后的思想方法、建立新旧概念与认知结构之间的关联时，是积极、主动、乐观和充满激情的，在深入探究实践的时候，是乐于迎接挑战的。

10.1.2 STEM项目学习发展创新思维

1. 什么是创新思维

创新思维是能引发新的和改进的问题解决方法的思维方式，是突破固有经验局限，从新的角度思考并形成独特创意的思维活动。创新思维高度强调新颖性与适宜性，思维的发散性与独特性意味着新想法的出现，而新想法的实行则需要逻辑思维的推理演绎与筛选综合来保证，经此过程后新想法才能蜕变成创造性想法。

创新思维在科学知识和技术的更新和发展过程中具有非常重要的作用。

例如，在课例12"月球城堡磁防护"中，学生具备了设计电磁城堡的基础知识，首先构建月球"零磁空间"，然后再选择超导材料建造人造磁场包围设备，之后分析限制条件和需求，计算超导材料搭建的结构和材料用量，最后设计总方案确保能够全面防护，且能够提供不小于1T的磁场。在上述四个环节中，学生在合作中不断迸发多种想法，经过讨论、推理、论证，筛选出符合科学规律的想法，在科学与工程实践中不断验证、调试，形成各组不同的创新性成果。

2. 创新思维形成的脑科学原理

创新思维是如何形成的呢？今天，脑科学的最新成果已经能够揭开这种默认模式背后的秘密。创新思维是在无意识状态下发生的，被称为大脑的"默认模式网络"，当大脑处于相对轻松、开放、安全的环境时，就会在过去和未来之间建立连接，思维会自动来回跳跃，联络皮质默默运转，这种遥远的连接正是创造力的来源，往往能够产生超脱常规的想法。

创新思维包括两个关键步骤：关联和重建。关联就是整合已有信息的过程，大脑神经系统通过寻找解决特定问题多维度的信息，构建成一张张不同的网络，这也是大脑的运作机制。当一个神经网络与另一个神经网络相互重叠、相互激发时，新的想法就不断涌现。重建是将这些看似没有头绪的新想法进行重组，成为一种理解既有信息又全新的思维框架。创新思维既不是控制呼吸、消化等身体功能的那种底层程序，也不等同于潜意识，它是人类的一种特殊能力，能让我们在默认模式下整合信息、思考问题、提出见解，而不是简单地对外界信息做出反应。

在心理学的视角下，迁移是创新思维形成的重要环节，并被视为知识转化为能力的关键。一般有两种情况，一种是从一个具体问题到另一个相似的具体问题；另一种是创新能力培养的重要途径，需要通过概括、关联、内化形成大概念，能够解决陌生情境中看似不相关的问题[36]。

在课例"月球城堡磁防护"中，学生要解决的问题很复杂，不过他们在思考和讨论中发现一些跟原有知识和认知相关的问题，比如，月球将遭遇宇宙射线的袭击，有哪些射线，强度有多大，跟地球受到的辐射类型一样吗，强度一样吗？地球是如何"躲过"宇宙射线辐射的？……这样的思考路径，可以很明确地看到学生是在运用已有物理知识与任务建立关联，也能看到类比地球的环境特征来建立与月球任务的关联。并将地球磁场对地球的防护原理，迁移应用到挑战性任务解决方案设计中，提出建造一个类似于地球磁场的磁性装置来进行防护。

尤其在自主学习中，多种类实践激发了学生的自主探索，获取了大量的新知识、新技能，从而促进学生发现新途径、新方法，并能够主动与既有知识建立关联和重组，并自主整合不同学科知识，迁移应用到复杂情境中。通过不断的自主学习，学生从最初的"建一个电磁场""用磁铁建造这个防护装置""使用其他磁性材料建造"见招拆招的想法，简单地对外界信息做出反应，逐渐加深和拓展对建造磁场的认识，促进学生不断整合新信息，重新反思解决方案，在大脑中重建对问题的认识和对问题解决的思考。

10.1.3 STEM 项目学习促进创新实践

1. 什么是创新实践

创新实践是指个体参与并投入旨在产生新颖且有价值的成果的实践活动。创新实践包含澄清目标或表征问题、搜集信息或资源、付诸实践（创意产生或问题解决）等环节。大量研究表明，无论是学生群体，还是工作场景中的成年人，对创新实践的投入程度越高，最后表现出来的创造力水平就越高。而且有研究发现，一个团队整体的创新实践投入程度会显著提升这个团队的创造力水平。

2. STEM 项目学习中的创新实践

创新思维和创新人格需要通过特定的创新学习活动来培养，而这种特定的创新活动的主要环节与真实的创新实践活动过程是一致的，包括发现问题、分析问题、设计方案、实施方案、得出结论、反思调整等步骤[37]。创新实践是在解决真实复杂问题中必然经历的实践性学习行为，一般包括创新技能和创新结果。STEM 项目学习就是依托于这样的复杂真实问题，重组教学内容和重构学习过程的跨学科教育，STEM 项目学习的真实情境和挑战性任务关联着学生的生活经验、认识世界的方式和多种学习方式，蕴含着解决问题的某一类知识、方法或过程。

因此，STEM 项目学习有利于学生在复杂情境下，依据相似特征进行类比来调用、整合相关知识和问题解决思路，多角度发现问题并进行清晰表述。在真实的复杂问题解决中，鼓励学生有意识地搜集、评估不同来源的信息或资源；激励学生主动探究、发现、概括、提炼出问题背后的学科知识、概念和原理，并能用来进行解决方案的创意构思；有利于激励学生对引入新的思路和方法秉持开放包容的态度，或者对已有解决方案进行重组，产生独特创意。在这个过程中，能够各具特色地将新知识、新思路和新方法与原有认识之间建立关联，实现认知结构的深度内化。

STEM 项目学习经常需要多个环节、多次循环深入进行探究实践，每个环节之间的逻辑顺序，常常在项目规划之初可能是预设不到的，但是却是在项目实施过程中产生的新认识、新想法带动进入下一个环节的探究中，有时是基于新问题进行的新知识探索、新技能学习，有时是对已有知识进行新的应用，有时是将形成的问题解决思路方法迁移到一种新场景或者新问题中进行创新实践，这都是创新能力发展的重要途径，这是通过在陌生情境中解决具体问题，多轮次建构新"关联"，在这样反复更迭的创新实践"循环"过程中，发展创新思维，培育创新人格。

创新实践的结果具有新颖性与价值性。

在课例"月球城堡磁防护"中，学生与老师一起查找了与这个任务相关的工程设计、物理学原理、材料科学、航天领域等文献和视频资料，整合、评估有价值的信息，尤其是各种工程解决方案。学生通过头脑风暴，使用整合的信息以及组内各位同学的知识基础，对这个任务提出了大量的问题，例如，月球环境特征、宇宙射线特点、月球零磁的实现方法、电磁场的构建、地磁场建造的材料等。自制云室并使用它产生不同射线进行观察，与原有知识建立联系；亲自测量了宇宙射线，纠正了既有认知的不足；制作亥姆霍兹线圈实现"零磁空间"，加深认识月球，深化磁场概念；不同组选择了资料中不同的磁场建构方案，结合不断深入的新知识、新技术的学习，设计了不同的独特磁场防护方案。

从课例"月球城堡磁防护"的评价方案、创新实践成果、学生在过程中的表现和阶段性成果中可以看到，学生的学习兴趣、提出问题的能力、自主学习的投入、合作学习中的创造力远远超越了以往的学习方式。

综上所述，创新人格是创新素养的内在要素，是创新的起点与根源；创新思维承接创新人格，能够将创新意愿演变为创新想法，自主学习是创新思维前序和持续的知识准备，对于产生新想法和将想法进行创新实践的角度有较大影响；创新实践中的创新技能是整合自主学习的结果并加以灵活运用产生创新性成果的能力，创新成果是运用创新技能对创新思维进行可视化表达，体现了学生的创新素养。

10.2 课例12：月球城堡磁防护

主要学科：航天，物理，通用技术。
预计课时：12课时。
授课年段：高一。
开发教师：北京市八一学校李洪健、常树岩，中国科学院理化技术研究所罗思扬。
授课教师：北京市八一学校李洪健、王祎然。
指导教师：北京市八一学校原牡丹、杨清源、魏月红。

10.2.1 项目信息

1. 涉及领域/学科及核心内容

（1）**航天**：月球，宇宙射线。

（2）**物理**：核辐射，测量宇宙射线，匀强磁场，地磁场，带电粒子运动轨迹，亥姆霍兹线圈。

（3）**通用技术**：工程设计，工程决策，设计图，建模。

2. 项目实施的环境和硬件要求

（1）**专业教室的需求**：通用技术教室（例如，北京市八一学校天问实验室）。

（2）**教室空间分布**：圆桌或方桌按三行两列等距摆放，6张桌子，每桌容纳4位同学。

（3）**教室内的硬件、材料及工具**：五金工具、电源、具备投影、笔记本电脑、话筒、白板等多媒体装置以及实验器材等，见表10-1。

表 10–1 项目材料清单

序号	品名	数量	序号	品名	数量
1	多媒体上课装置	1套	13	烟雾报警器	12个
2	笔记本电脑	6台	14	透明胶带	6卷
3	大型云室设备	1个	15	乳胶手套	1盒
4	液氮	2桶	16	白纸	12张
5	超导体	2个	17	剪刀	6把
6	干冰	2盒	18	桌签	6个
7	干冰桶	2个	19	LED小灯 接线柱	24个
8	自制云室套件	6套	20	铜丝钳	6把
9	酒精洗瓶	6瓶	21	接收线圈	6套
10	手电筒	12个	22	配件	1盒
11	巨磁阻探头	6个	23	学生电源	12个
12	超导磁悬浮轨道	6个	24	鳄鱼导线夹	24个

(续)

序号	品名	数量	序号	品名	数量
25	马达	12 个	55	小磁针	6 盒
26	二极管	24 个	56	磁偏转仿真程序	拷贝
27	开关	14 个	57	磁力计	6 个
28	导线	若干根	58	亚克力板	12 块
29	信号发生器	7 套	59	刻刀	12 把
30	特斯拉线圈（演示）	2 个	60	硅胶	12 条
31	超导带材	6 圈	61	美工刀	6 把
32	焊锡	6 个	62	辐射样品	6 套
33	钢钉	12 个	63	楞次效应套件	6 套
34	强磁铁	6 个	64	超导线圈	6 套
35	EVA 杜瓦罐	6 个	65	砂纸	6 张
36	小铁夹子	1 盒	66	液氮保温装置	6 个
37	钳子	6 个	67	电压 - 磁场标定程序	拷贝
38	铝板	6 张	68	亥姆霍兹线圈套件	6 套
39	铜线	24 卷	69	亥姆霍兹线圈仿真实验	拷贝
40	PVC 绕线管	14 个	70	直流双路电源	6 个
41	接线器	1 包	71	LC 电感表	6 个
42	铜线筒	6 个	72	采集卡系统	6 个
43	钢针	14 个	73	回形针	6 盒
44	塑料水杯	12 个	74	卷尺	6 个
45	磁铁套装盒	6 套	75	焊膏	6 盒
46	泡沫盒	12 个	76	电烙铁	6 个
47	黑布	12 张	77	镊子	11 把
48	铜片	6 片	78	焊锡套件	6 套
49	钕磁铁	12 个	79	双面胶	6 卷
50	盖革计数器	6 个	80	灯管	2 个
51	铁片	6 片	81	螺丝	24 个
52	铁钉	24 个	82	发射线圈	6 套
53	铁粉	12 瓶	83	铜板	6 片
54	EVA 泡沫	若干			

10.2.2 项目情境及挑战性任务

1. 项目情境

2003 年 10 月 15 日 9 时整，中国航天员杨利伟搭载我国自主研制的"神舟五号"飞船升空，开启了我国载人航天的新纪元。以"月球—火星"为主线的深空探测是 21 世纪人类航天活动的主旋律。载人航天不可避免地要暴露在空间环境下。空间环境通常指距地表 60 km 以上的区域，包括真空、低温、失重、等离子体、微流星体、空间粒子辐射等。

空间环境中辐射影响最为显著。在近地轨道短期载人飞行中，主要的辐射威胁来自于辐射带的高能质子和电子，传统的质量厚度屏蔽方法足以满足航天员安全防护要求。但在深空探测载人星际飞行中，几乎不存在磁场，若长时间遭受空间高能粒子长时间的辐照，人体器官接收到的辐射剂量累积到一定阈值会诱发癌变，生命安全会受到严重的威胁和损害。此外，宇宙射线对科学仪器也会带来损害，并且会干扰某些科学实验结果的准确性。因此，空间辐射安全是深空探测载人航天星际飞行亟待解决的一个重要问题，发展更有效的空间辐射防护手段，是未来深空探测的一项必要任务[38]。

假设 2050 年，中国在月球表面建立月球基地，开展月球及太空探测任务。一个月后太阳将爆发耀斑，大量高速带电粒子将袭击月球表面的设备和人员。有一台高精尖的探测设备，在太阳风暴期间必须保持工作。月球总指挥部决定把设备转移到月球坑中，采用可产生磁场的装置来保护设备免受带电粒子破坏，尤其是带负电的电子。

2. 挑战性任务

总指挥部面向八一学校的"太空工程师"们征集磁场保护方案，请基于高中学科课程中的相关知识，发挥创造力，设计出一套在月球坑中设备的磁场保护方案。

10.2.3 项目整体分析

本项目的总任务对于高一学生而言，是非常陌生的航天领域的"大"问题，可以分解为认识宇宙射线、观察宇宙射线、测量宇宙射线、防护宇宙射线、构建月球磁场、电磁城堡设计六个子任务，每个子任务都涉及与宇宙射线相关的概念和原理，并分别与学生的前序知识经验有关联。本项目知识结构和学习者前序知识经验的具体内容见表 10-2。

表 10-2 项目整体分析表

项目	子任务	知识结构	前序知识经验
月球城堡磁防护	认识宇宙射线	宇宙射线描述、种类、特点、来源，电磁辐射和电离辐射的区别	学生了解宇宙射线的来源
	观察宇宙射线	辨认宇宙射线、设计与制作云室、显示与记录射线	学生对宇宙射线有了初步的了解，具备基本的通用技术能力
	测量宇宙射线	盖革计数器的原理与使用、辐射单位及身边的辐射剂量、了解宇宙射线的危害和辐射标准	学生具备一些类似测试仪器的使用经验，比如万能表；知道核辐射的概念，了解核辐射对人体的危害
	防护宇宙射线	了解防护方法、认识磁场和匀强磁场、认识地磁场和月球磁场、定量测量磁场、带电粒子运动轨迹仿真实验	学生了解不同种类射线的穿透力以及防护方法，具备通用技术能力，初步了解洛伦兹力相关物理知识
	构建月球磁场	亥姆霍兹线圈、制备匀强磁场、搭建"零磁"空间、构建月球磁场	学生了解通电螺线管产生匀强磁场，具备通用技术能力
	电磁城堡设计	构建磁场防护，设计磁场保护装置原理图、定量描述磁场大小和方向、定性描述磁场屏蔽效果	学生具备制作海报能力、制作 PPT 能力、制图能力，会计算磁场大小，具有答辩报告经验

10.2.4 项目学习目标及阶段性学习成果

1. 项目学习目标

（1）了解宇宙射线的种类和危害；了解不同种类射线的穿透力以及防护方法。

（2）了解电磁辐射和电离辐射的区别；了解辐射的单位及一些常见辐射的剂量；掌握盖革计数器的使用方法。

（3）了解螺线管的电磁感应，知道螺线管内部可产生匀强磁场；知道地磁场，知道地磁场的成因及作用，了解洛伦兹力对运动电荷轨迹的影响。

（4）了解亥姆霍兹线圈的特点，能够动手制作出来，能定量测量磁场强度；了解月球磁场的特点，构建"零磁"空间。

（5）构建磁场防护，设计磁场保护装置原型图，定量描述磁场大小和方向，定性描述磁场屏蔽效果。

2. 阶段性学习成果

（1）团队合作公约。

（2）设计、制作云室。

（3）测量、记录辐射量，防辐射效率计算单。

（4）云室粒子轨迹变化任务单。

（5）制作的亥姆霍兹线圈。

（6）磁场保护装置原型图。

（7）科学海报、展示 PPT、演讲稿。

10.2.5 项目学习整体规划

项目学习整体规划见表 10-3。

表 10-3 项目学习整体规划

总挑战性任务	目标	子任务/核心问题	问题链（串）	核心知识/关键概念/跨学科概念	核心素养（包含学科/课程核心素养）
月球城堡磁防护	了解宇宙射线是什么，有哪些种类；了解电磁辐射和电离辐射的区别	认识宇宙射线	看到宇宙射线，了解宇宙射线基础知识	宇宙射线的种类、特点以及如何产生	物理观念 技术意识
	了解云室观察射线的科学原理和基本结构 协作动手搭建云室，培养动手能力和协作能力 用自制云室观察到射线轨迹	观察宇宙射线	了解云室 制作云室 实验观察	云室的发明历史和基本原理。教师将演示云室，进行现场拆解，讲解云室的组成、功能和如何制作。利用自己所做的云室观察环境中的辐射和烟雾报警器产生的辐射	科学探究 科学态度与责任 工程思维 创新设计

（续）

总挑战性任务	目标	子任务/核心问题	问题链（串）	核心知识/关键概念/跨学科概念	核心素养（包含学科/课程核心素养）
月球城堡磁防护	了解辐射的单位及一些常见辐射的剂量 掌握盖革计数器的使用方法	测量宇宙射线	了解辐射标准 实验操作测量	了解辐射标准和辐射来源。使用盖革计数器测量石材、陶瓷、烟雾报警器等样品，记录它们的辐射量	科学思维 科学探究 科学态度与责任 技术意识 工程思维
	了解不同种类射线的穿透力，以及防护方法 了解宇宙射线的危害 了解地磁场，知道地磁场的成因及作用 了解洛伦兹力对运动电荷轨迹的影响	防护宇宙射线	计算防辐射效率 防护宇宙射线方法 模拟防护宇宙射线 防护宇宙射线实验	介绍辐射的防护举措，利用盖革计数器测量纸片、金属片等样品的防辐射性能，计算防辐射效率 了解防护宇宙射线方法，学习使用匀强磁场粒子运动仿真软件，理论模拟磁场对电荷的偏转影响，在云室中加上强磁场，观察粒子轨迹的变化	物理观念 科学探究 物化能力 技术意识 创新设计
	了解简单的磁现象，知道螺线管内部可产生匀强磁场，制作匀强磁场，并测量与数值 了解螺线管的电磁感应，了解月球磁场的特点	构建月球磁场	制作亥姆霍兹线圈，制备匀强磁场，构建"零磁"空间，构造月球磁场	制作亥姆霍兹线圈，获得匀强磁场，用磁探头定量测量磁场强度，实现"零磁"空间，构建月球磁场环境	科学探究 物化能力 工程思维
	设计电磁城堡磁防护	电磁城堡设计	设计电磁城堡	综合利用前面所学知识，进行月球城堡磁防护设计	科学探究 科学思维 创新设计 工程思维
	制作海报和答辩PPT，展示汇报	展示报告答辩	展示报告答辩	展示海报，进行PPT答辩，评委提问答辩	物理观念 科学思维 图样表达 工程思维

10.2.6 STEM项目的实施过程

1. 组建团队

（1）分组

按"电磁"号码组队，男生抽签1~10号，女生抽签1~10号，男女生自由组合为5组。要求每组2名男生、2名女生，抽签号码相加不能超过30。调整座位，按小组坐好。

(2)团建

选队长，组员商议确定队名。例如：勇者无敌队，在桌签写上队名和每位学生的姓名，如图10-1所示。

图10-1 组建团队

【点评1】面对如此陌生的情境和高挑战性的任务，建立项目的意义与学生的关联是非常重要的。且指出了电磁防护这一任务范围，不过于开放和宏大，用学生熟悉的知识拉近项目任务与学生的紧密关系。

2. 明确问题

本项目课程需要解决的问题是如何保护"月球基地"不受宇宙射线和电磁辐射的影响，根据现有常见的解决方案，一般会把基地建在地下，有一定的深度或者使用铅板材料进行防护。这两种方案在月球上实施都面临较大的挑战，比如，建在月面下至少几十米深的地方，需要将大型设备带到月球，使用高密度的铅材料，载重增加很多，这都对航天飞行器运力的挑战较大。因此，继续研究月球环境，针对月面探测活动受宇宙射线和电磁辐射影响的问题，结合超导材料特性与月球极区深低温环境的特点，决定开展基于超导环的月面电磁屏蔽技术研究，尝试一种月面主动电磁防护技术，为未来月球科研站构建"月球城堡"。

【点评2】有明确的功能要求和设计要求，对于STEM项目学习而言是非常必要的！

3. 统筹要素

(1) 环境限制条件

载人航天不可避免地要暴露在空间环境下。空间环境通常指距地表60 km以上的区域，包括真空、低温、失重、等离子体、微流星体、空间粒子辐射等。深空探测载人星际飞行中，几乎不存在磁场。月球上白天温度可达127℃（260°F）。夜晚，月球表面温度可降至 −173℃，在极地的月球坑中，温度更是低到 −232℃。设计月球电磁堡需要考虑磁场和温度影响。

(2) 电磁城堡功能和设计要求

1) 月球坑内温度长期保持40 K，月球坑大小为半径10 m，深度5 m。

【点评3】在子任务和学习活动繁多的STEM项目规划中，前期的问题分解很重要，对这些学习活动进行排序，要与问题解决路径相一致，这可能造成知识出现的场景和顺序与以往不太一样，这时需要给学生以更好的支架和更有针对性的学习资源支持。

2）被保护装置的尺寸为 0.1 m×0.1 m×0.1 m；装置顶部要光学透明，不能被材料遮挡，画出保护装置外形图，保护装置外形图中的数据需要体现使用材料，以及各部分比例关系、具体尺寸、主要功能，对于关键的技术部位要进行图形展示。

3）建立防护模型，如图 10-2 所示。确定磁场方向，模拟月球表面防护过程，磁场大小不小于 1 T，磁场应包围住装置，尽可能防护 120° 夹角以外入射的带电粒子。另外，需详细描述其防护原理及设计数据，确保具有科学合理性。

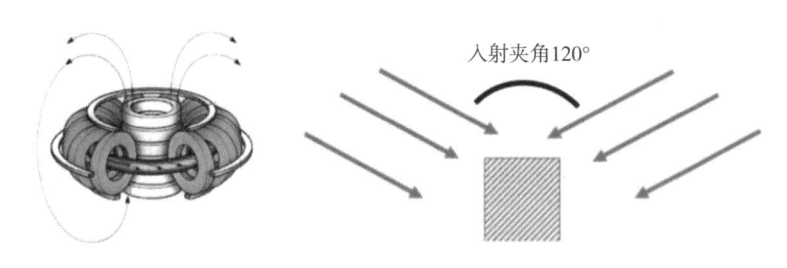

图 10-2　设计原型参考

4. 设计方案

本项目挑战性任务是"月球城堡磁防护"的方案设计，学生通过头脑风暴和设计规划，将单元任务分为 6 个子任务，分别是**认识宇宙射线、观察宇宙射线、测量宇宙射线、防护宇宙射线、构建月球磁场、电磁城堡设计**。每个子任务还可以分解为若干个问题，例如，认识宇宙射线任务可以分解为宇宙射线描述、宇宙射线种类、宇宙射线特点、宇宙射线来源等问题；观察宇宙射线任务可以分解为辨认宇宙射线、设计云室、制作云室、显示射线、记录射线等问题；测量宇宙射线任务可以分解为测试仪器的原理与使用、身边的辐射剂量、了解辐射标准等问题；防护宇宙射线任务可以分解为了解防护方法、认识月球磁场、构建磁场防护等问题；电磁城堡设计任务可以分解为问题描述、建立假设、设计磁场保护装置原型图、定量描述磁场大小和方向、定性描述磁场屏蔽效果等问题[39][40]。

5. 实施方案

（1）认识宇宙射线

在课堂上使用专业的云室设备进行演示，使学生观察到真实的高能粒子在云室中产生的轨迹，意识到身边存在射线，极大地激发了学生的兴趣。通过阅读提取信息，了解什么是宇宙射线以及宇宙射线的种类和

【点评4】使学生意识到身边存在宇宙射线，并且不同轨迹对应不同类型的粒子，为后续防护宇宙射线做准备极大地激发学生的兴趣，并让学生专注不分心。

特点，意识到辐射存在于我们身边，见表10-4。

表10-4 射线种类和特点

种类	是否带电	电荷正负	带电荷数	质量大小（与电子相比）
α 粒子				
β 粒子				
μ 子				
中子				
C 原子核				
γ 射线				

（2）观察宇宙射线

通过播放云室中各种射线粒子的运动轨迹，让学生对宇宙射线有视觉上的认识，并辨认画面中的粒子运动轨迹分别是由哪种粒子产生，并阐述理由。学习云室的基本原理，了解云室在科学史中的重要作用，认识到云室是观察宇宙射线的重要技术之一，加深对宇宙射线性质的理解。选择材料，自己动手设计、制作云室，利用自己所做的云室观察宇宙射线，如图10-3所示。

【点评5】通过让学生选择物料，加强对云室基本原理的理解和掌握。让学生体会制作云室的乐趣，锻炼学生的动手能力、团队协作能力、以及为观察射线做准备[41]。

图10-3 利用云室观察射线

第 10 章 发展创新素养

（3）测量宇宙射线

为了更好地理解宇宙射线对人体是否有伤害以及伤害程度，需要引入"辐射剂量"概念，了解辐射标准，对比普通公众安全辐射剂量和月球表面辐射剂量，认识到航天员在月球面临着严重的宇宙辐射危害。如何获得辐射剂量的大小呢？使用盖革计数器对带有微量辐射的物体进行测量，从而了解盖革计数器的原理，使用盖革计数器测量石材、陶瓷、烟雾报警器等样品，如图 10-4 所示，记录辐射量，亲身体会到很多常见的物品也存在辐射，比较不同物体辐射剂量的差别，并找到辐射来源。

【点评6】通过实验测量的方式，让学生能真实感受到辐射剂量的影响，对辐射剂量有更加直观的认识，亲身体会到很多常见的物品也存在辐射。培养学生定量记录、分析数据的科学素养[42][43][44]。

图 10-4　盖革计数器测量辐射剂量

（4）防护宇宙射线

如图 10-5 所示，寻找防护宇宙射线的材料，利用盖革计数器测量纸片、金属片等样品的防辐射性能，计算防辐射效率。发现真实问题：地球暴露在宇宙中，同样面临大量辐射，为什么地球上的生命不用特意进行防护？通过科学调查了解到，地球上除了有保护性的大气层，地球磁场可以使带电的宇宙粒子偏转，从而使地球上的生命免受太阳和宇宙辐射的伤害。地球磁场偏转带电粒子的原理，本质就是洛伦兹力。在云室中加上强磁场进行模拟实验，观察粒子轨迹的变化，理解洛伦兹力，认识磁场对带电粒子的偏转影响。

【点评7】了解不同类型粒子的穿透能力，以及通过阅读材料，使学生了解宇宙射线的危害和防护的必要性，学习计算防辐射效率的方法，了解材料的防辐射性能。了解防护宇宙射线方法，从而引出月球城堡磁防护宇宙射线的合理性。

图 10-5　防护射线

图 10-5　防护射线（续）

（5）构建月球磁场

　　类比地球磁场保护地球生命的原理，学习"神秘消失的月球磁场"，了解月球磁场与地球磁场的不同。根据高中物理知识，设计产生磁场的方案，并参照学习手册中的"亥姆霍兹线圈绕线说明"制作亥姆霍兹线圈。以"零磁"中的指导构建月球磁场环境，实现"零磁"空间，如图10-6所示，使放于其中的小磁针失灵。加深对月球磁场大小的理解，认识到亥姆霍兹线圈结构可产生匀强可控磁场的特点，加强对后续磁场设计的理解。按照"磁场测量软件使用说明"，使用磁探头定量测量磁场强度。

> 【点评8】模拟出月球磁场的环境，加深对月球电磁城堡项目的理解，为接下来的课程内容做好铺垫。

图 10-6　构建"零磁"空间

（6）电磁城堡设计

　　经过前面的探究实践，确定了"月球基地中设备"的保护方案是"电磁城堡"。电磁城堡需要满足的要求和条件有：被保护装置的尺寸为 0.1 m×0.1 m×0.1 m，月球坑内温度长期保持 40 K，半径 10 m，深度 5 m，超导线圈要提供不小于 1 T 的磁场，磁场应包围住装置。查资料，确认超导材料钇钡铜氧、二硼化镁、铌钛合金的临界温度，并从中选择一种或多种材料用于设计。

如图 10-7 所示，设计方案以团队的形式申报，组内成员分工设计，最终做出一份科学海报（尺寸为 0.9 m×1.2 m），各组指定一名代表上台答辩。科学海报和答辩 PPT 中需包含但不限于以下部分：标题、团队成员及分工、问题描述、建立假设、设计磁场保护装置原型图、定性描述磁场大小和方向，以及磁场屏蔽效果、参考资料、结论、致谢。

图 10-7 设计方案展示

6. 搭建模型

搭建匀强磁场模拟月球的"零磁"空间环境。

通电螺线管：如图 10-8a 所示，通电螺线管是由通电线圈组成的，外部的磁感线是从螺线管的北极发出并回到南极。但是，在通电螺线管内部的磁场方向是从螺线管的南极指向北极，螺线管的内部磁场可以看作是匀强磁场。

亥姆霍兹线圈：如图 10-8b 所示，是指如果有一对相同的载流圆线圈彼此平行且共轴，通以同方向电流，当线圈间距等于线圈半径时，两个载流线圈的总磁场在轴的中点附近的较大范围内是均匀的，得到均匀磁场。通过调节线圈电流的大小，可以调节匀强磁场大小。

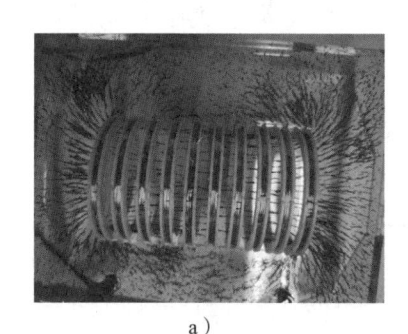

a）　　　　　　　　　　　　b）

图 10-8 通电螺线管和亥姆霍兹线圈

"零磁"空间:构建二维"零磁"空间,通过调节亥姆霍兹线圈方向、电流大小和方向,使其匀强磁场与地磁场正好抵消。在空间中放一个小磁针,以磁针失去指向作用、随意摆动为成功搭建"零磁"空间的判断标准。

7. 分析数据

使用盖革计数器测量石材、陶瓷、烟雾报警器等样品,记录它们的辐射量,参照辐射剂量影响和标准,定量了解辐射,见表 10-5。对比普通公众安全辐射剂量和月球表面辐射剂量,使学生认识到航天员在月球面临着严重的宇宙辐射危害。

表 10-5 辐射剂量的影响

辐射剂量 /mSv	影响和标准
0.02~0.1	做一次 X 射线胸部摄片的剂量
0.2	乘飞机从东京到纽约之间往返一次的剂量(宇宙射线和飞行高度有关)
1.0	一般公众一年工作所受人工放射剂量(ICRP 推荐),从事辐射相关工作的妇女从被告知怀孕到临产所受人工放射剂量上限
2.4	地球人平均一年累计所受辐射(宇宙射线 0.4、大地 0.5、氡 1.2、食物 0.3)
2.5~4	一次胃部 X 射线钡餐透视的剂量
5	从事辐射相关的妇女工作者一年累计所受辐射法定极限
10~20	全身 CT 检查
13~60	一天平均吸 1.5 盒(30 支)纸烟者一年累计
20	放射性职业工作者一年累计全身受职业照射的上限
100	已证明对人体健康明显有害的辐射剂量极限,从事辐射相关工作者(非女性)五年累计所受辐射法定极限,从事辐射相关工作者(非女性)在紧急状况下从事一次作业所受辐射法定极限
250	白细胞减少,福岛第一核电站事故现场人员暂定辐射剂量上限
500	淋巴细胞减少,国际放射防护委员会规定除人命救援外所能承受的辐射极限
500	放射性职业工作者一年累计局部(如皮肤、手、足)受职业照射的上限(ICRP 推荐)
1 000	出现被辐射症状,恶心,呕吐,晶状体浑浊
2 000	细胞组织遭破坏,内部出血,脱毛脱发。死亡率 5%
3 000~5 000	死亡率 50%。局部被辐射时,3 000:脱毛脱发;4 000:失去生育能力;5 000:白内障、皮肤出现红斑
7 000~10 000	死亡率 99%
50 000	死亡率 100%

航天员暴露于有效剂量范围为 50~2 000 mSv 的电离辐射中,这就像你要进行 150~6 000 次

胸部 X 射线检查一样（1 mSv 的电离辐射相当于大约照三张胸部 X 射线片的辐射量）。

8. 迭代优化

通电螺线管显现磁场分布得到部分匀强磁场到亥姆霍兹线圈构建大小范围可调的匀强磁场，从利用亥姆霍兹线圈制作二维"零磁"空间到挑战设计三维"零磁"空间。

9. 方案评估

学生经过充分准备，形成系统知识体系，通过海报展示和模型说明进行逻辑清晰的答辩报告。学生依据评价量规，在小组之间进行质疑和评价、思考与回答。小组内共同研讨，采纳建议，进行方案、模型和海报的优化。

（1）答辩要求

1）提前做出科学海报，以及对应海报内容的 PPT。

2）答辩人报告设计的主要内容，报告阐述 10 分钟。

3）专家评委提问并打分，在场的学生也可提问。同组成员可以参与回答。答辩环节 6 分钟。

4）各组代表交流分享课程感受，与专家评委和老师对话。互动交流 4 分钟。

（2）答辩评分表

答辩评分表见表 10-6。

表 10-6 答辩评分表

考察内容	评分标准			评分
	3 分	2 分	0 分	
科学性	设计原型的科学性较严谨，没有明显违背科学性的内容	设计原型的主体没有违背科学性，但有少量非主体部分科学性不严谨	完全不符合科学性	
创意性	原型设计新颖，具有创造性思维	能够设计出原型	没有设计出原型	
答辩表现	能够流畅表达观点，回答评委的问题，给出合理的解释	能够表达出观点，与评委有交流	无法表达观点，无法与评委交流	
团队协作	所有成员都参与讨论，有明确分工，有 3 名及以上学生参与到设计和答辩准备工作中	部分团队成员参与讨论，有分工，2 名学生参与到设计和答辩准备工作中	没有团队协作	
总评				

答辩结果：平均分 10 分及以上，为优秀；8~9 分，为良好；6~7 分，为及格；5 分及以下，为不通过，需要再完善内容，重新答辩

（3）学生作品

学生作品展示如图 10-9 所示。

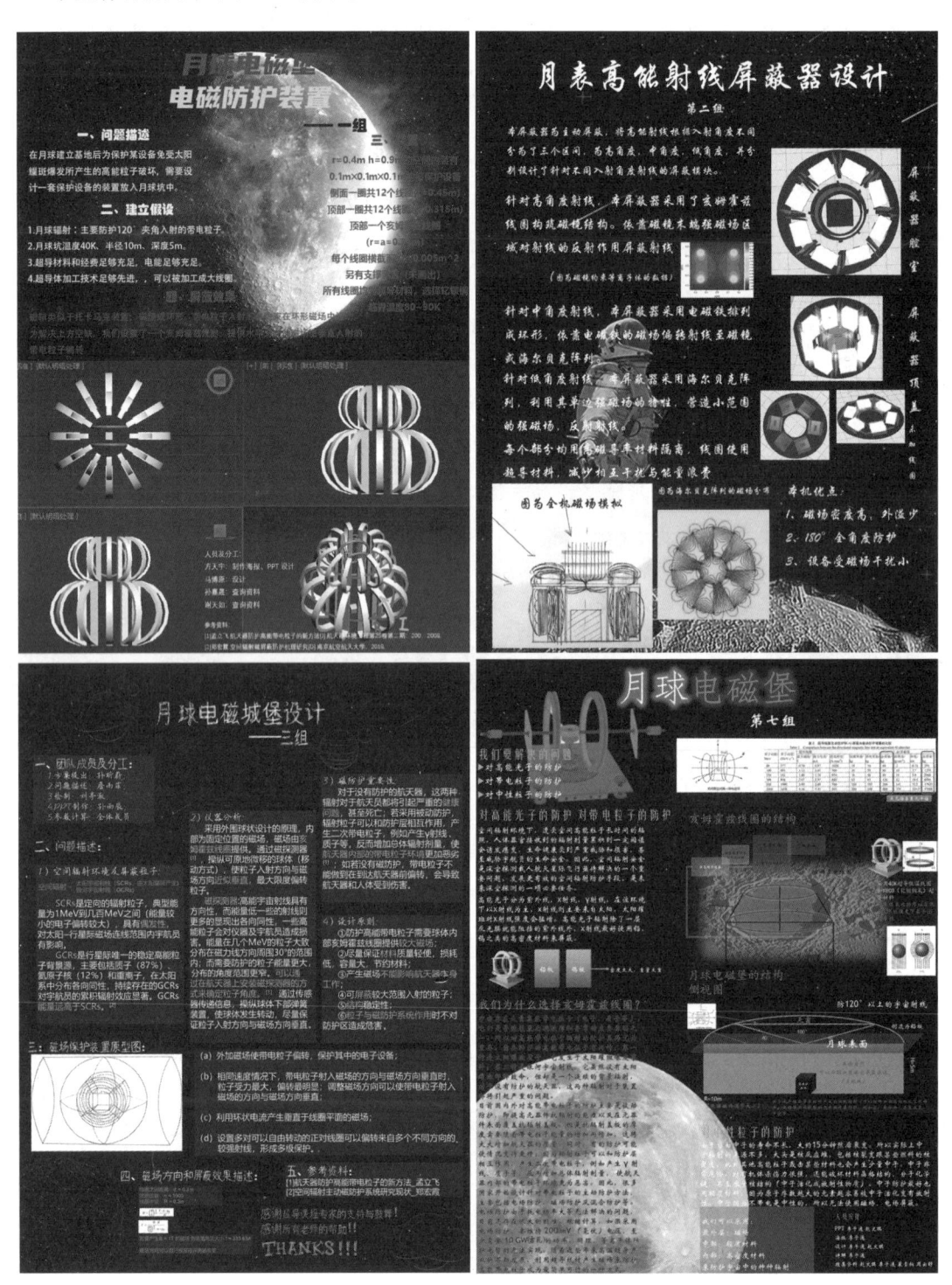

图 10-9　学生作品

结语：合作学习的过程，不仅仅是学生既有想法碰撞的过程，更是不断合作取得成就的过程。高中学生积极性、主动性强，精力旺盛，是身心发展和世界观形成的最主要时期，他们的感知心理品质日益趋向成熟，感知的目的和计划性越来越明显。在学习中肯钻研、善动脑，有较强的学习能力，基本养成了良好的学习习惯，有独立解决问题的能力。学生的责任感和适应性在合作中增强，而不断地探究也激发了他们的求知欲和创造性，使得思辨能力和系统性思维得到了极大提升，这些恰恰是物理核心素养的关键所在，也是本课程的主要用意。

10.2.7 综评

"月球城堡磁防护"这个课程，主题、情境、挑战性任务的设计是这个STEM课程的亮点，任务有趣，知识新奇又有用，科学实验和工程设计都跟以往的实践方式不同，但又都能跟物理学科知识相联系，并不陌生，这也是实施中学生不畏困难的动力。

通过自制云室观察射线轨迹和测量宇宙射线计量的学习任务，大大激发了学生主动拓展学习新知识的兴趣，虽然学科学习中知道宇宙射线的存在，但也有"辐射是有害的"这样的迷思认知，这一任务促使学生彻底重新认识了宇宙中的电磁射线和电离辐射，认识到辐射剂量大小决定了对生命体影响的大小。这个任务既是对既有知识的深入学习，也拓展建构了知识结构。

进而引发了学生思考地球防护宇宙射线的原理，将原来简单学习地球磁场的作用，升华为地球的系统防护"装置"，为了证明这一作用，在仿真软件中模拟出洛伦兹力对运动电荷轨迹的影响，再在自制云室上增加强磁场观察粒子轨迹变化，以探究结果进一步论证说明地球磁场对地球的保护，强化物理观念。

对比月球环境，首先使用亥姆霍兹线圈制作匀强磁场，使用磁探头测量磁场强度来证明月球是"零磁"空间的特征，不能像地球一样有磁场做自我防护，只能通过人造磁场来模拟地磁场，解决强辐射问题，从而为这个没有磁场防护的月球创建一个电磁城堡防护机构，保护月坑中的设备，继续强化物理观念。

在设计电磁城堡时，学生依据月球环境下高能辐射的入射角不同，调用建构关联并重组的新旧知识，选择不同方法、不同材料和不同结构进行设计，形成了多种创造性的问题解决方案。学生收获了对"陌生"的旧知识的深度理解、重新认知和灵活调用，收获了在不一样的实验和实践中合作学习的价值认同，也收获了对创新的全新理解和自信。

参考文献

[1] 王维臻，黄鸣春.跨学科概念融入化学教科书：价值与实现路径[J].课程.教材.教法，2023，43（1）：82-88.

[2] 吕立杰.大概念课程设计的内涵与实施[J].教育研究，2020，41（10）：53-61.

[3] 刘月霞，郭华.深度学习：走向核心素养[M].北京：教育科学出版社，2018.

[4] 柳革命，林春景.RLC电路基本特性实验方法研究[J].工业控制计算机，2021，34（8）：149-151+155.

[5] 梁灿彬，秦光戎，梁竹健.普通物理学教程电磁学[M].2版.北京：高等教育出版社，2004.

[6] 夏雪梅.项目化学习设计[M].北京：教育科学出版社，2018.

[7] 勒威克，林克，利弗.设计思维手册——斯坦福创新方法论[M].高馨颖，译.北京：机械工业出版社，2020.

[8] 黄蕾，李雅娜.植物迷宫在城市景观中的应用探讨[J].上海商业，2011，327（5）：45-47.

[9] 高海波，张诚，冯艳，等.办公自动化高级应用案例教程[M].北京：人民邮电出版社，2017.

[10] 翁惠玉，俞勇.C++程序设计[M].北京：人民邮电出版社，2016.

[11] 李毅豪，洪征，林培鸿.基于深度优先搜索的模糊测试用例生成方法[J].计算机科学，2021，48（12）：85-93.

[12] 张琨，张宏，朱保平.数据结构与算法分析[M].北京：人民邮电出版社，2016.

[13] 徐冉冉.科学整合工程视角下发展初中生工程实践能力的理论设计和实证研究[D].上海：华东师范大学，2018.

[14] 侯海鸥.需求理论下的智能家居设计评价模型研究——以"云米冰箱"智能家居为例[J].现代信息科技.2022，6（12）：150-155.

[15] 赵丹梅, 吕丽君. 智能空调控制系统的设计与研究 [J]. 电子技术与软件工程. 2021, 204 (10): 91-92.

[16] 郝建峰, 任国凤. 一种基于单片机控制的智能电动窗帘系统的设计 [J]. 电脑知识与技术. 2022, 18 (17): 117-119.

[17] 张清辰, 王厚英, 何经伟. 一种智能门锁的设计 [J]. 装备制造技术. 2022, 328 (4): 153-156 +160.

[18] 马淑风, 杨向东. 什么才是高阶思维？——以"新旧知识关系建立"为核心的高阶思维概念框架 [J]. 华东师范大学学报（教育科学版）, 2022, 40 (11): 58-68.

[19] 高云峰. 如何在教学中培养学生的思维和能力（2）: 定性与定量 [J]. 力学与实践, 2022, 44 (4): 941-946.

[20] 王忠福. 内蒙阿左旗伊东地区变角闪辉长岩中应变椭球体的岩石成因 [J]. 西北地质科学, 1987 (1): 87-102.

[21] 李健康. STEM 理念下"杰尼西亚的耳朵"原理与应用探究——基于高中数学课程项目式学习案例 [J]. 文化创新比较研究, 2020, 4 (23): 19-21.

[22] 汪湖瑛. 项目化学习中的学习支架 [M]. 北京: 教育科学出版社, 2022.

[23] LINDA D H, FRANK A. Beyond Basic skills: the role of performance assessment in achieving 21st century standards of learning [M]. San Francisco: Jossey-Bass, 2014: 23-29.

[24] 周文叶, 董泽华. 表现性评价质量框架的构建与应用 [J]. 课程·教材·教法, 2021, 41 (10): 120-127.

[25] 董海胜, 赵伟, 臧鹏, 等. 长期载人航天飞行航天营养与食品研究进展 [J]. 食品科学, 2018, 30 (9): 280-285.

[26] 刘红, 等. 生物再生生命保障系统理论与技术 [M]. 北京: 科学出版社, 2009.

[27] 付玉明, 高寒, 李鸿雁, 等. 生物再生生命保障系统内的植物相关微生物研究进展 [J]. 航天医学与医学工程, 2017, 30 (2): 152-156.

[28] 欧阳自远, 肖福根. 火星及其环境 [J]. 航天器环境工程, 2012, 29 (6): 591-601.

[29] 李睿. 我国 66 种蔬菜矿质营养成分的综合评价 [J]. 广东微量元素科学, 2008 (9): 8-16.

[30] 楚启鹏. 不同种植密度与物种组合下植物相互作用的研究 [D]. 兰州: 兰州大学, 2021.

[31] 董昌平, 邹桃龙, 唐艳梅, 等. 大麦虫营养成分分析 [J]. 北方农业学报, 2016,

44（2）：63-68.

[32] 耿新洋，杨延宁，崔佳萌，等.基于Arduino的现代网络智能化灌溉系统[J].南方农业，2020，14（32）：211-213.

[33] 王宏民，李亚芳，杨萌萌，等.温度对黄粉虫体重增加、食物转化率及消化酶活性的影响[J].南方农业，2017，54（3）：434-439.

[34] 甘秋玲，白新文，刘坚，等.创新素养：21世纪核心素养5C模型之三[J].华东师范大学学报（教育科学版），2020，38（2）：57-70.

[35] 钟柏昌，龚佳欣.跨学科创新能力评价指标体系的构建与实证研究[J].中国电化教育，2022，431（12）：27-34.

[36] 钟柏昌，刘晓凡.跨学科创新能力培养的学理机制与模式重构[J].中国远程教育，2021，561（10）：29-38+77.

[37] 罗滨.基于学生创新能力发展的体验式问题解决教学[J].创新人才教育，2015，10（02）：14-17.

[38] 唐香维，温明男.航天类STEM课程教学设计——以"机械臂捕获失效卫星"为例[J].中国科技教育，2021，304（7）：13-17.

[39] 叶笛.科技类校本课程"STEM化"的实践与思考——以"创意航天"校本课程为例[J].基础教育参考，2019，294（6）：41-44.

[40] 江合佩.走向真实情境的项目化学学习[M].济南：山东科学技术出版社，2020.

[41] 王田，谭洪政.STEM教育理论与实践[M].北京：清华大学出版社，2020.

[42] 唐一鹏，胡咏梅.高中生科学兴趣、科学价值观及科学素养性别差异的实证研究[J].中国人民大学教育学刊，2013，10（2）：98-107.

[43] 杨士军，卢锐，杜程鹏.高中生科技创新素养培育的课程体系构建与实践[J].新教育，2017，369（32）：7-10.

[44] 张斌，马春生，王友宁.培养高中学生科学素养的科技教育策略[J].中国现代教育装备，2015，226（18）：47-49.